「キャラ」概念の
広がりと
深まりに
向けて

Interdisciplinary explorations of
the concept of "character"

定延利之［編］

三省堂

目次

序　　4

第1章　さまざまな「キャラ」

キャラ論の前提……………………………………………………10
　　定延利之

日本語コーパスにおける「キャラ（クター）」………………46
　　イレーナ・スルダノヴィッチ

第2章　物語世界のキャラ論

キャラクターとフィクション……………………………………64
宮崎駿監督のアニメ作品，村上春樹の小説をケーススタディとして
　　金水敏

「属性表現」再考…………………………………………………84
「複合性」「非現実性」「知識の共有」から考える
　　西田隆政

言語のキャラクター化　遊戯的翻訳と引用……………………98
　　野澤俊介

第3章　現実世界のキャラ論

日本語社会における「キャラ」……………………………… 120
　定延利之

ブルデューの「ハビトゥス」と定延の「キャラ」との出会い………… 134
　アンドレイ・ベケシュ

若者たちのキャラ化のその後………………………………… 154
　瀬沼文彰

直接引用とキャラ　………………………………………… 180
　金田純平

第4章　キャラ論の応用

方言における自称詞・自称詞系文末詞の用法……………… 198
キャラ助詞とのかかわり
　友定賢治

日本語教育とキャラ　……………………………………… 224
　宿利由希子

索引　　242
編者・執筆者紹介　　252

序

　今世紀初頭あるいは 20 世紀末あたりから，日本のさまざまな分野でさかんに取り上げられだしたキーワードに，「キャラ」もしくは「キャラクタ」【注 1】というものがある。もっとも，これらの語の持つ意味合いは分野によって，また論者によって異なり，いま「「キャラ」もしくは「キャラクタ」」と両語を併記したのも，論者によっては「キャラ」が「キャラクタ」の略語ではなく，別の用語として定義されているために他ならない。しかしながら，それらの「キャラ」論あるいは「キャラクタ」論の間にゆるやかなつながりを見て取り，たとえば「人物とは何か？　人物が状況に応じてどこまで変われば，もはや「同じ人物ではない」ことになるのか？」といった，大まかな共通テーマを見出すことは決して不可能ではない。このような大局的な視野に立った時，近年の日本は，アイデンティティの確立より「キャラ」の使い分けが大事な時代（岡本 2010），社会の全般に「キャラ」の分析が必要かつ可能な時代（相原 2007・暮沢 2010: 27-28）とされるように，「キャラ（クタ）」論の台頭が無視できない状況となっている。

　その一方で，編者が漠然と感じ続けてきたのは，こうした「キャラ（クタ）」論の波を阻む二つの「壁」があるということである。

　「壁」の一つは，日本と海外の間に立ちはだかっている。「キャラ（クタ）」論の隆盛はあくまで日本内にとどまり，海外に広まっていく気配は（少なくとも編者には）見えない【注 2】。

　もう一つの「壁」は，言語学をぐるりと取り囲んでいる。言語学は，人間を視野に入れるはずの語用論においても，「キャラ（クタ）」論に関して概して消極的で，他分野の「キャラ（クタ）」論とのつながりも不明である。

　言語と「キャラ（クタ）」の関係を観察し，英語版・中国語版も含め

てインターネット上で公開してきた編者の活動は【注3】，いま振り返れば，これらの「壁」の突破に向けられたものと言えるかもしれない。活動十余年目にして【注4】，ようやく二つの壁は音を立てて崩壊，とまでは行かないが，小さなひび割れぐらいは起こし始めたようである。現在，この「キャラ（クタ）」は国際学会でのパネルのテーマとなり，一部の欧米思想との親和性が論じられるようになってきている。また，社会学（例：土井 2009）で論じられる「キャラ」が，「伊藤（2005）の「キャラ」（Kyara）を援用したもの」という論者たちの申し立てとは裏腹に【注5】，編者の「キャラ（クタ）」に意外に近いこともわかってきた。

　この論文集は，以上の動きを契機として，日本国内外の最近の研究成果（主に以下 ⑴ ⑵ ⑶ ）をまとめ，新たな展開と，新たな研究世代を呼び込もうとするものである。

⑴　日本語文法学会パネルセッション「日本語とキャラ」（2015年 11 月 15 日，学習院女子大学）

⑵　日本語学会ワークショップ「キャラ・役割語をめぐる問題とその検討」（2016 年 10 月 30 日，山形大学）

⑶　国際語用論学会第 15 回大会パネルセッション Japanese-born "characters" meet European and American insights.（2017 年 7 月 19 日，ベルファスト）

　各論文の紹介は，冒頭で述べたように「キャラ」「キャラクタ」に関する用語法が少々込み入っているため，変則的な形になるが，それを整理した上でおこないたい。

　収録論文は四つの章にまとめられている。第 1 章「さまざまな「キャラ」」には，「キャラ」「キャラクタ」の用語法に関する二つの論文が収められており，論文の紹介は，そのうち第 1 論文（拙論）の中でおこなっている（より詳細な用語解説は定延（近刊）を参照されたい）。第 2 章「物語世界のキャラ論」には，創作物における或る種の「キャラ」を扱った

三つの論文が収められている。第3章「現実世界のキャラ論」には，現実世界における，また或る種の「キャラ」を扱った四つの論文が収められている。最後の第4章「キャラ論の応用」には，「キャラ」に関する考察を文法論や日本語教育に応用しようとする二つの論文が収められている。

2008年5月にネット連載（定延 2008-2010）のお声をかけてくださって以来お世話になっている三省堂の荻野真友子さんに，今回もお世話いただいた。なお，この論文集には日本学術振興会の科学研究費補助金（基盤（A）23243023，15H02605，（B）17KT0059）および国立国語研究所のプロジェクト「日本語学習者のコミュニケーションの多角的解明」の成果が含まれている。

分野や立場を超えた「キャラ」「キャラクタ」そして人間の研究に，この論文集が少しでも役立てば幸いである。

2018年　初夏
編者

【注】

1　文献には，末尾に引き棒「ー」を付けて「キャラクター」とする表記，引き棒を付けず「キャラクタ」とする表記が併存している。この点についてこの論文集では特に統一をはからず，各執筆者の表記を尊重している。この「序」および拙論について言えば，これまでの編者の措置と同様，後者の表記（「キャラクタ」）に統一する（但し引用やそれに近い箇所では原典の表記を踏襲する）。また，「キャラクタ」と「キャラ」を適宜，一括して「キャラ（クタ）」と表記する。

2　キャラ（クタ）の話し方（「役割語」——後述）については，海外での研究が僅かにある（例：河崎 2017）が，キャラ（クタ）それ自体を論じたものは確認

できていない。

3 　URL を以下に記す。

日本語版　http://dictionary.sanseido-publ.co.jp/wp/author/sadanobu/

英語版　http://dictionary.sanseido-publ.co.jp/wp/author/sadanobu-e/

中国語版　http://dictionary.sanseido-publ.co.jp/wp/author/sadanobu-c/

4 　「キャラ（クタ）」に関する編者の活動は，学会の記録としては関西言語学会第29回大会でのワークショップ「会話音声と発話キャラクタ」(2004年10月30日，於京都外国語大学，http://kls-linguist.com/wp/wp-content/uploads/2014/06/KLS29.pdf) にまで遡れるようだが，正確な始期は明らかでない。

5 　土井（2009）等の「キャラ（クタ）」論は伊藤（2005）の「キャラ」(Kyara) を持ち出してはいるが，その実態は「援用」の域を大きく逸しており，もはや伊藤（2005）の「キャラ」(Kyara) とは別物ではないか，という編者の指摘（定延2012-2015: 第85回）に対して，伊藤氏から同意のメッセージを頂いている。詳細は定延（2012-2015: 第86回）を見られたい。

【文献】

相原博之（2007）『キャラ化するニッポン』東京：講談社.

伊藤剛（2005）『テヅカ・イズ・デッド　ひらかれたマンガ表現論へ』東京：NTT出版.

岡本裕一朗（2009）『12歳からの現代思想』東京：筑摩書房.

河崎深雪（2017）《漢語"角色語言"研究》北京：商務印書館.

暮沢剛巳（2010）『キャラクター文化入門』東京：NTT出版.

定延利之（2008-2010）「日本語社会 のぞきキャラくり」（全100回）Sanseido Word-Wise Web http://dictionary.sanseido-publ.co.jp/wp/author/sadanobu/

───── （2012-2015）「日本語社会 のぞきキャラくり 補遺」（全101回）Sanseido Word-Wise Web http://dictionary.sanseido-publ.co.jp/wp/author/sadanobu/

───── （近刊）『日本語のコミュニケーションと文法におけるキャラ（仮）』東京：三省堂.

土井隆義（2009）『キャラ化する／される子どもたち　排除型社会における新たな人間像』東京：岩波書店.

第1章
さまざまな「キャラ」

キャラ論の前提

定延利之

1. はじめに

　ここでは，「キャラ」「キャラクタ」を論じるために必要な前提を論じた上で（第2節・第3節），この論文集に収録されている各論文を紹介する（第4節〜第7節）【注1】。

2. 前提1：「キャラ（クタ）」概念の3分割

　読者の混乱を予防するため，ここでは「キャラ（クタ）」という多様な概念を，便宜上三つに分けて説明しておく。

2.1. 外来語「キャラ（クタ）」

　日本語社会【注2】では伝統的には，「キャラ（クタ）」と言えば，（ギリシャ語に由来する）英語 "characters" に似せて作られた，いわゆる外来語「キャラ（クタ）」のことである。この外来語「キャラ（クタ）」は，「性格」「人格」「登場人物（dramatis personae）」など，さまざまな意味を英語 "characters" と共有している。次の (1) は，「キャラ（クタ）」が「登場人物」の意味で現れている例である【注3】。

　　⑴　ゆるゆるのキャラクターを「ゆるキャラ」と呼ぶことにし
　　　　た。ちょっと待って，ゆるキャラの皆さん，怒らないでよく

聞いて。

　ゆるキャラとは全国各地で開催される地方自治体主催のイベントや，村おこし，名産品などの PR のために作られたキャラクターのこと．特に着ぐるみとなったキャラクターを指す。日本的なファンシーさと一目見てその地方の特産品や特徴がわかる強いメッセージ性。まれには，郷土愛に溢れるが故に，いろんなものを盛り込みすぎて，説明されないと何がなんだか分からなくなってしまったキャラクターもいる。キャラクターのオリジナリティもさることながら，着ぐるみになったときの不安定感が何とも愛らしく，見ているだけで心が癒されてくるのだ。

　［みうら 2004: 2-3］

2.2. 筆者の専門語「キャラ（クタ）」

　だが，やがて外来語「キャラ（クタ）」は日本語社会の中で発展を遂げ，上記のさまざまな意味に加えて，もはや英語 "characters" と対応しない新しい意味を持つに至った。筆者の「キャラ（クタ）」もその一つである。

　但し，筆者の，とは言っても，ここで取り上げる「キャラ（クタ）」は，筆者が鋳造したものではない。筆者のものである以前に，たとえばネット上の書き込みに見られるような流行語つまり社会現象であり，筆者はこれをそのまま専門語として取り込んだに過ぎない。例を次の (2)(3) に記す。

　(2)　バイトと普段のキャラ違う奴来い
　　1: こたぬき：12/06/03 15:37 ID: 主
　　主はバイトではめちゃくちゃ暗いジミーだが学校では騒がしいキャラみんなはどう？
　　2: こたぬき：12/06/03 15:41

12 第1章 さまざまな「キャラ」

　　むしろ家，バイト，彼氏，学校全部キャラが違う
　　[http://new.bbs.2ch2.net/test/read.cgi/kotanuki/
　　　1338705429/，最終確認：2015 年 8 月 5 日]

　⑶　こないだの温泉同好会ではかなりひかえた
　　　12 歳も年下の男子を引き連れて温泉行くなんて犯罪だわ〜
　　　と思っていたから。
　　　でもでも，なぜか「姉御キャラ」になっていく私
　　　これが諸悪の根源ですよ　　（中略）
　　　別に奥ゆかしくもないし，静かでもないけど
　　　私は姉御でもなけりゃあ，肉食系女子でもないんです
　　　[http://ameblo.jp/kschaitian/entry-11170734947.html，最終
　　　　確認：2012 年 5 月 3 日]

これらに見られる「キャラ」という語は，「状況に応じて変わる人間」
を意味しているようである。もっとも，「状況に応じて」と言えば，い
かにも巧みにうまく変わっているようだが，実はそうとは限らない。た
とえば ⑵ の書き手は，暗く地味なキャラに自らすき好んでなっている
わけでは大抵ないだろう。また ⑶ の書き手も，自分が特定のグループ
内で「姉御キャラ」になっていくことについて，その理由が自分にはわ
からず（「なぜか」），自分の望むところでもない（「これが諸悪の根源で
すよ」）と述べている。
　このように ⑵⑶ の「キャラ」は，人間がそれぞれの状況にうまく適
合するために意図的に演じる「ニセの人格」を意味するものとしてはと
らえきれない。むしろ，状況の中で，自分の意図とは必ずしも関わらな
い形で知らず知らず変わってしまう人間の姿を，意味していると考える
方がよいだろう。
　そして重要なことだが，これは我々の社会のタブーでもある。我々の
社会は，状況に応じて人間が「スタイル」を変えることは許容し賞賛す

るが，人間自体は（人格の分裂という病理的な事態にでも陥らないかぎ
り）状況に応じて変わらないものと見なしているからである。
　この「キャラ」の姿を，筆者は「変わってはならない」というタブー
と一体化させて，次の(4)のようにとらえている。

(4)　本当は意図的に変えることができるが，変わらない，変え
　　られないことになっているもの。それが変わっていることが
　　露見すると，見られた方も，見た方もそれが何事であるかす
　　ぐにわかり，気まずい思いをするもの。
　　［定延 2011］

日常語「キャラ（クタ）」のさまざまな意味を排除し，(4)の意味だけを
持たせているのが筆者の専門語「キャラ（クタ）」である。

2.3. 伊藤（2005）の「キャラ」(Kyara)

　諸分野の「キャラ（クタ）」論に広まっているのが，マンガ評論家・
伊藤剛氏の「キャラ」であり，これは "Kyara" と表記される。伊藤（2005）
の「キャラ」(Kyara) の定義を(5)に挙げる。

(5)　多くの場合，比較的に簡単な線画を基本とした図像で描か
　　れ，固有名で名指されることによって（あるいは，それを期
　　待させることによって），「人格・のようなもの」としての存
　　在感を感じさせるもの
　　［伊藤 2005: 95］

伊藤（2005）の「キャラ」は，「マンガのコマ A で描かれているこの
登場人物と，コマ B で描かれているこの登場人物は同一の人物だ」と
いった，マンガを理解する上で必須の認識を成立させるもの，つまりマ
ンガ世界における人物のアイデンティティ（同一性）の基礎をなすもの

14 第1章 さまざまな「キャラ」

と位置づけることができる。現実世界に生きる我々の身体は安定性が高く，短期間で外面が大きく変わることは（事故や整形などを除けば）無いのに対して，物語世界の登場人物は創作物であり，その身体は描き方一つでどのようにも変えられる。それだけに，登場人物Aを登場人物Aとして，登場人物Bを登場人物Bとして，それぞれのコマに成立させ，物語を成立させるには，変わらない外見が必要である。伊藤（2005）の「キャラ」は，このマンガにおける登場人物の「変わらない外見」を指したものと考えられる。

　マンガ世界のキャラクタ（登場人物）について，伊藤（2005）では次の⑹のように，自身の「キャラ」という概念を基盤にしていると述べられており，ここからも，キャラクタ（登場人物）と「キャラ」が峻別されていることがわかる。

　⑹　「キャラ」の存在感を基盤として,「人格」を持った「身体」
　　　の表象として読むことができ,テクストの背後にその「人生」
　　　や「生活」を想像させるもの
　　　［伊藤 2005: 97，傍点は伊藤氏による］

伊藤（2005）の「キャラ」（Kyara）は諸方面の論者に注目され，マンガ論を越えて社会や文化の分析に援用されている。だが，その中の少なくとも一部（例：土井 2009）は，「援用」の域を超えた独自のものと言うべきもので（序の【注5】を見られたい），伊藤（2005）の「キャラ」よりは，むしろ筆者の「キャラ（クタ）」と重なる部分が大きい。これらの分析が「最近の若い人たちがよく使用する「キャラ」という言葉をキーワードに」（土井 2009: 3）なされたものであるなら，筆者の「キャラ（クタ）」との類似は不思議なことではないだろう。

3. 前提２：「役割語」「属性表現」「キャラクター言語」

　　各々の論文を紹介するために，さらに「役割語」「属性表現」「キャラクター言語」についてもここで取り上げておこう。上の第２節で取り上げた「キャラ（クタ）」が，いずれの定義によるものであれ，人物像に関する概念であるのに対して，「役割語」「属性表現」「キャラクター言語」は，ことばに関する概念である。これらを取り上げるにあたって，まず，筆者の「キャラ（クタ）」（第2.2節参照）とことばの結びつきを紹介しておく。以下，簡単さを優先して，断りが無い場合は「キャラ（クタ）」とは筆者の「キャラ（クタ）」を指すものとする。また，「キャラ（クタ）」をいちいち「キャラ（クタ）」と表記する手間を省き，筆者の慣用にしたがって，「キャラクタ」と表記したり，「キャラ」と表記したりする場合があることを断っておく（念のため言えば，筆者の「キャラクタ」と「キャラ」は内容が完全に同一である）。

3.1. キャラクタとことばの結びつき

　　キャラクタとことばの結びつきは多様であり，少なくとも【表1】に記した４通りの結びつき方がある（定延2016a）【注4】。「役割語」や「属性表現」は，そのうちの一つの結びつき方（表1の2の行）に関わっている。

【表1】キャラクタとことばの４通りの結びつき方

キャラクタの例	結びつき方	ことばの例
『幼児』キャラ	1.キャラクタをことばが表す	「子供」
『老人』キャラ	2.キャラクタがことばを発する	「わしじゃ」
『悪者』キャラ	3.キャラクタの動作をことばが表す	「ニタリとほくそ笑む」
『上品な女』キャラ	4.キャラクタの思考をことばが表す	「わたくし，「おかしいぞ」と思いましたの」における「おかしいぞ」

16　第1章　さまざまな「キャラ」

　第一の結びつき方は，キャラクタをことばが表すというものである。たとえば或る幼児性を残した成人を「あの人は子供だ」などと評する場合がこれにあたる。定延（2011）では，この時のキャラクタを「ラベルづけられたキャラクタ」，ことばを「キャラクタのラベル」と呼んだ。念のため言えば，このようなキャラクタとことばの関わりは，最近になって生じたものではない。たとえば夏目漱石の『坊っちゃん』（1906）は，文字どおりの坊っちゃんつまり男児の物語ではなく，中学校の教員の物語である。この時の「坊っちゃん」は「キャラクタのラベル」であり，その教員の幼児的なキャラクタは「ラベルづけられたキャラクタ」である。

　第二の結びつき方は，キャラクタがことばを発する，たとえば『老人』キャラが「わしじゃ」としゃべるといったものである。定延（2011）では，この時のキャラクタを「発話キャラクタ」と呼ぶ一方で，ことばを，金水（2003）の用語を借りて「役割語」と呼んだ。再び念のために言えば，このようなキャラクタとことばの関わりは，近年特有のものではない。たとえば太宰治の『春の枯葉』（1946）には，若い男女が対話の途中で突然「〜じゃからのう」と老人のことばでふざける箇所がある。この時の『老人』は「発話キャラクタ」で，その『老人』キャラが発した「〜じゃからのう」は「役割語」ということになる【注5】。

　第三の結びつき方は，キャラクタの動作をことばが表すというもので，たとえば『悪者』キャラの微笑が「ニタリとほくそ笑む」と表される場合がこれにあたる。定延（2011）では，この時のキャラクタを「表現キャラクタ」と呼び，ことばを「キャラクタ動作の表現」と呼んだ。たとえば林芙美子の『放浪記』（1930）では，勇ましかったはずの恋人が，親の前ではキャラ変わりし，「眼をタジタジとさせ」た，となじられている。この時，表現されている『弱者』キャラは「表現キャラクタ」であり，「眼をタジタジとさせ」は「キャラクタ動作の表現」ということになる。

　第四の結びつき方は，キャラクタの思考をことばが表すというもので，たとえば『上品な女』キャラが「わたくし，「おかしいぞ」と思い

ましたの」と言う場合，この話し手の思考が「おかしいぞ」と表されているのがこれにあたる。『上品な女』キャラが「おかしいぞ」としゃべるのは独り言だとしても不自然だが，「これは何かおかしいぞ…と思いまして」（http://rinako95.blog.fc2.com/blog-entry-597.html, 最終確認：2018年3月4日）のように，自身の思考内容を自分で表現する場合なら不自然ではない。定延（2016a）ではこの時のキャラクタを「思考キャラクタ」と呼び，ことばを「内言」と呼んだ【注6】。

　以上で紹介した結びつき方が，キャラクタとことばの結びつき方であって，それ以外，たとえばスタイルとことばの結びつき方や，人格とことばの結びつき方ではあり得ないというわけではない【注7】。だが，たとえばそれまで「俺はよォ，てめぇをよォ，～」としゃべっていた或る話し手が，「ボクはぁ，あなたをぉ，～」としゃべり始めるのを聞いた時，それが人格の分裂といった病理的な事態ではないと承知していながら，かといって「この話し手は状況に応じて，ぞんざいスタイルから丁寧スタイルに切り替えただけ」と割り切ったきもちにもなれず，我々がなにか居心地の悪いものを感じるとしたら，そこには，この話し手のキャラクタ（本当は意図的に変えることができるが，変わらない，変えられないことになっているもの。それが変わっていることが露見すると，見られた方も，見た方もそれが何事であるかすぐにわかり，気まずい思いをするもの──前掲 (4) を参照）の変化という我々の社会のタブーに触れるものが，ことばに現れていると言うべきだろう。つまりキャラクタとことばの結びつき（この例の場合は第二の結びつき）を認めるべきだろう。

3.2.「役割語」

　キャラクタとことばが上記第二の形で結びついている場合，そのキャラクタを「発話キャラクタ」と呼び，ことばの方は金水（2003）の用語を借りて「役割語」と呼ぶ，という筆者の措置は既に述べた。金水（2003）による「役割語」の定義を (7) に挙げる。

(7)　ある特定の言葉づかい（語彙・語法・言い回し・イントネーション等）を聞くと特定の人物像（年齢，性別，職業，階層，時代，容姿・風貌，性格等）を思い浮かべることができるとき，あるいはある特定の人物像を提示されると，その人物がいかにも使用しそうな言葉づかいを思い浮かべることができるとき，その言葉づかいを「役割語」と呼ぶ。

［金水 2003: 205］

　注意すべきは，少なくとも現代日本語共通語に関するかぎり，「役割語」は特殊なことばではないということである。「役割語」といえば，たとえば「地球人ニ告グ。タダチニ降伏セヨ」と言う『宇宙人』キャラの平坦なイントネーション，「まろでおじゃる」と言う『平安貴族』キャラの「まろ」「〜でおじゃる」，「そうだワン」と言う『犬』キャラの「ワン」といった，現実の現代日本語社会には無い，非現実のキャラクタの発することばだけを指すのだという理解が一部でなされているが，これは誤りである【注8】。上の定義 (7) から見るかぎり，役割語は実在するキャラクタの発することばをも含む。

　つまり「役割語」と「ふつうのことば」があるのではない。厳密には「役割語」しか無いと言うべきであろう。というのは，たとえば平坦ではなく起伏のあるイントネーションでしゃべるのは『宇宙人』以外のキャラクタ，「まろ」「〜でおじゃる」ではなく「私」「〜です」としゃべるのは『平安貴族』以外のキャラクタという具合に，「役割語」でないことば，つまりすべての話し手がキャラクタに関わりなくしゃべることばは，実は見当たらないからである。濃淡の程度差はあれ，すべてのことばは「役割語」と考えることができる。この点で「役割語」は，言語をポリシステムととらえるファース（John Rupert Firth）やハリデー（Michael A. K. Halliday）らのロンドン学派，岩崎勝一氏の「多重文法仮説」（Multiple Grammar Hypothesis, Iwasaki 2005, 兼安・岩崎 2017）と共に，「現

代日本語共通語は一つ。その文法も一つ」という伝統的な通念に対する疑念を具現化した考えと位置づけられる。

　現在，「役割語」の研究は，発声法の方面にも広がっており，口をとがらせてしゃべるという発声法が『大人』キャラの恐縮した物言いになり得るといった我々の考察は（定延・林 2016，朱・定延 2016），「民族音声学」（Ethnophonetics）という新たな展開をも生み出している。「民族音声学」についてはたとえば，日本の洋菓子屋でケーキを売る若い女性店員の売り声を，発声メカニズム・音響的特徴・聴覚印象の面から調査したSadanobu, Zhu, Erickson and Obert（2016）を参照されたい。「洋菓子屋の若い女性店員」は必ずしもキャラクタとは限らないが，一定の社会的な「人物像」であると考えれば，これは「役割語」の研究とも言える。

3.3.「役割語（狭義）」「属性表現」

　時代や研究者を問わず定義が完全に統一されているわけではない，という点では，「役割語」も「キャラ（クタ）」と同様である。この用語を言語研究に最初に導入した金水（2003）の定義を，⑻ として下に再掲する。

　　⑻ ＝ ⑺
　　　ある特定の言葉づかい（語彙・語法・言い回し・イントネーション等）を聞くと特定の人物像（年齢，性別，職業，階層，時代，容姿・風貌，性格等）を思い浮かべることができるとき，あるいはある特定の人物像を提示されると，その人物がいかにも使用しそうな言葉づかいを思い浮かべることができるとき，その言葉づかいを「役割語」と呼ぶ。
　　　［金水 2003: 205］

この定義は，「特定の人物像」とはどのようなものか，「思い浮かべる」

のは誰か，といった問題に関してはオープンになっている。ここに，役割語の定義（少なくとも外延）が研究の立場によりずれる余地が生じる。

「特定の人物像」とはどのようなものか，とは，この人物像を「特定の社会的・文化的グループのメンバーに広く共通する人物像」に限定するのか，あるいは「○○さん」と言えるような，一個人の人物像も含めるか，という問題である。また，「思い浮かべる」のは誰か，とは，当該の言語社会（たとえば日本語社会）のメンバーの（ほぼ）全員が思い浮かべられねばならないのか，それとも，一部（たとえばマニアックな小集団。極端を言えば一個人）が思い浮かべられればそれでよいのか，という問題である。これら二つの問題はいずれも程度問題である。また，お互いに別個の問題ではあるが，傾向としてはつながっている。社会的・文化的グループのメンバーに広く観察される人物像の物言いであれば，当該言語社会の話者全般に気づかれていやすい。反対に，特定の個々人の言い草は，その人物を知る話者にしかわからず，当人が有名人でなければ，ごく一部の話者に限られる。

これまでのところ，筆者は「役割語」という用語を特に限定的な意味で用いてはいないが，金水氏は金水（2016）以来，「役割語」を特定の社会的・文化的グループのことば遣いに限定されている。以下これを必要に応じて，「役割語（狭義）」と記す（そしてこれまでの「役割語」を「役割語（広義）」と記す）ことにする。また，西田隆政氏は社会的・文化的なグループとは別に，性格的なグループのメンバーに共通する人物像（たとえば「ツンデレ」【注9】）に注目され，この人物像の発することば（いまの例なら「べ，べつにあんたのために～じゃないんだからね」など【注9】）を「属性表現」と呼ばれている（西田 2010: 8）。ツンデレとその属性表現を結びつけられるのは，アニメなどに親しんでいる一部のメンバーに限られるとされている【注10】。

では，いよいよ各論文を紹介しよう。以下，「キャラ総論」「物語世界のキャラ論」「現実世界のキャラ論」「キャラ論の応用」の順に取り上げる。

4. キャラ総論：イレーナ・スルダノヴィッチ「日本語コーパスにおける「キャラ（クター）」」

　まずは，「キャラ（クタ）」概念の3分（本稿第2節）に関わる，イレーナ・スルダノヴィッチ（Irena Srdanović）氏の論文「日本語コーパスにおける「キャラ（クター）」」を取り上げてみよう。

　この論文は，2種類の大規模コーパス（多ジャンルの文章から成るBCCWJと，より最近のブログを多く収録したウェブコーパスJpTenTen）を用いて，「キャラ」「キャラクタ」「キャラクター」それぞれの現れ方を調査したものである。といっても，「キャラクタ」の出現数は非常に少ないので，実質的には「キャラ」と「キャラクター」の現れ方の比較が中心となっている。

　BCCWJの調査を通して述べられているのは，「キャラ」「キャラクター」の現れは1980年代に遡るが，顕著な普及は2000年からであり，「キャラ」の方が「キャラクター」よりよく普及しているということ，そして，これは，1999年頃から若者が自分や友人のあり方を「キャラ」と呼び始めたという瀬沼文彰氏の指摘と符合するということである。とすれば，英語"characters"に訳せない「キャラ」は，ここから始まったことになる。

　他方，JpTenTenの調査では，「キャラクター」と比べて非公式なイメージの「キャラ」の方が，より拡大された意味，語の組み合わせ，文法パターンを持っていることが示されているが，光が当てられているのは主に「キャラ」という語の現れる環境である。「キャラに感情移入する」「キャラに嫉妬する」「キャラの絵」「キャラが変わる」などの高頻度のコロケーションから透けて見えるのは，第2節で紹介した「キャラ」の3義だが，ここではそれらが別個の意味としてお互いに切り離されているというよりも，むしろ結びついている様子が浮き彫りにされているようである。

　人間（多くは若年層）がアニメやゲームなどの物語世界に没入し，物語の「キャラ（登場人物）に感情移入」すると，現実世界と物語世界の垣根が低くなり，現実の人物も物語のキャラ（登場人物）のように感じ

22　第1章　さまざまな「キャラ」

られてくる。だが，物語世界の登場人物と，現実世界の人物は同じではない。本来的には，物語世界は，現実世界と同程度，あるいはそれ以上に複雑になり得る世界であり，物語世界における登場人物も，現実世界の住人と同程度あるいはそれ以上に複雑になり得る存在ではあるが，大抵の物語世界の，大抵の登場人物は，言動が単純で，さまざまな状況を通じて変わらず安定している。現実世界を生きる我々はそうはいかない。学校には学校の状況があり，バイト先にはバイト先の状況があるからである。それぞれの状況に対応して言動を調整しているうちに，いつの間にか我知らず「自分」が変わってしまいかねない。学校での自分は，アニメのあのキャラ（登場人物）のようだったが，バイト先ではあのキャラというよりも，むしろこのキャラ（登場人物）のようで，「キャラが変わっている」――このように考えると，状況に応じて変わる人間を意味する語「キャラ」（筆者の「キャラ」）の発生は，現実世界を物語世界のようにとらえ，現実世界の人間を物語世界の登場人物になぞらえて「キャラ」と呼んだ時点で，運命づけられていたと言うべきかもしれない。スルダノヴィッチ論文は，さまざまな高頻度のコロケーションの抽出に徹しているが，そこから見てとれることは少なくないようである。

　スルダノヴィッチ論文に啓発された上記のシナリオに沿う形で，各々のキャラ論を「物語世界のキャラ論」「現実世界のキャラ論」の順に紹介してみよう。

5. 物語世界のキャラ論

　この節では，物語世界におけるキャラ（登場人物）論を展開している3編の論文を紹介する。これらの論文ではいずれも，キャラ（登場人物）は，その人物像と，言動の両方にまたがって論じられているが，人物像に重心が置かれたものと，言動に重心が置かれたものに連続的ながら二分できる。前者に当たるものとして金水氏，西田氏の論文，後者に当たるものとして野澤俊介氏の論文を紹介する。

5.1. 金水敏「キャラクターとフィクション―宮崎駿監督のアニメ作品，村上春樹の小説をケーススタディとして」

　作家ヘンリー・ジェイムズは「デキゴト無くしてキャラクタ無し。キャラクタ無くしてデキゴト無し」（"What is character but the determination of incident? What is incident but the illustration of character?" James 1948: 13）と述べ，新城カズマ氏も「物語とはキャラクターである……少なくとも，キャラクターという観点から物語の構造と本質をよりよく見通し，その作成に役立てることは十分に可能である」「物語とは（ほぼ）キャラクターであり，キャラクターとは（ほぼ）物語である」と述べられている（新城 2009: 6, 168）【注11】。たしかに，物語の面白さは，展開とうまく融合する登場人物を作り出すことに大きくかかっているのかもしれない。新城（2009）が挙げる登場人物の7類型（『さまよえる跛行者』『塔の中の姫君』『二つの顔をもつ男』『武装戦闘美女』『時空を超える恋人たち』『あぶない賢者』『造物主を滅ぼすもの』）はいずれも単なる人物の類型ではなく，展開と結びついている（たとえば『さまよえる跛行者』は常人が行かないところに行き着き，『塔の中の姫君』を救い出す）。

　金水氏の論文「キャラクターとフィクション―宮崎駿監督のアニメ作品，村上春樹の小説をケーススタディとして」も，物語の構成とキャラクタの関係を追究している点では新城（2009）と似ているが，キャラクタの発することばに着目するという特徴を持っている。

　物語（金水氏の「フィクション」）における登場人物は，自身が属する社会的・文化的グループらしいことば（つまり役割語（狭義））を発することもあるが，その一個人独自の話し方をすることもある。後者の場合，そのことばは，「役割語」を狭く考えられている現在の金水氏にとって（第3.3節参照），「役割語」ではない。代わりに提出されているのが「キャラクター言語」であり，物語の登場人物は「すべてなんらかのキャラクター言語を話すと言うことができる」とされている。

　このキャラクター言語の観点からすると，「ヒーローの旅」とまとめ

られそうな物語の登場人物は基本的に，（ⅰ）基調として標準語を話す
クラス，（ⅱ）多くは役割語（狭義）を話す，あるいはそれを逸脱させ
た話し方や，まったく新しい話し方をするクラス，（ⅲ）逸脱の無い役
割語を話すクラスの計3種類に分けることができ，その3種は，当該の
人物と物語の展開との関わり方（（ⅰ）は主人公や準主人公，（ⅱ）は導
師や仲間，敵などの重要な役回り，（ⅲ）は1度しか登場しないチョイ役）
と対応しているというのが，この論文の主張である。

　もちろん，各々の登場人物が話すキャラクター言語は，作者の考え次
第ということになるが，金水論文で題材として選ばれているのは，宮崎
駿監督の『風の谷のナウシカ』『千と千尋の神隠し』および村上春樹氏
の『海辺のカフカ』という，いずれも（国外でも）人気を博し，新城氏
の言う「商業的流通」（再び【注11】を参照）を果たしている作品であ
ることを考えると，これらの作品の分析は，上の主張の説得的な根拠と
言えるだろう。

5.2. 西田隆政「「属性表現」再考―「複合性」「非現実性」「知識の共有」
　　から考える」

　西田隆政氏の論文「「属性表現」再考―「複合性」「非現実性」「知識
の共有」から考える」は，氏がこれまでに指摘された「属性表現」の諸
特徴のうち，特に二つの特徴にさらに検討を加えられたものである。

　具体的に取り上げられる題材の中には，村上春樹氏の小説『1Q84』
に登場する少女「ふかえり」が含まれているが，「ふかえり」は上述の
金水論文の中でも触れられている。このように，金水氏の「役割語（狭義）」
と西田氏の「属性表現」は離散的な関係にあるのではなく連続的な関係
にある。連続していながら，「役割語（狭義）」とは別物として「属性表
現」というカテゴリが設けられるのは，「役割語（狭義）」には無い，「属
性表現」独自の特徴があればこその話であろう。今回「属性表現」の諸
特徴のうち二つの特徴が特に検討されているのも，これらがまさに「役
割語との相違という点で重要である」からとされている。

それら二つの特徴はいずれも，「属性表現」と結びついているキャラ（本稿第3.1節【表1】の2の欄を参照）についてのものである。これが「全体像ではなく部分的な属性」であり「現実の世界における存在の裏付けがない」というのが西田（2010）で指摘された2特徴である。第一の特徴について，西田氏は今回「複合性」という概念を新たに添えられている。つまり，「属性表現」のキャラとはいくつもの属性を同時に併せ持つ複合的なものだとされ，それらの属性のうち一つが活性化されて「属性表現」を生む様子を具体的に示されている。また，第二の特徴については，これが，「属性表現」が一部のオタク集団の内部でしか通用しない（本稿第3節末尾）ということの原因になっている，つまりキャラが現実世界にはっきりした形で見られず，「属性表現」をこのキャラと結びつけることが，一般には難しいからと論じられている。

　ここで注意が必要なのは，上述した内容と重なるが，西田論文の問題意識は「「属性表現」というプロトタイプカテゴリの中核をどのようにとらえれば，「役割語（狭義）」との違いを感じさせる諸々の事柄がうまく整理されるか」というものだということである。すべての「属性表現」に漏れ無く当てはまる共通の特徴を取り出すことは，ここでは目指されていない。たとえば，「属性表現」がオタク集団の内部のみという旨を西田氏が述べられる時，「君の瞳に乾杯」などと聞けば日本語話者は誰しも（つまりオタクでなくても）「キザ」という話し手の性格特性に思い当たるといったことは，問題にならない。

　その上での話だが，西田氏が論じておられることは，『平安貴族』キャラのような発話キャラクタを持ち出すと，わかりやすいように思われる。現代日本語の世界には『平安貴族』というキャラが存在し，これは存在表現として「おじゃる」などという「役割語」（狭義）をしゃべる。念のため言うが，平安時代に実在していた貴族は「おじゃる」とは言っていなかったので（金水2003），「おじゃる」と言う『平安貴族』キャラはあくまで現代日本語の世界の住人である。さて，この『平安貴族』キャラは，『平安人』属性と『貴族』属性に分けることができない。いや，

分けてもよいが，分ける意味が無い。というのは，そのような分解は「お
じゃる」という役割語（狭義）の分析に活かせないからである。たとえ
ば「「おじゃる」の「お」は『平安人』属性によるもので，『平安人』は
『貴族』も『庶民』も存在表現の語頭は「お」である。「じゃる」は『貴
族』属性によるもので，『平安貴族』だけでなく『室町貴族』も存在表
現には「じゃる」が含まれている」といったことがもし正しければ，『平
安貴族』キャラを『平安人』属性と『貴族』属性に分解することには意
義があるが，実際にはそのようなことはない。平安庶民や室町貴族はも
ちろん実在していたが，現代日本語の世界には，そもそも『平安庶民』
キャラや『室町貴族』キャラは存在していない。このように分解できな
い『平安貴族』キャラを引き合いに出すと，「属性表現」を発するキャ
ラが属性の複合体だ，たとえばマンガ『魔法先生ネギま！』における登
場人物アーニャの発話キャラクタが，『ドジっ子』『幼なじみ』『ツンデレ』
という３属性の複合体で，場面に応じて各属性が活性化し，それが発話
に反映されて「属性表現」になっているという西田氏の考察は，実によ
くわかる。

　但し，「複合性」ということ自体は，筆者のこれまでの「役割語（広義）」
考察の中でも，実質的には見られたことである。定延（2011）で述べた
ことの一つは，役割語（広義）を発する発話キャラクタは，『平安貴族』
キャラのようなものばかりではなく，多くの発話キャラクタの発する「役
割語」（広義）は，「品」「格」「性」「年」という四つの観点から或る程
度記述できる，ということであった。たとえば，いかめしくおごそかな
低い声で「汝は東へ行くがよい」と言う話し手は，典型的には『神』キャ
ラのような，『格高』（それゆえに「上品」「下品」いずれでもない），『男』，『年
輩』という発話キャラクタを発動させており，また「げっへへ。それで
よぅ，オイラはよぅ，」などと言う話し手は，『下品』な『男』の『年輩
〜若者』という発話キャラクタを発動させている，という具合である。

　このような定延（2011）の「品」「格」「性」「年」という観点つまり
属性項目では，西田氏が設定される『ドジっ子』『幼なじみ』『ツンデレ』

といった属性はとらえられない。役割語（広義）の一般的なパターンを分析しようとする上で，そのような踏み込んだ属性を認めることは難しいというのが，定延（2011）で前提とした判断であり，筆者は今もそう考えている。だが，日本語社会全般から，一部のオタクの集団に目を向けると，パターン化できるものが増え，濃密になっていくということもまた確かなことのように思われる。以上のように，西田氏が論じられた2点は，お互いにつながっているのではないだろうか。

5.3. 野澤俊介「言語のキャラクター化─遊戯的翻訳と引用」

　第4節でも触れたように，「キャラ（クタ）」をめぐる言説が特に若年層により育まれ，熟成していったことからすれば，若年層が中心となる多少マニアックなゲームや遊びの場は，「キャラ（クタ）」論にとって重要な観察対象と言えるだろう。野澤俊介氏の論文「言語のキャラクター化─遊戯的翻訳と引用」は，物語世界と言うと語弊があるかもしれないが，まさにそうした，ゲームや遊びの場におけることば遣いを取り上げたものである。

　より具体的には，観察の対象となっているのは「語録」，但し，一般の教条的な偉人語録ではなく，ネット上で遊びとして作られている「語録」である。たとえば，或るゲームの中で神崎蘭子という登場人物が独自の世界観に基づき発することば遣いは，ファンによって神崎蘭子の「語録」として面白がられ，日本語とは別個の言語「蘭子語」と位置づけられてさえいるという。先に述べたように，このような語録は西田氏が「属性表現」と呼ばれるものに該当しており，金水氏の「役割語（狭義）」には含まれないが，野澤氏は「属性表現」「役割語」といった言語的な観点ではなく，社会的な観点から「言語のキャラクター化」という新たな分析を提案されている。

　野澤氏の「キャラクター化」とは「何かをキャラクターに変容させる記号過程」を意味しており，そこでは「キャラクター」は，ゴッフマン（Erving Goffman）の「フィギュア」（figure，アニメーターにアニメー

トされる側の存在）に相当する。たとえば人形遣い（アニメーター）に操られ，「命あるもの」として動き出す，素材としての人形のようなもの，それがここでの「キャラクター」であり「フィギュア」である。そして，たとえば「闇に飲まれよ」という神崎蘭子の蘭子語は，その日本語訳（「お疲れ様です」）と見比べれば理解は辛うじてできそうではあるが（いまの例なら「お疲れ様です」→「お休み下さい」→「お眠り下さい」→「瞳を閉じて下さい」→誇張・詩的・高飛車変換→「闇に飲まれよ」），音韻論・形態統語論・意味論は日本語と共通しそうなものの語彙と語用論が偏っており，日本語の一種とは思えない。では蘭子語とは何なのか？　これは日本語が素材として操られ，キャラクター化されたものだというのが野澤氏の分析である。

　このような言語のキャラクター化は，蘭子語に限らないと野澤氏は主張されている。蘭子語を包摂する，より一般的な「中二病言語」の他に，野澤氏が指摘されているのが「ビジネス日本語」を遊戯的に展開した「ビジネッシュ」，そして，ロールプレイングゲーム「ファイナルファンタジー」の専門語に満ちた「ノムリッシュ」である。これらは日本語翻訳ツールが現実に開発され，ネット上で公開されているという。ツールの出来映えにもよるのかもしれないが，「おトライアンドエラーし頂ければ」「シナジーの送出させて頂きますデータでイノベーションコンセンサスにトリガードアップデートされるように」「絶対論理《ノムリシュ・コード》新生リフレクションのパルティクラーリス決議」のように，形態統語論や意味論も危うくなっており，日本語の一種とはなおさら思えないものとなっている。

　年寄りじみた類例を挙げれば，赤塚不二夫のギャグマンガ『もーれつア太郎』の中で，たとえばニャロメが「〜ニャロメ！」と言い，ココロのボスが「〜のココロ」と言うのは，蘭子語に近いだろう。そしてタモリが繰り出すハナモゲラ語はビジネッシュやノムリッシュに近い。ここではこの「キャラクター」を「登場人物」にも，伊藤氏のKyaraにも関連するものと位置づけておくが，今後は「キャラ（クタ）」を三つで

はなく四つと紹介すべきかもしれない。

6. 現実世界のキャラ論

　この節では，現実世界における「キャラ」論を展開している4編の論文を紹介する。これらの論文においても，人物像とその言動が「キャラ」の名のもとに論じられているが，第5節と同様，人物像に重心が置かれたものと，言動に重心が置かれたものに連続的ながら二分できる。前者に当たるものとして筆者，アンドレイ・ベケシュ氏，瀬沼文彰氏の論文，後者に当たるものとして金田純平氏，友定賢治氏，宿利由希子氏の論文を紹介する。

6.1. 定延利之「日本語社会におけるキャラ」

　拙論「日本語社会におけるキャラ」は，意図的に変えられない「人格」と，あからさまに意図的に変えて差し支えない「スタイル」の間に，大きな空隙（筆者の「キャラ（クタ）」）があること，そして現在の語用論どころか言語研究全体に広く浸透している，目的論的な発話観（病理的な場合を除けば発話には必ず意図があり目的があるという考え方）では，この空隙をとらえられないということを論じたものである。

　筆者の「キャラ（クタ）」とは，「人格」と「スタイル」しか認めない目的論的な発話観にとって代わる，新たな（身体論的な —— 定延2016b）発話観を提案するためのものである。「人格」と「スタイル」しか認めない目的論的な発話観にどのような問題があるのか，そして「キャラ（クタ）」がその問題をどのように解消するのかということを，筆者はこれまで何度も論じてきた。ここで述べたのも同じことである。但し，この論文にも特色がないわけではない。この論文は，前述の国際語用論学会での発表をもとにしており，欧米つまり目的論的な発話観を先導してきた伝統的な言語哲学の本拠地を出身地とする研究者にも理解されやすいように，「キャラ（クタ）」という概念の中核部分が，これま

30 第1章 さまざまな「キャラ」

でに無いほど簡略化され,いささか型破りな形でむき出しにされている。以降の諸論考,特にベケシュ論文の前提として一読いただければ幸いである。

6.2. アンドレイ・ベケシュ「ブルデューの「ハビトゥス」と定延の「キャラ」との出会い」

　アンドレイ・ベケシュ（Andrej BEKEŠ）氏の「ブルデューの「ハビトゥス」と定延の「キャラ」との出会い」は,欧米の思想の中に,定延論文が言及している伝統的な言語哲学とは別の潮流があり,それら,特にピエール・ブルデュー（Pierre Bourdieu）の「ハビトゥス」（habitus）が定延の「キャラ」と親和的な関係をなすと論じたものである。

　定延のことばで述べるが,ベケシュ氏によれば「ハビトゥス」とは,日々のさまざまな社会的文脈を経験する中で個人の身体に染みつき,個人の言動に見出される「型」のようなもので,個人が社会から意図的に学んだものだけでなく,社会に非意図的に植え付けられたものをも広く含む。この点で「ハビトゥス」には,確かに定延の「キャラ」との両立可能性が見てとれる。古い日本語を知る読者なら,「習い性」ということばを思い浮かべられるかもしれない。

　だが,重要なことは,「ハビトゥス」が,「個人」と「社会」との動的な関わりの中に位置づけられる概念だということである。「役割語」にせよ「属性表現」にせよ,ことばの研究が「社会」の動向や時勢に即応して展開されているのに対して,これまでの筆者の「キャラ」論は,状況に応じて「個人」が揺れ動く様子を観察して「人間には「人格」や「スタイル」とは別に「キャラ」と呼べるものがある」と主張するものであり,そこでは「個人」が圧倒的な中心を占めていた。ベケシュ論文がブルデューに依拠しながら指摘しているのは,「キャラ」を「ハビトゥス」と接合することによって,社会的な広がりを備えた新しい段階へと,「キャラ」論をさらに発展させることができるということである。

　今ひとつピンと来ないという読者のために,多少長くなるが,具体的

な事例を一つ挙げておこう。次の (9) を見られたい。

(9)　右の地域の漁業組合に行ったとき，一人の少年が兄貴分に
　　くっついて小舟に乗ろうとしているのを岸壁から見た。兄貴
　　分が舟にとびのるとき，掻き切るような威勢よさで手洟をか
　　んだのだが，おかしかったのは，即座に弟分の少年が小鼻に
　　指をあてておなじ所作をしたことだった。私がふきだすと，
　　横にいた漁業組合長さんが，
　「あんな真似までしやがるんです」
　　と，いった。
　　少年たちは，すぐれた能力をもつ兄貴分につきたがるので
　　ある。たまに「沖へつれて行ってやる」といわれると，仔犬
　　のようによろこんで舟に乗る。
　「あれで，兄貴分を尊敬しているんですよ」
　　と，組合長さんがいった。そうかもしれなかった。相手に
　　対して尊敬の姿勢をとるとき，相手の持っているものが，水
　　が上から流れるようにして，少年の中に入るのかと思われた。
　　それには，相手のくせまで無意識にまねをしてしまうことに
　　なるのかもしれない。
　「あの兄貴分の若い人の手洟も，たれかから伝承したものか
　　もしれませんな」
　「それは，よしさんという人でした」
　　よしさんという，老人（だと思う）が，兄貴分の少年のこ
　　ろの師匠だったらしい。そういう手洟の系譜をたどれば，よ
　　しさん以前にまでさかのぼれるのではないかとおもったりし
　　て楽しかった。
　[司馬遼太郎 1982『菜の花の沖（二）』文春文庫，引用は新
　　装版 pp.423-424，あとがき，傍点は司馬氏による]

ここで小説家・司馬遼太郎が（多分の想像を交えて）観察しているのは，掻き切るような威勢よさで手洟をかむ仕草が，少年から少年へと「無意識にまね」され，受け継がれていく様子である。手洟を「弟分」に真似される『できる漁師』つまり『一人前の男』が，いつどこで誰の前でも『一人前の男』であるならそれはそれで結構なことだが，現実は必ずしもそう単純ではないだろう。「弟分」の前での『一人前の男』は，自身の「兄貴分」の前では相変わらず『子供』なのかもしれないし，また，漁村から都会に出れば，自ら『田舎者』として振る舞ってしまうのかもしれない。手洟をかむ仕草が『一人前の男』キャラのハビトゥスの一部として，社会の中でどのように生まれ，広がり，また消えていくのか，個人がそれを（意図的・非意図的を問わず）どのように身につけ，改変し，捨てていくのか――こういった生々しい問題を扱える，新しい「キャラ」研究の可能性をベケシュ論文は示している。

6.3. 瀬沼文彰「若者たちのキャラ化のその後」

『キャラ論』（2007，STUDIO CELLO）の著者である瀬沼文彰氏の論文「若者たちのキャラ化のその後」は，氏が，同書以降の動向も含めて若者コミュニケーション事情をまとめられたものである。

ここでキーワードとされているのが「キャラ化」という用語で，これはキャラを演じることと定義されている。「演じる」と言えば通常は意図的な行為だが，ここでの「演じる」は必ずしも意図的ではないとされている【注12】。したがって瀬沼氏の「キャラ」は，定延論文・ベケシュ論文が問題にしている「キャラ」と合致する場合（非意図的な場合）もあれば，合致しない場合（意図的な場合）もあるということになる。

だが，このズレはおそらく，それぞれの研究手法と結びついた，不可避のものと考えるべきだろう。少なくともこれまでの筆者は，人物に関する諸現象をうまく扱うために「人格」「スタイル」とは別に導入されるべき専門語「キャラ（クタ）」の創出に集中していたが，それに対して瀬沼氏は，若者を対象とする自身のインタビュー調査から出発すると

いう研究方法を採られており，そこで問題となる「キャラ」は，インタビュー調査の中で若者たちと共に口にされたであろう日常語「キャラ」にどうしても影響されざるを得ないからである。日常語「キャラ」は人格という意味も伝統的に持つため（第2.1節），「キャラを演じる」ということは，人格の意図的偽装を指す場合と，「自分はこの集団では『姉御』キャラになってしまう」と嘆く女性のように（第2.2節 (6) を参照），人格とは別物の「キャラ」に思わずはまり込んでしまう場合の両方があり得る。だがこのことは，読者にとって注意を要する事柄ではあるが，瀬沼論文の瑕疵とすべきものではないだろう。このことを，まず断っておきたい。

　インタビュー調査を通して瀬沼氏は，若い世代が，外見などから周囲から期待される「キャラ」に意図的・非意図的を問わず合わせる，つまり他発的な形で「キャラ化する」ことによって実現されるコミュニケーションは便利で楽，そして楽しいものであり，このコミュニケーションの中で若者は他のメンバーから認められ，「孤独」と見られずに済むということを示されている。スマートフォンが普及し，SNS が若者に浸透した現在，若者たちはネット上も複数の「キャラ」をアカウントごとに演じ分けるようになり，「キャラ化」の傾向はさらに加速しているという。

　それと同時に，瀬沼論文では，現代若者コミュニケーションではない，他の時代，他の世代のコミュニケーションにも目が向けられ，それらの共通点と相違点が誠実に追究されている。これらいずれについても，瀬沼論文は確定した結論を導くには至っていないが，興味深い観察がちりばめられているように見える。たとえば，他の時代や世代というわけではないが，物語世界における登場人物間の性格特性に根ざしたコミュニケーションは，現代若者コミュニケーションと意外な接点を持つのかもしれない。瀬沼論文の冒頭部で瀬沼氏は，自身が若い頃，日常生活の中で「ツッコミキャラ」「リーダーキャラ」「ひげキャラ」など，「色とりどりのキャラ」を場面に応じて繰り出していたと述懐されている。この

述懐が，マンガ『魔法先生ネギま！』の登場人物アーニャが場面に応じて『ドジっ子』『幼なじみ』『ツンデレ』などの属性を活性化させて「属性表現」を生み出しているという西田論文の観察（第5.2節）と似ているのは偶然だろうか。学校の学級という，メンバーの年齢や地域が揃った（そして校風や学力ランク，学費代なども考えればさらに境遇が似通っていると思われる）集団では，メンバー間の社会的・文化的な差異よりも，たとえば外見のような，それ以外の部分に目が行きやすいと言えるのではないか。そして，学級という集団が集団としてまとまらず，「島宇宙」と呼ばれるさらに小人数の閉鎖的なグループに分かれているとすれば，その閉鎖的グループに本拠を置く若者は，自らキャラの実践者であると同時に他者のキャラの鑑賞者であり，「ふかえり」の無口系キャラを見逃さないオタクと同様，ごく細かな違いをも見逃さない高い「キャラリテラシー」を持つことになるのではないか。

　またたとえば，浅野智彦氏の論考を援用しつつ，瀬沼氏は，現代の若者コミュニケーションが，キャラの変化が必ずしも気まずさにつながらず，「冗談」にまぶして済ませてしまえる特徴を持つという可能性に言及されている。確かに，遊びの文脈ならキャラを変えても差し支え無い（定延 2011）。若者がキャラごとに律儀にアカウントを変えるという調査結果は，「キャラを変えてはならない」というタブー（第2.2節）が若者の中にも厳然としてあることを示しているように見えるが，同時にその一方で，タブーの緩和が少しずつなされるということも可能かもしれない。日本語社会において，「自分を偽ってはならない」というタブーが，カツラや整形に関しては強固である一方（たとえば芸能人の「カツラ疑惑」「整形疑惑」は週刊誌の定番ネタである），化粧については緩和されていること（公衆の面前での化粧は依然として謹むべきこととされる一方，街には化粧品屋が堂々と営業している），そして韓国語社会では整形に関して緩和が見られることなどからすれば，タブーは絶対的なものでは必ずしもない。今後さらに新たな世代が身を削ってしでかすことを，こわごわと，瀬沼氏と共に見守りたい。

6.4. 金田純平「直接引用とキャラ」

　金田純平氏の論文「直接引用とキャラ」は，インターネット上にアップされている「面白い話」のビデオ群（「わたしのちょっと面白い話」コーパス，定延編 2018）を題材に，直接引用発話において描かれる被引用者のキャラを，音声と映像の観察を通じて論じたものである。夫に対する妻の発話，老人の発話，中年女性や中年男性の発話が直接引用された発話に続いて取り上げられているのは，被引用者に対する引用者（つまり話し手）の評価が色濃く出た直接引用発話である。それらの発話に見られる，唇のゆがめや声の甲高さは，被引用者に対する揶揄の現れであり，子供っぽさとまとめられるのではないかとされている。

　ここで興味深いのは，金田氏自身がこの論文の冒頭部で直接引用発話の例として挙げている実例において，引用されている子供の発話部分が，特に唇がゆがめられず，ことさらに低い声で発せられているということである。これは，金田氏の分析が論文全体を通して一貫していないということを示すものではなく，我々が発話キャラクタを，あるいはキャラクタとことばの結びつき（第3.1節，【表1】）を，もっと複雑に考えねばならないことを示しているのではないか。

　まず前提として，発話キャラクタがキャラクタの一種であって，両者が完全に同一ではないことを述べておく。たとえば善悪は，キャラクタにとって極めて重要な尺度であり，『善男』『善女』と『悪漢』『悪女』は大きく異なる。しかし，ことばを発する発話キャラクタには，善悪の尺度は基本的に関わらない。というのは，善悪の違いは発話の形式に基本的には反映されないからである。低いダミ声で発せられる「げっへへ，これでよぉ，罪も無い市民をよぉ，救えるてぇ寸法だぜ」にしても，同じく低いダミ声で発せられる「げっへへ，これでよぉ，罪も無い市民をよぉ，殺せるてぇ寸法だぜ」にしても，話し手の発話キャラクタは『下品』で『格』の低い『年輩』の『男』キャラあたりだろう。善悪は発話の内容（罪も無い市民を殺すのか救うのか）には関わるが，発話の形式には関わらない。このように発話キャラクタは，あくまで発話形式を基

36 第1章 さまざまな「キャラ」

に認定されてきた。

　ところがいま，金田論文によって示されたのは，『直接引用された揶揄対象』の発話形式（音声）とは，『直接引用された子供』の発話形式ではないか，という考えである。この考えが正しければ，『直接引用された子供』の発話形式（唇をゆがめたり，音程を高くしたりして発せられる）は，引用されていない『子供』の発話形式（唇をゆがめず，特に高くもない音程で発せられる）と異なる，ということになる。となれば，発話形式において違いがある以上，発話キャラクタを，「直接引用されたものか否か」という観点から二分しなければならない。あるいは，そもそも「直接引用されたキャラクタ」は発話キャラクタではなく，これまで挙げられていない，別個のキャラクタとしなければならない。

　この二つの方向のうち，いずれが望ましいかは現時点ではわからないが，思考キャラクタ（【表1】の4の列）をもし「間接引用されたキャラクタ」と考えられるなら，「引用されたキャラクタ」という一類を立て，それがさらに「直接引用の場合」「間接引用の場合」に二分されると考える必要があるのかもしれない。

7. キャラ論の応用

　最後に，「キャラ」に関する考察を文法論や日本語教育に応用しようとする論文を紹介しよう。

7.1. 友定賢治「方言における自称詞・自称詞系文末詞の用法―キャラ助詞とのかかわり」

　野澤氏が論じられた「言語のキャラクター化」（第5.3節）を思わせる，「キャラ助詞」という現象が現代日本語共通語にはある。友定賢治氏の論文「方言における自称詞・自称詞系文末詞の用法―キャラ助詞とのかかわり」は，この「キャラ助詞」の方言における対応物を追究したものである。

「キャラ助詞」とは，「キャラ語尾」つまり「特定のキャラクターに与えられた語尾」（金水 2003: 188）の一下位類を筆者がこう呼んだもので，たとえばネット上の書き込み「うそだよぴょーん」【注13】における「ぴょーん」のように，終助詞（いまの例なら「よ」）よりも後の位置に現れる語を指す。

「終助詞よりも後」という生起位置は，これまでの日本語文法研究が想定していたものではない。終助詞は文の最終部に現れるもので，話し手の態度を表す，もし終助詞の後に現れるものがあるならそれは（「行くわよね」の「わ」の後の「よ」，「よ」の後の「ね」のように）終助詞でしかない，というのがこれまでの考えであった。だが，キャラ助詞は，話し手の態度ではなくキャラを表し（上の例で言えば「うそだよぴょーん」と言うのは「ぴょーん」の人，「ぴょーん」キャラである），これまでの想定を超えた位置に現れる。つまりキャラ助詞は，これまで知られていない文の「奥行き」を我々が探求し，文に対する理解を深める力を秘めている。

とはいうものの，キャラ助詞の現れは遊びの場に限られており，話し手がキャラ助詞で繰り出すキャラもあくまで遊びの場でのかりそめのものでしかない。これをもとに，文の構造を考え直すというのは，多くの研究者にとっては，突飛過ぎる話だろう。

ところが，諸方言では藤原与一氏が記述されていたように，特に遊びの場に限らず一般に，終助詞の後ろに，話し手を表す一人称代名詞由来の「文末詞」が現れる，たとえば東北の震災を被災者が振り返って「何にも無のさわ」などと言う【注14】，としたら，どうだろうか。もともと日本語は，終助詞の後ろに，話し手の何らかのアイデンティティと結びついたことばが現れてもよく，それは共通語では遊びの場でしか利用されないが，諸方言ではそれがより活発に利用されているという可能性が見えてこないだろうか（定延 2007）。

もちろん，これはあくまで可能性に過ぎないが，検討すべき可能性だろう。というのは，共通語におけるキャラ助詞や，諸方言における一人

称代名詞由来の「文末詞」を収容できる文構造モデルあるいは発話モデルは，これまでの日本語研究において提案されていないからである。これらを受け入れるために，伝統的な枠組みをどのように考え直す必要があるのか，あるいは，これらはどのような理由でどのように排除でき，伝統的な枠組みを保持できるのかという問題は，多くの研究者にとって他人事ではないはずである。そのための基礎的な方言調査と文献整理を，藤原氏の薫陶を受けられた友定氏がおこなわれたのがこの論文である。

　倒置，対称詞化した自称詞による呼びかけ，対称詞化した自称詞のフィラー的な現れなど，さまざまなケースが一つ一つ観察された結果として示されるのは，これらのいずれの形でも説明しきれない，一人称代名詞由来の「文末詞」が，なお諸方言に残るということである。友定氏が指摘するように，藤原氏は自称詞の「文末詞」化を，「話し手は自己をひっさげて訴えようとする」「しぜんのこと」だと述べておられる。なんとも無造作に述べられたこの理屈は，遂行分析（performative analysis, Ross 1970）の理念，言語の話し手中心性（speaker-centricity）と言えるだろうか。しかし話し手中心性が言語の（傾向ではあっても）基本状態と言えるようなものでないとしたら（Hank 1990），自称詞の「文末詞」化という現象には，たとえ藤原氏の見方を受け入れるにせよ，さらに説明が必要だろう。今後の研究を呼び起こすような基礎的考察をしていただいた友定氏に感謝したい。

7.2. 宿利由希子「日本語教育とキャラ」

　この論文集の最後に位置する宿利由希子氏の論文「日本語教育とキャラ」は，日本語教育という事業における，キャラとことばの望ましい扱いを論じたものだが，その内容は「日本語教育はこれらを取り入れるべき」という我々の予想を，（おそらく良い意味で）裏切っている。

　宿利氏によれば，「キャラに関する研究成果を日本語教育に取り入れるべきか？」という問題設定は，日本語教育関係者にとって既に真新しいものではなくなっている。現在，真に取り上げるべき問題は，「「キャ

ラに関する研究成果を日本語教育に取り入れるべきか？」という問題は，限定的に，しかも，ねじれた形でしか扱われていないのではないか？」というものだという。つまり，キャラとことばの結びつき方は多様であるにもかかわらず（第3.1節，【表1】），日本語教育に取り入れるべきか否かを論じられる「キャラに関する研究成果」は，もっぱら「役割語」（広義）に限られており，しかも，その「役割語」は，実際にはすべてのことばは多かれ少なかれ「役割語」であるというのに（第3.2節），「いま日本語教育で教えられている，ふつうのことば」とは別にある特殊なことばとイメージされてしまっている，これを是正することが必要だというのが宿利氏の問題意識である。

　以上の認識に基づき主張されるのは，第一に，日本語教育は「役割語」とは別に「キャラクタ動作の表現」（第3.1節）をも取り入れるべきだということである。そこで挙げられている「正義の味方がニタニタ」「かわいい小動物に子供の目尻が下がる」「お客が商品をせがむ」などの表現は確かに不自然であろう。たとえば鶴もニワトリも岸辺に「じっとしている」ことはできるが，岸辺に「たたずむ」と表現しやすいのは，ほっそりした身体を持ち，騒がしくない，その点で『大人』っぽい鶴というように，キャラクタ動作の表現は我々が想像する以上に広範な領域に（いまの例なら動物の行動表現にまで）見られる。また，道路交通に関する知識が試される試験で，「車の運転中は周囲の様子に十分に注意する」という選択肢がいかにももっともらしく見える一方で，「車の運転中は周囲の様子にたっぷり注意する」という選択肢がうさん臭く感じられるとしたら，この試験は（少なくともそうした受験者にとっては），道路交通に関する知識の有無を純粋に問うものではなく，「品」つまりお行儀のわきまえを問うものになっているのではないか等々，キャラクタ動作の表現は，我々が想像する以上に深い問題を反映している可能性もある（定延2015）。今後の研究・教育が期待される分野と言えるだろう。

　宿利論文の第二の主張は，「日本語教育は役割語を教えるべき」という主張は，「日本語教育はさまざまなことばを役割語として教えるべき」

という形に修正すべきだというものである。確かに，たとえば濃い『女』キャラの役割語を「女性のことば」として教えられた学習者は，現実の女性とのギャップに戸惑うことになるだろう。「役割語」が，人物ではなく人物像，つまり人物のイメージに結びついたものであることに，学習者の注意を向けさせる必要があるという宿利氏の主張には納得できる。

　なお，宿利論文は，ことばの教育という観点から論じられたものだが，日本語教育ではそれ以前に，キャラクタという概念の教育を検討する必要はないだろうか。宿利論文にかこつけて，最後にこのことを述べておきたい。

　キャラクタという概念はどのような人間の社会にも存在するが，さまざまな状況に対応していく人間の内部で，キャラクタがどの程度変わり，どの程度目立つのかは，言語社会ごとに違っていると筆者は考えている。たとえば岸壁をのぼっていくロッククライマーが，身を支えるために腕で岩をつかもうとする際の，肩，肘，手首という三つの関節でたとえると（詳細は定延（近刊）を参照されたい），キャラクタ（肘関節）はほとんど変動させず目立たせず，大抵の状況変化にはスタイル（手首の関節）を変動させて対応するという腕の動かし方が支配的な社会がある。その一方で，スタイル（手首の関節）だけでなくキャラクタ（肘関節）も変動させて対応するという腕の動かし方が支配的な，日本語社会のような社会がある。腕をよほど曲げる必要のある状況になると，普段あまり動かない人格（肩関節）にも負担がかかるが，人格の分裂（肩関節の脱臼）が生じやすいのは，キャラクタ（肘関節）の変動をほとんど持たない，前者の社会である。人格の分裂は日本には少なく，1970年代以降のアメリカに多い，社会病ではないかと言われる斎藤環氏は，「日本人は，自らキャラ化することで，これらの病理を免れているのではないか」とも述べておられる（斎藤 2011）。

　海外のレストランで，物乞いに来た浮浪者を荒々しく追い払ったウェイターが一転して，客のこちらに満面の笑顔を向けるということは，ウェ

イター当人にとっては何ら恥じる必要のない，相手に応じた，ただのスタイル変換なのかもしれない。だが，目の前でこれをやられた日本語話者がそう受け取るかどうかは別である。日本語社会の『いい人』は，フライトアテンダントや『サザエさん』のフネのように，いつでもどこでも誰に対しても『いい人』であり，他人を追い払うというスタイルシフトは予定されていない。

　イソップ寓話にある「卑怯なコウモリ」とは，鳥の一族に会えば鳥に迎合し，獣の一族に会えば獣と話を合わせていたコウモリが，鳥と獣が和解することによってその二面性が露見してしまい，両者から追放されるという話である。また，レイ・ブラッドベリ（Ray Douglas Bradbury）の原作によるテレビ版『火星年代記』（The Martian Chronicles, 1979）に登場する火星人は，高度な「感応力」を備えており，入植してきた地球人と出会うと，その地球人が心の中で会いたいと思っている人物に否応無しに変身してしまう。この感応力はやがて火星人を絶滅へと追いやる。最後の火星人は，たまたま広場の中央にいる時，周囲のあらゆる方向から地球人が一斉に近づいてきてしまい，誰に変身すればいいのか混乱し，その場に倒れて死んでしまう。コウモリは意図的な偽装，火星人は非意図的な変化という差はあるが，破滅する者として描かれていることに変わりはない。「状況に応じて，スタイルではなく，人間自体も変わり得る。日本語社会はそれが（タブーとはされているが）活発な社会であり，ことばも，状況ごとに変わり得る人物像に結びついている」ということに学習者をどれだけスムーズに慣れさせるかは，依然大きな問題と言えるだろう。

【付記】

　この論文集には日本学術振興会の科学研究費補助金による基盤研究（A）（課題番号：23242023，15H02605，研究代表者：定延利之）の成果が含まれている。

42　第1章　さまざまな「キャラ」

【注】

1　「キャラクタ」という表記については，この論文集の「序」【注1】を参照のこと。

2　ここで言う「日本語社会」とは，定延（2011）のタイトルにも含めたもので，日本国の国土上であってもなくても（たとえば国際線の飛行機の機上でも），日本語話者たちが日本語で会話し始めるとそこに開ける社会のことを指している。

3　「登場人物は登場すべき物語を必要とするか」という論点（東 2003）には，本稿では触れない。

4　【表1】は定延（2016a）に挙げたものをわかりやすく改訂し，簡略化したものである。なお，定延（2011）では，キャラクタとことばの結びつき方として，さらに別のものが考えられる可能性を示したが，これについては本稿では触れない。

5　念のため言えば，若い男女が『老人』キャラを発動させることに⑷の「気まずさ」は無いが，それはこれがふざけた冗談だからである。冗談とはあからさまに意図的なものであり，冗談発話でのキャラクタの変化は，例外的に気まずさを伴わない。

6　定延（近刊）では「キャラ表現の描写」と呼んでいる。

7　キャラクタとスタイル，人格との違いについてはこの論文集に収められている定延論文を参照されたい。

8　誤解であることは金水氏本人に確認済みである。この誤解は，金水（2003）のタイトルに「ヴァーチャル日本語」とあり，本文が「いかにも「博士」らしいことば「そうじゃ，わしが知っておる」を発する博士など現実にはいない」という出だしから始まっていることと関係しているのかもしれない。だが，この出だしは，「役割語」のイメージをつかむためのわかりやすい例示ではあっても，「役割語」の定義ではない。仮に「そうじゃ，わしが知っておる」などと言う博士が現実に見つかったとしても，このセリフが役割語でなくなるわけではない。

9　「ツンデレ」とは，普段は「ツンツン」して取っ付きにくいが，いったん親密になると「デレデレ」甘えてくるような性格を指すようである。「べ，べつにあんたのために〜じゃないんだからね」とは，「ツンデレ」の話し手が自分の恋心を相手に見抜かれまいと，自分の言動に動揺混じりに注釈を付けるという「ツンツン」段階での発言である。

10　西田氏はこの論文集の「序」（定延 2018）に記した催し⑴⑵⑶のいずれにもご参加がかなわなかったが，氏の「属性表現」研究はここに述べているように「キャラ」研究と強く関連するので，論文執筆をお願いした次第である。

11　新城氏は「物語」を「主に最近の日本国内もしくは先進諸国において商業的に

流通する（し得る），エンターテインメント性の強いドラマチックなフィクション」と定義されている。本稿の「物語」もほぼこれに準じるが，「商業的流通」にはこだわらず，たとえば日常生活の中で語られる「ちょっと面白い話」（定延編 2018）をも排除しない。なお新城氏は「物語」に「ストーリー」とルビを振っておられる。新城（2009）には「プロット」という語も見られるので，「ストーリー」と「プロット」に（Foster 1927 流であれ何であれ）使い分けがなされていることが窺えるが，詳細は不明である。物語とキャラクタの必然的な結びつきは疑問視されることもあるが，【注2】に記したように，本稿ではその問題には触れない。

12 瀬沼論文における「キャラ化」とは，「若者が，（周囲から期待される）「キャラ」があたかも素の「人格」であるように，（意図的・非意図的を問わず）振る舞う」という意味の自動詞「キャラ化する」の語幹であろう。この「キャラ化」を，相原博之氏が『キャラ化するニッポン』の中で論じられている実にさまざまな「キャラ化」（アイデンティティーのキャラ化・身体のキャラ化・政治のキャラ化・……）に当てはめればどうなるかと，読者は興味を持たれるかもしれない。その場合，「コミュニケーションのキャラ化」（最近の若年層によるコミュニケーションの皮相化）ということになるかもしれないが，相原氏は「キャラ化」の前提となる「キャラ」概念を，よりにもよって伊藤剛氏の Kyara に求められているので（相原 2007: 120-124），瀬沼氏の「キャラ化」を相原氏の「キャラ化」に結びつけようとすることは，無用の混乱を招くばかりで，あまり有意義とは思えない。なお，第5.3節で紹介した野澤論文の「キャラクター化」は，「人間が日本語を「キャラクター化」して蘭子語を作る」といった言い方に現れているように，「日本語」などを目的語にとる他動詞「キャラ化する」の語幹であり，こちらも瀬沼氏の「キャラ化」とは別物である。

13 http://bbs1.parks.jp/12/hima/bbs.cgi?Action=Res&Mode=Tree&Base=3508&Fx=0，最終確認：2009 年 9 月 28 日．

14 この例は，歌の力で震災復興を加速させようとする運動の記録ビデオ「うたのちから―みやぎの「花は咲く」合唱団」（https://www.youtube.com/watch?v=j0OAcdwLNcI）の 5 分 30 秒〜6 分頃より引用した。許可を下さった制作元の「公益財団法人 音楽の力による復興センター・東北」のお名前を挙げて謝意を表したい。

44　第1章　さまざまな「キャラ」

【文献】

相原博之（2007）『キャラ化するニッポン』東京：講談社.

東浩紀（2003）「動物化するオタク系文化」東浩紀（編）『網状言論 F 改：ポストモダン・オタク・セクシュアリティ』pp.19-38，東京：青土社.

伊藤剛（2005）『テヅカ・イズ・デッド　ひらかれたマンガ表現論へ』東京：NTT 出版.

Iwasaki, Shoichi. (2005) "Multiple-grammar hypothesis: A case study of Japanese passive constructions." Paper presented at Phylogeny and Ontogeny of Written Language, Kyoto University, August 17, 2005.

岡本裕一朗（2009）『12 歳からの現代思想』東京：筑摩書房.

兼安路子・岩崎勝一（2017）「多重文法　「こと」の分析を通して」鈴木亮子・秦かおり・横森大輔（編）『話しことばへのアプローチ　創発的・学際的談話研究への新たなる挑戦』pp.69-99，東京：ひつじ書房.

金水敏（2003）『ヴァーチャル日本語　役割語の謎』東京：岩波書店.

―――（2016）「役割語とキャラクター言語」金水敏（編）『役割語・キャラクター言語研究国際ワークショップ 2015 報告論集』pp.5-13，私家版.

暮沢剛巳（2010）『キャラクター文化入門』東京：NTT 出版.

斎藤環（2011）『キャラクター精神分析―マンガ・文学・日本人』東京：筑摩書房.

定延利之（2007）「キャラ助詞が現れる環境」金水敏（編）『役割語研究の地平』pp.27-48，東京：くろしお出版.

―――（2011）『日本語社会 のぞきキャラくり　顔つき・カラダつき・ことばつき』東京：三省堂.

―――（2012-2015）「日本語社会 のぞきキャラくり 補遺」Sanseido Wordwise Web http://dictionary.sanseido-publ.co.jp/wp/author/sadanobu/

―――（2015）「行動記述は「擬人主義」を免れ得るか？」木村大治（編）『動物と出会うⅡ　心と社会の生成』pp.27-35，京都：ナカニシヤ出版.

―――（2016a）「内言の役割語　ことばとキャラクタの新たな関わり」金水敏（編）『役割語・キャラクター言語研究国際ワークショップ 2015 報告論集』pp.14-31，私家版.

―――（2016b）『コミュニケーションへの言語的接近』東京：ひつじ書房.

―――（2016c）「アイデンティティとキャラ」本田弘之・松田真希子（編）『複言語・複文化時代の日本語教育』pp.235-262，東京：凡人社.

―――（2018）「序」定延利之（編）『「キャラ」概念の広がりと深まりに向けて』pp.4-7，東京：三省堂

―――（近刊）『日本語のコミュニケーションと文法におけるキャラ（仮)』東京：三省堂.

定延利之（編）（2018）『限界芸術「面白い話」による音声言語・オラリティの研究』

東京：ひつじ書房.

定延利之・林良子（2016）「コミュニケーションからみた「剰余」の声―日本語の慣用句「口をとがらせる」「口をゆがめる」とその周辺」『音声研究』第20巻第2号，pp.79-90.

Sadanobu, Toshiyuki, Chunyue Zhu, Donna Erickson, and Kerrie Obert, （2016）, Japanese "street seller's voice," The 5th Joint Meeting of the Acoustical Society of America and Acoustical Society of Japan, http://asa.scitation.org/doi/abs/10.1121/2.0000404

朱春躍・定延利之（2016）「調音動態から見た「剰余」の声―日本語の慣用句「口をとがらせる」「口をゆがめる」とその周辺」『音声研究』第20巻第2号，pp.91-101.

新城カズマ（2009）『物語工学論　入門篇 キャラクターをつくる』東京：角川学芸出版.

瀬沼文彰（2007）『キャラ論』東京：STUDIO CELLO.

土井隆義（2009）『キャラ化する／される子どもたち　排除型社会における新たな人間像』東京：岩波書店.

西田隆政（2010）「「属性表現」をめぐって―ツンデレ表現と役割語との相違点を中心に」『甲南女子大学研究紀要　文学・文化編』第46号，pp.1-11.

Nozawa, Shunsuke.（2013）"Characterization." Semiotic Review 3. https://www.semioticreview.com/ojs/index.php/sr/article/view/16/15

藤原与一（1994）『文法学』東京：武蔵野書院.

みうらじゅん（2004）『ゆるキャラ大図鑑』東京：扶桑社.

Foster, Edward M. 1927. *Aspects of the Novel.* New York: Harcourt, Brace & company.

Hanks, William F.（1990）*Referential Practice: Language and Lived Space among the Maya.* Chicago: The University of Chicago Press.

James, Henry.（1948）"The art of fiction." In Morris Roberts（ed.）, *The Art of Fiction and Other Essays by Henry James,* pp.3-23. New York: Oxford University Press.

Ross, John R.（1970）"On declarative sentences." In Roderick A. Jacobs and Peter S. Rosenbaum（eds.）*Readings in English Transformational Grammar,* Waltham. MA: Ginn, pp.222-272.

日本語コーパスにおける「キャラ（クター）」

イレーナ・スルダノヴィッチ

1. はじめに

近年広まっている「キャラ（クター）」という概念は，特に日本語の言語学において研究されている（定延 2011，金水 2003）。元々人気がある日本のアニメと漫画におけるコミュニケーション実践についての研究として始まり，言語学以外の社会学，人類学などの学問分野でも注目されている。本論文集で定延が指摘しているように，「キャラ（クター）」の用語は①アニメ，漫画などの物語の登場人物（dramatis personae），②各登場人物の基本的な描画パターン（マンガ評論家の伊藤（2005）が提示したキャラ），③「スタイル」や「人格」の間に位置付けている「状況に基づく自己」（定延が記述しているキャラ），最低三つの意味を指すということが言える。用語についての議論の詳細は，本論文集所収の定延（2018）を参照されたい。

本稿では，現代の大規模な日本語コーパスを用いながら，「キャラ（クター）」という用語およびその用法を検討する。用語の分布，コーパス内で検索語の左右5語以内に現れる単語，つまりいわゆるコロケーションのリスト，文法パターンおよびパターンごとのコロケーション，実例の分析等のコーパス辞書学・言語学の方法論を利用し，普及してきた日本発の新概念であるキャラを実証的に再検証したい。

コーパスとしては，「現代日本語書き言葉均衡コーパス（BCCWJ）」（Maekawa et al. 2013）と「現代日本語大規模ウェブコーパス

JpTenTen（Pomikalek & Suchomel 2012，スルダノヴィッチ他 2013）」の 2 種類の現代日本語大規模コーパスを利用する。BCCWJ は 1 億語のコーパスで，主にランダム・サンプリング手法によって集められた現代日本語の書き言葉のデータである。BCCWJ は出版サブコーパス（書籍，雑誌，新聞），図書館サブコーパス（東京都内の公立図書館に所蔵されている書籍），特定目的サブコーパス（白書，教科書，広報紙，ベストセラー，Yahoo! 知恵袋，Yahoo! ブログ，韻文，法律，国会会議録）で構成されている。JpTenTen は，100 億語の日本語のウェブコーパスで，Sketch Engine というコーパス検索ツールで利用されている。通常の方法で収集されたコーパスはサイズの制限，およびそれと関連した活用の制限があるため，より大規模のウェブデータの構築の必要性があった。JpTenTen は，様々な言語のウェブコーパス構築を目指すプロジェクトの一部として，データの質とサイズの拡大を目指している最先端ウェブコーパスデザイン技術を採用して，作成されている。このウェブコーパスの構築基準などについて Pomikalek & Suchomel（2012），スルダノヴィッチ他（2013）を参考されたい。

2. コーパスにおける「キャラ」の分布

　「キャラ」は「キャラクター」「キャラクタ」の略語として扱われることもあるが，別の用語として定義され，別の用法を持つものとして扱われることもある。本節では，これらの表記の分布を現代日本語コーパスで調べ，ジャンル別の扱いも検討する。

　【図 1】の左は「キャラ」「キャラクター」「キャラクタ」という表記の BCCWJ における分布，右は JpTenTen における分布を示している。「キャラ」と「キャラクター」が多く，「キャラクタ」は非常に少ないということが分かる。そこで以下では「キャラ」と「キャラクター」という二つの表記に集中して観察する【注 1】。

　BCCWJ では「キャラ」と「キャラクター」はほぼ同じ割合だが，

JpTenTen では「キャラ」のほうが「キャラクター」よりかなり大きな割合となっていることが目立つ（72%対27%）。それには二つの理由が考えられる。一つは，コーパスの種類である。JpTenTen はウェブコーパスでありブログのデータが多い。「キャラ」はそのようなデータには「キャラクター」より多く使われていると考えられる。BCCWJ はブログおよびネット掲示板のデータ以外に，書籍全般，雑誌全般，新聞，白書，ブログ，教科書，法律などのジャンルにまたがっている。もう一つは，コーパスの年代である。BCCWJ の収録対象の刊行年代は，最大30年間（1976～2005）であり，メインとなる書籍の場合は，1986年から2005年となっている【注2】。JpTenTen のウェブコーパスは，2011年に構築され，2005年以降のデータも含まれているので，BCCWJ より最近の言語傾向が見られる。近年「キャラ」が「キャラクター」より幅広く使われるようになり，意味も拡大していることが，コーパスにも反映されていると言える（【図4】を参照されたい）。

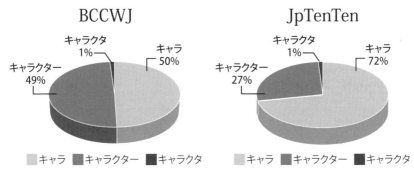

【図1】BCCWJ・JpTenTen における「キャラ」「キャラクター」「キャラクタ」

　BCCWJ には様々なジャンルがあり，ジャンル別の調査が可能である。【図2】と【図3】に示されるように，「キャラ」の方はブログおよびネットの知恵袋で表記され（51%＋21%），「キャラクター」の方は出版書籍，図書館書籍，出版雑誌（26%＋16%＋10%）で表記される傾向が見られる。

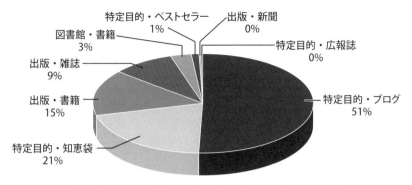

【図2】BCCWJ における「キャラ」の現れ（1,505回）

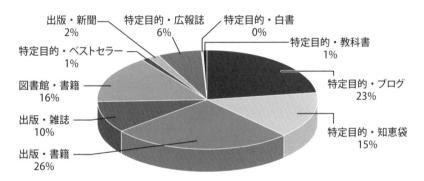

【図3】BCCWJ における「キャラクター」の現れ（1,494回）

　さらに，BCCWJ における「キャラ」および「キャラクター」の年代ごとの用法を検討する。【図4】に見られるように両方の表記は 1980 年代から見られ，90 年代には「キャラクター」の方が多く使用されていた。2000 年からは両方の使用が顕著に普及したが，「キャラ」の方が「キャラクター」より多く使われるようになった。このような用語の普及の仕方は先行研究に記述されている流れとある程度一致していると言える。70 年代の中ごろから 80 年代の初めまで多くの漫画が登場した（Galbraith 2014）【注3】。LaMarre（2011）によると「キャラ」は日本のアニメ，漫画，ゲームの物語の登場人物に基づいて作られた様々なお

もちゃ，ゲーム，モデル，人形などを表す一般用語として 90 年代に使われ始めた。瀬沼（2007）・Senuma（2015）は 1999 年ごろからの若者の「キャラ」の使用について述べている。「キャラ」という言葉が自分の性格と仲間の性格に付され，学校の環境内で友人関係において使われ始めたことを指摘した。さらに，Sadanobu（2015）は日本語の日常会話に現れる「キャラ」に注目し，「キャラ」は日本から発した前理論的な概念であることを強調している。

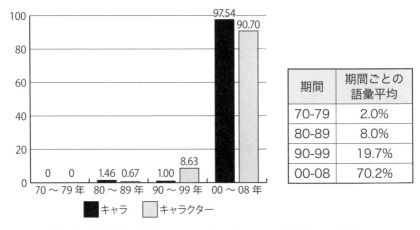

【図 4】BCCWJ における「キャラ（クター）」の年代ごとの現れ

3. コロケーションに反映される「キャラ（クター）」の概念およびその特徴

本節では，「キャラ」および「キャラクター」のコロケーション，文法パターン，例文を調べ，コーパスにおける「キャラ（クター）」の特徴，用法を検討する。

【表 1】は JpTenTen における「キャラ」のコロケーションおよびその統計情報を示している。調べた範囲はキーワードの「キャラ」の右側と左側 5 語以内に現れる単語（形態素解析された単位）である。コロケーションの順番はコーパスにおいて計算されるコロケーションの重

【表1】JpTenTen における「キャラ」のコロケーションリストの一部

コロケーション（＋／－5）	コロケーション回数	候補語回数	T-score	MI	logDice
キャラ	43298	1253162	207.3505	8.15272	9.14487
萌え	18247	371141	134.7479	8.66161	8.52398
好き	51370	4039356	224.4858	6.71079	8.31312
オリ	12542	60011	111.926	10.74939	8.28985
メイン	16617	706695	128.2414	7.59749	8.11806
新	28146	2171121	166.1965	6.73848	8.07327
登場	22595	1548017	149.066	6.90957	8.04611
攻略	11428	293134	106.5689	8.32693	7.9199
アニメ	16373	1063671	126.9478	6.98626	7.85531
設定	19106	1545558	136.8669	6.66989	7.8054
他	35029	4672428	184.1294	5.94837	7.59773
ゆる	7747	70092	87.92036	9.8303	7.58376
女	15448	1844392	122.4884	6.10826	7.35243
各	11692	1138371	106.8514	6.40254	7.32373
人気	15341	1918493	121.9783	6.04141	7.3083
全	11451	1140622	105.7152	6.36964	7.29232
魅力	9680	780455	97.42392	6.67468	7.28517

要性により表示されている。重要性は回数と候補語回数を考慮にいれた logDice という統計値で決められている。最も重要性が高いコロケーションを分析した結果，「キャラ」の用法について以下の点が挙げられる。

- ・「キャラ」の多様性，様々なキャラがあること（「キャラ」「他のキャラ」「各キャラ」「全てのキャラ」）
- ・「キャラ」への好意的な感情表現が多いこと（強い好意などの感情を表す語である「萌え・もえ」「好き」「魅力（的な）」）
- ・「キャラ」は様々なメディアと関連していること（「アニメ」「ゲーム」「漫画」）
- ・「キャラ」の属性を表す修飾語としては「オリ」【注4】「メイン」

「新」「人気」が多く現れること

・名付けた「キャラ」（性別，性格などを表現するキャラのタイプ）（「ゆる」【注5】，「ボス」，「女」「男」「女性」「男性」などの性別のキャラ）

・主体としての「キャラ」（「登場する」キャラ）

　さらに，JpTenTen における「キャラ」の様々な文法パターンおよびコロケーションを検討する。「キャラ」の様々な文法パターンは付録に挙げた。例えば，「「キャラ」＋【助詞】」（このパターンは付録では「particle」という名称で表示されている），「「キャラ」＋【名詞】」（付録での名称は「noun/noun」），「「キャラ」＋「を」＋【動詞】」（付録での名称は「をverb」）などである。ここでは【図5】に，2種類のパターン，即ち「「キャラ」＋【名詞】」（名称は「noun/noun」）と「「キャラ」＋「の」＋【被修飾名詞】」（名称は「のpronom」）を高頻度の文法パターンとして取り出して表示する。

noun/noun		
	224,147	17.89
☐ 設定 ＋	9,521	6.76
キャラ 設定		
☐ 名 ＋	7,215	4.78
キャラ 名		
☐ 紹介 ＋	6,514	6.02
キャラ 紹介		
☐ 弁 ＋	4,552	8.07
キャラ 弁		
☐ 崩壊 ＋	3,460	7.42
キャラ 崩壊		
☐ メーク ＋	3,446	7.32
キャラ メイク		
☐ 絵 ＋	3,083	5.48
キャラ 絵		

のpronom		
	123,051	9.82
☐ 名前 ＋	4,281	5.18
キャラ の 名前		
☐ 中 ＋	3,833	2.54
キャラ の 中 で		
☐ 方 ＋	2,782	1.95
キャラ の 方 が		
☐ 性格 ＋	2,589	6.50
キャラ の 性格		
☐ 魅力 ＋	1,896	5.53
キャラ の 魅力		
☐ イメージ ＋	1,679	4.49
キャラ の イメージ		
☐ 顔 ＋	1,592	3.16
キャラ の 顔 が		
☐ 声 ＋	1,578	3.32
キャラ の 声		

☐ 個性 ＋	1,354	6.09
キャラ の 個性 が		
☐ 設定 ＋	1,353	4.00
キャラ の 設定		
☐ 台詞 ＋	1,282	5.61
キャラ の セリフ		
☐ 一人 ＋	1,138	3.37
キャラ の 一人		
☐ 絵 ＋	1,008	3.93
キャラ の 絵 が		
☐ 動き ＋	973	4.06
キャラ の 動き が		
☐ レベル ＋	940	3.44
キャラ の レベル		

【図5】高頻度のパターンの例（左は「「キャラ」＋【名詞】」，中央と右は「「キャラ」＋「の」＋【被修飾名詞】」）

この図に示されているように，「「キャラ」＋「の」＋「名前／性格／イメージ／顔／声／個性／設定」」が高頻度のコロケーションとして認められる。これは，「キャラ」について Sadanobu（2015）・定延（本論文集所収）が述べる3義（①登場人物（dramatis personae）いわゆる外来語としての「キャラ」，②登場人物の描画パターン，③状況に基づく自己）のうち①，特に Senuma（2015）が注目する人物属性を反映していると言える。Senuma（2015）は，若者は身体特徴，外観，衣服，性格，能力，話し方から自分のキャラおよび友人のキャラを派生させ・導くとしている【注6】。また，「「キャラ」＋「の」＋「セリフ／絵／動き／メーク」」などのコロケーションは，①②の意味と結び付いたものと考えられる。

　その他の「キャラ」の文法パターンとしては，「「キャラ」＋【助詞】＋【動詞】」などの高頻度のコロケーションが認められる（付録参照）。例えば，「キャラを描く」「キャラを演じる」「キャラを使う」「キャラが立つ」「キャラが変わる」などである。「キャラが変わる」の例文中には，「キャラ」が③「状況に基づく自己」という意味で用いられている例も見られる。例を(1)に示す。

　(1)　最近中学の友達のキャラが変わってきてしまって…
　　　［JpTenTen］

　特に興味深い用法としては，「「キャラ」＋「に」＋【動詞】＋「する」」のコロケーションが挙げられる。具体的には「キャラに　感情を移入する／自己投影する／返信する／変更する」等の用法があり，これらは「キャラ」という現象の可変性を示しているだけでなく，人間とキャラの間の深い関係も示している。これらの用法は，登場人物や他人のキャラに対する関係や，自分のキャラを，人間が状況によって変化させていることを表している。さらに，「キャラに恋する」「キャラに嫉妬する」等の用法は，キャラに対する人間の深い感情を表している。

　次に，「キャラ」と「キャラクター」の用法の共通点と差異について，

54　第1章　さまざまな「キャラ」

「「キャラ」＋【名詞】」「「キャラクター」＋【名詞】」のパターンも用いながら調べた結果を述べてみよう（【図6】参照）。

noun/noun	224,147	125,169	0.18	0.26
弁	4,552	0	8.1	--
立ち	2,038	0	7.8	--
ゲー	2,860	0	7.5	--
崩壊	3,460	0	7.4	--
アニ	1,099	0	7.0	--
デ	1,306	0	6.6	--
メーク	3,446	181	7.3	3.3
設定	9,521	3,036	6.8	5.2
造形	661	731	6.0	6.6
ボイス	493	879	5.3	6.6
メーキング	387	644	5.5	6.9
グッズ	1,516	5,024	5.8	7.7
原案	584	1,798	6.2	8.5
デザイン	2,648	13,421	4.9	7.3
ソング	198	3,836	3.7	8.2

「キャラ」だけのコロケーション，または「キャラ」のコロケーションが多い

「キャラ」「キャラクター」ともによく見られるコロケーション

「キャラクター」のコロケーションが多い

【図6】「キャラ」と「キャラクター」のよくある用法の共通点と差異

（「キャラ＋【名詞】」「キャラクター＋【名詞】」のパターンの場合）

　両語に共通する語形成としては，「キャラ（クター）設定」「キャラ（クター）造形」「キャラ（クター）デザイン」「キャラ（クター）ボイス」「キャラ（クター）メーキング」「キャラ（クター）グッズ」がある。「キャラクターデザイン」と「キャラデ」，「キャラクターメーキング」と「キャラメーク」を比べると，「キャラクター」の方が「キャラ」よりも公式な表現と見ることができる。一方，「キャラクター」の方が多く使われやすいコロケーションとしては，「キャラ（クター）原案」「キャラ（クター）デザイン」「キャラ（クター）ソング」がある。反対に，「キャラ」の方が「キャラクター」より多いのは，「キャラ（クター）メーク」である。また「キャラ」だけが使われているコロケーションは，「キャラ弁」【注7】「キャラ立ち」「キャラゲー」【注8】「キャラ崩壊」「キャラアニ」【注9】，そしていま挙げた「キャラデ」である。「キャラゲー」「キャラデ」は語形成の際に後部要素（「ゲーム」「デザイン」）の語中音と語尾音が消失

し（syncope·apocope），頭部（「ゲー」「デ」）だけになったものである。

　「キャラ」「キャラクター」のいずれにおいても，先述①のうち「登場人物」の用法から，その登場人物に関連するグッズを指す用法へという拡大が見られるが，「キャラ」の方が「キャラクター」の2倍程度あり，「キャラ弁」，「キャラゲー」などのような新興の大衆文化に関連し新たに作成された用語が特徴的である。「キャラ崩壊」とは，登場人物の言動がその人物の属性（これも「キャラ」である）と一致していない様子を表現しており，「キャラ」とのコロケーションとして現れる。「キャラアニ」という企業の名前にも使われるなど，営業，意図的なプロモーション，マーケティングと強く関連するものもある【注10】。

4. まとめと今後の課題

　急速に発展する社会は常に新しい語彙が必要とされる（Kay 1995）【注11】。日本の社会にもポップカルチャーの発展と共に，新しい語が登場してきた。その一つが「キャラ」であり，「キャラ」を基点に多くの用法，コロケーションが現れた。その中には，営業やマーケティングなどと強く関連するものもあり（例：「キャラアニ」），また，構成要素の原形を留めていない新語もある（例：「キャラゲー」「キャラデ」）。

　「キャラ」は「キャラクター」より拡大された意味，単語の組み合わせ，文法パターンを持っていることが，ジャンルごと・年代ごとの観察を通して明らかになった。ポップカルチャーの発展とともに，「キャラ」は人間に対しても適用可能になった。コーパスのパターン，コロケーション分析では，例えば，「キャラ」の多義性，「キャラ」への好意等の感情，特性，営業手段としての利用，可変性などの特徴が確認できた。キャラはアニメ，漫画，ゲームなどの様々なメディアの中で登場人物および基本的な描画として使われているが，Sadanobu（2015）および定延（本論文集）が3番目の意味として提示している「キャラ」の意味・用語は人間に比喩的に拡張されてきたことがコーパスデータでも確認できた。

56　第 1 章　さまざまな「キャラ」

今後の課題として，コーパスを用いて様々なパターン，例文などの言語
データの詳細分析，状況を考慮に入れた分析，そして役割語とキャラの
関わり（金水 2003，2011；定延 2015）を再考することが考えられる。

【付記】

　この論文は国際語用論学会第 15 回大会（2017 年 7 月 19 日，ベルファ
スト）でのパネル「日本発の『キャラ』と欧米思想の出会い」の第三論
文を基にしており，日本学術振興会の科学研究費補助金による基盤研究
（A19202013・A15H02605）の成果を含んでいる。京都大学の定延利之
氏の励まし，ご支援をいただいたからこそ，本研究が可能になった。御
礼申し上げたい。

【注】

1　以下では「キャラ」と「キャラクター」の表記を一括して「キャラ（クター）」
　　と表記することがある。
2　詳細は http://pj.ninjal.ac.jp/corpus_center/bccwj/ を見られたい。
3　出典は 70 年代の漫画についての伊藤氏のインタビューのものである。
　　（Galbraith 2014: 162-169，170）
4　「オリ」は「オリジナル」の略語である。
5　「ゆるキャラ」とは地域・イベント・キャンペーンなどの PR に使用される，「ゆ
　　るい」デザインのマスコットキャラクターのことである。
6　"Young people derive their own and their friends' kyaras from physical
　　characteristics, appearance, clothing, personality, abilities, and
　　manner of speaking."（Senuma 2015: 45）
7　「キャラ弁」とは，料理の外見が漫画，アニメなどのキャラクターに見えるよ
　　う工夫された弁当のことである。
8　「キャラゲー」とは，アニメなどのキャラクターを採用したゲームのことである。
9　「キャラアニ」とは，アニメ・ゲーム・アイドル関連商品を扱うオンラインス
　　トアの社名である。
10　「キャラアニ」だけでなく，「サンリオのキャラ」「ディズニーのキャラ」など
　　のコロケーションもよく現れている。

11　原文は"A rapidly developing society constantly requires new vocabulary."
　　である。

【参考文献】

伊藤剛（2005）『テヅカ・イズ・デッド　ひらかれたマンガ表現論へ』東京：NTT出版.

金水敏（2003）『ヴァーチャル日本語　役割語の謎』東京：岩波書店.

金水敏（編）（2011）『役割語研究の展開』東京：くろしお出版.

定延利之（2011）『日本語社会 のぞきキャラくり　顔つき・カラダつき・ことばつ
　　き』東京：三省堂.

スルダノヴィッチ，イレーナ・スホメル ヴィット・小木曽智信・キルガリフ アダ
　　ム（2013）「百億語のコーパスを用いた日本語の語彙・文法情報のプロファイ
　　リング」『第3回コーパス日本語学ワークショップ予稿集』pp.229-238，国立
　　国語研究所.

瀬沼文彰（2007）『キャラ論』東京：STUDIO CELLO.

Kay, Gillian（1995）English loanwords in Japanese. *World Englishes* 14(1),
　　67-76.

Galbraith, Patrick W.（2014）*The Moé Manifesto: An Insider's Look at
　　the Worlds of Manga, Anime, and Gaming.* North Clarendon: Tuttle
　　Publishing.

LaMarre, Thomas（2011）Speciesism, Part III: Neoteny and the Politics
　　of Life. *Mechademia* 6: User Enhanced. Minneapolis: University of
　　Minnesota Press.

Kilgarriff, Adam, Rychlý, Pavel, Smrž, Pavel and Tugwell, David.（2004）.
　　The Sketch Engine. Proceedings of the Eleventh EURALEX International
　　Congress, Oxford University Press

Maekawa, K., Yamazaki, M., Ogiso, T., Maruyama, T., Ogura, H., Kashino,
　　W., Koiso, H., Yamaguchi, M., Tanaka, M., & Den, Y.（2014）. Balanced
　　corpus of contemporary written Japanese. *Language Resources and
　　Evaluation.* 48(2), 345-371.

Sadanobu, Toshiyuki.（2015）"Characters" in Japanese communication
　　and language: an overview. *Acta Linguistica Asiatica*, 5(2), 9-28, http://
　　revije.ff.uni-lj.si/ala/

Senuma, Fumiaki.（2015）Observations on intra-nebular Kyara among
　　youth, *Acta Linguistica Asiatica*, 5 (2), 43-50, http://revije.ff.uni-lj.si/
　　ala/

Pomikálek Jan &, Suchomel, Vít.（2012）Efficient web crawling for large text corpora. Kilgarriff, A. & Sharoff, S.（eds.）In: Proceedings of the Seventh Web as Corpus Workshop（WAC7）. Lyon, 2012.

【ウェブページ】

コーパス検索ツール「Sketch Engine」
https://www.sketchengine.eu/, 最終確認：2018 年 2 月 3 日.

【付録】

JpTenTen におけるキャラの様々な文法パターンとコロケーション

Sketch Engine ツール（Kilgarriff et al. 2004）で調べた JpTenTen というウェブコーパス（スルダノヴィッチ他 2013）における「キャラ」の文法パターンおよびコロケーションである。それぞれの文法パターンの結果には，コロケーションの右側に数字が2列ある。2列のうち左側の列はコーパス中のコロケーションの頻度を示し，右側の列はコーパス中のコロケーションの統計的な重要性を示す。例えば，「noun/noun」の文法パターンでは，「キャラ設定」の頻度は9,521，統計的な重要性は6.76である。

キャラ Japanese Web 2011 (jpTenTen11) freq = 1,253,162 (121.40 per million)

particle　662,460　52.86

collocate	freq	score	例
が +	149,165	5.06	キャラ が
の +	144,637	4.17	キャラ の
に +	84,730	3.84	キャラ に
を +	79,389	3.93	キャラ を
と +	54,670	4.74	キャラ と
で +	54,443	4.20	キャラ で
も +	39,677	4.88	キャラ も
って +	11,376	5.94	キャラ って
や +	7,973	3.90	キャラ や
か +	5,231	4.53	キャラ か
だけ +	4,993	4.88	キャラ だけ で
から +	4,502	2.55	キャラ から

noun/noun　224,147　17.89

collocate	freq	score	例
設定 +	9,521	6.76	キャラ 設定
名 +	7,215	4.78	キャラ 名
紹介 +	6,514	6.02	キャラ 紹介
弁 +	4,552	8.07	キャラ 弁
崩壊 +	3,460	7.42	キャラ 崩壊
メーク +	3,446	7.32	キャラ メイク
絵 +	3,083	5.48	キャラ 絵
ゲー +	2,860	7.49	キャラ ゲー
付け +	2,807	6.13	キャラ 付け
デザイン +	2,648	4.88	キャラ デザイン
スレ +	2,585	5.49	キャラ スレ
以外 +	2,296	4.13	

の pronom　123,051　9.82

collocate	freq	score	例
名前 +	4,281	5.18	キャラ の 名前
中 +	3,833	2.54	キャラ の 中 で
方 +	2,782	1.95	キャラ の 方 が
性格 +	2,589	6.50	キャラ の 性格
魅力 +	1,896	5.53	キャラ の 魅力
イメージ +	1,679	4.49	キャラ の イメージ
顔 +	1,592	3.16	キャラ の 顔 が
声 +	1,578	3.32	キャラ の 声
個性 +	1,354	6.09	キャラ の 個性 が
設定 +	1,353	4.00	キャラ の 設定
台詞 +	1,282	5.61	キャラ の セリフ
一人 +	1,138	3.37	

pronom の　120,855　9.64

collocate	freq	score	例
他 +	15,282	5.78	他 の キャラ
自分 +	3,681	2.85	自分 の キャラ
以外 +	2,728	4.41	以外 の キャラ
其々 +	2,605	5.73	それぞれ の キャラ
漫画 +	1,969	5.31	漫画 の キャラ
アニメ +	1,858	5.30	アニメ の キャラ
ゲーム +	1,767	4.04	ゲーム の キャラ
作品 +	1,495	3.45	作品 の キャラ
別 +	1,404	3.59	別 の キャラ
感じ +	1,251	2.89	感じ の キャラ
全て +	1,082	3.08	全て の キャラ
タイプ +	1,080	3.68	

を verb　110,312　8.80

collocate	freq	score	例
為る +	22,973	2.41	キャラ を 作って
作る +	5,529	4.47	
居る +	5,306	1.31	
描く +	3,632	5.48	キャラ を 描い
見る +	3,255	2.45	
使う +	3,170	3.11	キャラ を 使って
出す +	2,901	4.25	キャラ を 出し
演ずる +	2,755	7.20	キャラ を 演じて
言う +	2,652	0.54	
出来る +	1,985	1.86	
成る +	1,880	0.42	
行く +	1,516	1.48	
遣る +	1,506	2.59	
選ぶ +	1,404	4.33	キャラ を 選ん
思う +	1,319	0.80	
>>			

がverb — 92,785　7.40

居る+	14,575	2.77	キャラがい
出る+	8,388	4.23	キャラが出て
成る+	4,913	1.80	
立つ+	4,401	5.93	キャラが立って
言う+	3,109	0.77	
過ぎる+	2,410	4.21	
違う+	2,293	3.97	キャラが違う
有る+	2,030	0.74	
変わる+	1,771	3.60	キャラが変わっ
増える+	1,746	4.72	キャラが増えて

にverb — 74,742　5.96

成る+	14,448	3.36	キャラになって
為る+	12,649	1.54	キャラになって
因る+	4,317	3.73	キャラによって
有る+	2,543	1.06	
つく+	2,260	3.56	キャラについて
対する+	2,156	4.25	キャラに対して
合う+	1,453	5.31	キャラに合って
萌える+	1,254	6.19	キャラに萌え
見える+	1,218	3.07	キャラに見え

とverb — 57,334　4.58

為る+	17,403	2.00	キャラとして
言う+	6,962	1.93	キャラという
居る+	2,761	0.37	
成る+	2,088	0.57	
有る+	1,547	0.34	
違う+	1,542	3.40	
思う+	1,077	0.51	
見る+	930	0.65	
出来る+	762	0.48	
出る+	756	0.77	
絡む+	658	5.59	
描く+	658	3.04	キャラとして描か
来る+	628	0.19	

prefix — 52,813　4.21

新+	25,547	8.63	新キャラ
各+	10,167	8.16	各キャラの
全+	9,461	8.08	
女+	5,061	5.84	女キャラ
悪+	410	4.49	意地悪キャラ
本+	274	1.02	本キャラ
両+	131	2.93	両キャラ
没+	106	4.95	没キャラ

modifier_Ana — 51,654　4.12

好き+	18,829	7.94	好きなキャラ
様+	4,903	3.72	ようなキャラ
そう+	3,268	2.58	そうなキャラ
みたい+	3,012	4.90	みたいなキャラ
嫌い+	1,551	6.39	嫌いなキャラ
大好き+	952	5.65	大好きなキャラ
変+	952	5.37	変なキャラ
色々+	748	2.61	色々なキャラ

Adn — 3.77

此の+	11,546	4.53	このキャラ
其の+	11,521	4.22	そのキャラの
何の+	6,790	8.35	どのキャラの
そんな+	2,884	4.52	そんなキャラ
色んな+	2,750	6.73	いろんなキャラ
同じ+	2,525	5.01	同じキャラ
どんな+	2,484	5.97	どんなキャラ
こんな+	2,260	4.87	こんなキャラ

でverb — 3.52

為る+	6,903	0.67	
有る+	2,685	1.14	
遣る+	2,126	3.10	キャラでやっ
言う+	1,997	0.13	
行く+	1,670	1.62	
見る+	1,151	0.96	
思う+	1,086	0.52	
出来る+	960	0.81	
来る+	841	0.61	
出る+	827	0.90	キャラで出て
作る+	638	1.36	
描く+	554	2.80	
使う+	526	0.52	
売る+	467	3.54	

suffix — 3.45

達+	11,622	6.16	キャラ達
的+	6,263	3.73	キャラ的には
同士+	3,674	8.05	キャラ同士の
毎+	3,502	7.23	キャラごとに
ぽい+	2,015	4.86	キャラっぽい
化+	1,399	3.71	キャラ化し
目+	1,012	1.66	キャラ目
さん+	851	0.50	キャラさん

はverb — 3.20

為る+	5,962	0.46	
居る+	3,984	0.90	キャラはい
言う+	1,993	0.13	
有る+	1,479	0.28	
成る+	1,434	0.03	
出る+	1,317	1.56	キャラは出
思う+	879	0.22	
出来る+	736	0.43	
見る+	736	0.31	
使う+	721	0.98	
描く+	656	3.05	
違う+	482	1.73	
遣る+	468	0.92	
作る+	465	0.91	

modifier_Ai — 2.16

良い+	8,075	4.03	いいキャラ
可愛い+	2,544	4.95	可愛いキャラ
強い+	1,283	3.81	強いキャラ
新しい+	1,265	4.14	新しいキャラ
面白い+	1,182	4.76	面白いキャラ
濃い+	1,016	6.00	濃いキャラ
美味しい+	755	3.84	おいしいキャラ
欲しい+	714	4.30	て欲しいキャラ

N_Adj — 1.76

好き+	2,807	5.21	キャラ好き
みたい+	2,215	4.47	キャラみたいな
ぽい+	2,015	4.88	キャラっぽい
別+	2,000	4.14	キャラ別
多い+	1,961	3.56	キャラ多い
可愛い+	802	3.29	キャラ可愛い
濃い+	767	5.61	キャラ濃い
大好き+	684	5.24	キャラ大好きです

coord — 1.46

ストーリー+	471	4.34	キャラやストーリー
一緒+	430	1.43	キャラと一緒に
設定+	417	2.36	キャラや設定
世界+	385	1.09	キャラや世界観
声優+	264	4.71	キャラと声優
キャラ+	230	1.79	男キャラと女キャラ
作品+	224	0.75	キャラや作品
声+	209	0.43	キャラと声が

をverbする — 1.21

登場+	495	3.26	キャラを登場させ
攻略+	478	5.28	キャラを攻略し
作成+	367	3.24	キャラを作成して
操作+	343	3.40	キャラを操作して
選択+	303	2.72	キャラを選択して
確立+	278	4.76	キャラを確立し
配置+	235	3.95	キャラを配置し
使用+	233	0.83	キャラを使用して

がverbする — 1.02

登場+	2,749	5.73	キャラが登場し
定着+	481	6.35	キャラが定着して
活躍+	344	3.28	キャラが活躍する
存在+	324	1.92	キャラが存在し
崩壊+	322	4.55	キャラが崩壊し
確立+	281	4.78	キャラが確立して
追加+	203	2.80	キャラが追加され
成長+	167	1.93	キャラが成長し

modifier_N-Ai — 0.84

本当+	282	0.46	本当にいいキャラ
キャラ+	191	1.53	
レベル+	153	0.88	レベルの低いキャラ
灰汁+	152	6.05	アクの強いキャラ
頭+	140	0.29	頭のいいキャラ
人気+	138	0.69	人気の高いキャラ
都合+	109	1.94	都合のいいキャラ
実+	109	4.67	
出番+	94	3.96	出番の少ないキャラ

得られた結果には「【名詞】＋キャラ」のパターンが含まれていないため，特別に Sketch Engine の CQL の機能を用いて，検索し，以下のコロケーションリストを追加する。

	word	Frequency	Items: 51,766 || Total frequency: 421,567
P | N	メイン キャラ	11,720	
P | N	オリ キャラ	11,326	
P | N	女性 キャラ	10,637	
P | N	他 キャラ	9,791	
P | N	男 キャラ	9,676	
P | N	女 キャラ	6,425	
P | N	攻略 キャラ	5,965	
P | N	アニメ キャラ	5,907	
P | N	人気 キャラ	5,688	
P | N	自 キャラ	4,843	
P | N	男性 キャラ	4,742	
P | N	登場 キャラ	4,612	
P | N	オリジナル キャラ	4,198	
P | N	別 キャラ	3,862	
P | N	ボス キャラ	3,533	
P | N	オール キャラ	3,120	
P | N	ゲスト キャラ	2,783	
P | N	ネタ キャラ	2,669	
P | N	マスコット キャラ	2,592	
P | N	プレイヤー キャラ	2,561	
P | N	使用 キャラ	2,495	
P | N	1 キャラ	2,449	
P | N	女の子 キャラ	2,328	
P | N	脇 キャラ	2,137	
P | N	ゲーム キャラ	2,052	
P | N	強 キャラ	2,050	

第2章
物語世界のキャラ論

キャラクターとフィクション

宮崎駿監督のアニメ作品，村上春樹の小説をケーススタディとして

金水　敏

1. はじめに

　本稿では，もっぱら「フィクションの登場人物」という意味でキャラクターを用いることとする。フィクションの作り手から見たキャラクターの作り方，という観点から，キャラクターの話す言葉を分析したい。そのために，役割語に着目しつつ，役割語を拡張した「キャラクター言語」という概念を導入する。さらに，物語の構造とキャラクターの分類という観点を採り入れ，分析のケーススタディとして，ジブリアニメや村上春樹の小説等に言及する。

2. 役割語とキャラクター言語

　役割語の定義としては，金水（2003）の次の規定がよく引用される。

　　　ある特定の言葉づかい（語彙・語法・言い回し・イントネーション等）を聞くと特定の人物像（年齢，性別，職業，階層，時代，容姿・風貌，性格等）を思い浮かべることができるとき，あるいはある特定の人物像を提示されると，その人物がいかにも使用しそうな言葉づかいを思い浮かべることができるとき，その言葉づかいを「役割語」と呼ぶ。
　　　［金水 2003: 205］

定延（2011）では，この定義をそのまま受け入れ，氏の「発話キャラクタ」という概念に対応する言語＝役割語として用いている。金水はKinsui & Yamakido（2015）以降，役割語の定義を狭めて，性別，年齢・世代，地域・国籍・人種，階層・職業，時代等の社会的・文化的グループに貼り付けられた言葉遣いに限定してそう呼ぶこととした。このようなグループは，現実社会でも，言語変異の生じる母体であり，言語と話者の結びつきが自然で，かつ広く言語共同体に共有されやすいと考えるからである。金水（編）（2014）では，仮に役割語に与えるラベルとして次のような分類を与えている。

役割語の種類（一案）
- 性差：男ことば，女ことば，書生語，少年語，お嬢様ことば，奥様ことば，オネエことば
- 年齢・世代：老人語，おばあさん語，幼児語
- 職業・階層：博士語，上司語，お嬢様ことば，奥様ことば，王様ことば，お姫様ことば，やくざことば，ヤンキー語，スケバン語，軍隊語，遊女語
- 地域：田舎ことば，大阪弁・関西弁，京ことば，九州弁，土佐弁，沖縄ことば
- 時代：武士ことば，忍者ことば，公家ことば，遊女語，町人ことば，王様ことば，お姫様ことば
- 人間以外：宇宙人語，ロボット語，神様語，幽霊語，動物語
  ［金水編 2014 より］

フィクションの中で登場人物は，役割語に合致する話し方をする場合もあれば，それとは違った話し方をする場合もある。役割語をずらしたり，混ぜ合わせたり，普通の話し方とはまったく違った奇妙な話し方をしたりというような具合である。役割語もそうでない言語も含めて，フィ

クションのキャラクターはすべてなんらかのキャラクター言語を話すと言うことができる（cf. Kinsui & Yamakido 2015）。具体例で言えば、『海辺のカフカ』という小説に出てくる「大島さん」という人物の話し方は、「大島さんのキャラクター言語」であると言える。結果的に、大島さんの話し方は、少し気取った感じの、標準的な日本の男性の話し方とあまり変わらないのであり、大きく役割語の〈男ことば〉に包摂されると見ることもできる。一方で、同じ小説の「ナカタさん」という老人の話し方は、従来の役割語にぴったり当てはまるものがないので、「ナカタさんのキャラクター言語」としか言いようがない（本章第6〜7節参照）。

　なお、現実の人間が話すことばはキャラクター言語と言えるかどうかと言われると、とりあえずここではフィクションのことしか取り上げていないので答えることができない。しかし、現実の話し手が特定のフィクションのキャラクターを意識しながら（繰り出して／召喚して／マネをして）話すことがあれば、それはキャラクター言語の表現の一つと認めることはできる。

　なお、フィクションのキャラクターの話し方が現実の人間の話し方に近いかどうかということは、キャラクター言語の定義とは直接関係しないが、標準語に近いかどうかという「役割語度」（金水 2003: 67）という尺度を適用してキャラクター言語を指標付けることはできるだろう。また、定延（2011）で提案されている「性」「年」「品」「格」による指標付けもきわめて有効である。

3. 物語の構造と「ヒーローの旅」起承転結モデル

　フィクションの構造におけるキャラクターの位置づけを考えるために、ヴォグラー（2002）が提唱する「ヒーローの旅」（Hero's Journey）を参照する。これは、キャンベル（2015）の神話学を基盤とし、ユング心理学のアーキタイプやウラディーミル・プロップの昔話の分析等を採り入れ、映画のシナリオ評価に応用したものである。ヴォグラーは西洋

で伝統的な3幕構成を土台にしているが，筆者は金水（2017: 243）で，日本人に馴染みの深い起承転結の枠組みに当てはめて整理してみた。概要は以下の通りである。

起：

日常の世界。登場人物は，主人公の他，彼の家族，親戚，ご近所，幼馴染みなど。平穏な日々に，「冒険への呼び出し（call to the adventure）」が現れる。主人公は，冒険への出発に逡巡ないし拒否の姿勢を示すが，最終的に出発を決意する。その際，「メンター」の説得，助言，助力が大きな力を発揮する場合が多い。

承：

主人公は「最初の関門」（first threshold）にさしかかり，自らの知恵，メンターの助言，「同調者」の助け等を得て，これをくぐり抜ける。その後も数々の試練が襲いかかり，犠牲をはらいながらも旅を続け，成長していく。その過程で，手強い敵の数々，主人公（とその一行）をあきれさせたり和ませたりする「トリックスター」や，本心が見えず疑心暗鬼に誘われる「変貌者」（多くの場合，後の恋愛対象であったりする）等，主人公を取り巻き，物語を特徴付けるキャラクターが登場し，旅は核心へと，秘められた場所へと近付いていく（洞窟，海の底，宇宙の彼方，絶海の孤島など，接近するものを遠ざける場所として描かれることが多い）。

転：

秘められた場所に到達した主人公は，最大の敵「影」と相対し，これと戦う。影は，何らかの意味で主人公の父母（男子に対する父，女子に対する母）を想起させる存在であることが多い。すなわち，「ヒーローの旅」とは幼年期から成人を果たすために親の存在を乗り越えていくという，代替わり

への儀式の意味合いが込められているのである。

結：

　　主人公は影を倒し，重要な宝物を得て帰還しようとするが，その過程で生命の危機に直面する（場合によっては，一旦命を失う）。しかし辛くも命を助かり，あるいは再生を果たし，元の故郷（あるいは新しい安住の地）へと帰還する。その際，生涯の友人，従者，伴侶等を得て，王や首長として迎えられることも多い。

　この枠組みは，かなり汎用性の広いものではあるが，もちろん決してすべてのフィクションのストーリーがこれに当てはめて捉えられると主張するものではない。特に短篇・中篇作品ではこれに当てはまらないほうが普通であるが，ある程度長い物語となると，受け手が集中を途切れさせることなく受容しつづけるためには，これに類似した構造がどうしても必要になってくるものと思われる。この構造を二重，三重に重ねたり，主たる別の構造の部分としてこの構造を埋め込んだりすることもあるだろう。

4. キャラクターの３分類

　「ヒーローの旅」あるいはそれに類似の枠組みにおいて，登場人物を三つのクラスに分類することを提案する。これは，キャラクターの，物語における機能を示すとともに，その人物が用いる話し方の類型を予測するものである（金水 2017）。

　クラス１：主人公および準主人公。登場頻度が高く，また内面描写も豊富である。すでに見たように，受け手の自己同一化はこのクラスのキャラクターに誘導しなければならないので，あまり奇抜な特徴付けは行われない場合が多い。従って

言葉遣いも，標準語を基調とする，役割語度の低い話し方と
なることが多い（その例外については上に書いた）。

クラス2： メンター，同調者，敵対者，トリックスター，変貌
者，影といったアーキタイプに属する重要なキャラクターが
ここに位置する。個性的であるが，内面描写はクラス1の人
物よりも少なく，「他者」として立ち現れる人物たちである
と言える。

言葉の面では，典型的な役割語（標準語を含む）が用いられ
る場合が多いが，一方で，通常の役割語からずらしたり，重
ねたり，あるいはまったくそれまでに例のないユニークな話
し方をさせる場合もある。

クラス3： ほぼ1回登場したらそれっきりの人物であり，従っ
て名前が現れることもまれである。あらゆる属性において，
環境になじんで目立たないことが一番の特徴である。言葉の
面では，役柄に応じた一番無難な（典型的な）役割語（標準
語を含む）を使用することが基本である。

［金水 2017: 257］

　この図式では，主人公（クラス1）は標準語ないしそれに近似の話し
方をすることが予測される（これを「役割語セオリー」と言う）が，も
ちろんこれに当てはまらない主人公も少なくない。例えば『八重の桜』
『カーネーション』『あまちゃん』等の方言ドラマがそれである（cf. 金水・
田中・岡室 2014）。このような設定があるとき，やはりドラマ放映の最
初の方では視聴者が台詞を聞き取れず，入り込みにくいというクレーム
がしばしば来るそうで，それも次第に沈静化していくのだという。これ
はつまりこういうことである。主人公が標準語を話す限りは，きわめて
安いコストで主人公の台詞を受け手に伝えることができる。しかし一方
で，十分な時間とコストをかけ，しつこく主人公の方言を流し続ければ，
視聴者の方で耐性ができ，逆に主人公が話す方言に対して親しみすら覚

えるようになるのである。この結果，主人公の台詞で頻出する（あるいはCMで流し続けられる）フレーズは，視聴者の脳裏に焼き付けられ，しばしば流行語となるのである（「おら鉄砲さ撃づ」「じぇじぇじぇ」等）。なお，いくら方言性が強いキャラクターであっても，特に物語が進行するにつれて，一般に役割語度が低まって標準語に近付いていくものと考えられる。

5. 宮崎駿監督のアニメ作品からのケーススタディ

　キャラクターの3分類を，日本で特に発達しているアニメーション作品に当てはめた研究がある。金水（2017）では，宮崎駿監督『風の谷のナウシカ』（1984年公開）を取り上げて分析を行った。また金水（2018b／印刷中）では，2001年公開，宮崎駿監督，スタジオジブリ制作の長編アニメーションである『千と千尋の神隠し』を取り上げている。繰り返し，宮崎作品を取り上げるのは，いずれも世界的なヒット作品であり，日本ではテレビでも繰り返し放映されているので，老若男女を問わず，比較的理解がしやすいと考えたからである。

　まず『風の谷のナウシカ』は，巨大な虫たちが「腐海」と呼ばれる菌類の森を我が物顔に支配し，人間がほそぼそと暮らしている未来の地球が舞台である。「風の谷」という地域で，部族長の娘として人々の敬愛を集めて暮らしているナウシカ，「巨神兵」という生物兵器を蘇らせて腐海を焼き払おうとするトルメキアの王女クシャナとその部下のクロトワ，ナウシカを支える武術の師匠ユパ，風の谷の長老たちである城オジ，世界の復活の予言を伝える大ババ様といったキャラクターたちが関わり合う中で，虫たちの王と言うべき「王蟲」の大群が風の谷に押し寄せる危機が生じるが，ナウシカは地球と生命への慈しみの心から，身を挺してこれに対峙し，人間界の破滅を救う。

　『風の谷のナウシカ』の登場人物を，アーキタイプと言語の面から分析・分類したのが【表1】である。

キャラクターとフィクション　71

【表1】『風の谷のナウシカ』登場人物のアーキタイプと言語

分類	細分	名前	アーキタイプ	言語
クラス 1		ナウシカ	主人公	〈女ことば〉（時々〈男ことば〉）
クラス 2	クラス1に近い	ユパ	メンター	固い〈男ことば〉（騎士風）
		アスベル	同調者	〈男ことば〉
		大ババ様	メンター	〈老人語〉
		城オジ	同調者、トリックスター	〈老人語〉
		クシャナ	敵対者	固い〈男ことば〉
		クロトワ	敵対者	〈軍隊語〉と品格の低い〈男ことば〉
	クラス3に近い	ペジテの市長	敵対者	〈男ことば〉
		アスベルの母	同調者	〈女ことば〉
クラス 3		風の谷の男女		〈標準語〉〈男ことば〉〈女ことば〉
		風の谷の子供たち		〈子供ことば〉
		ペジテの男女		〈標準語〉〈男ことば〉〈女ことば〉
		トルメキアの兵士		〈軍隊語〉〈男ことば〉

　主人公であるナウシカが比較的特徴の少ない〈女ことば〉の上品なヴァ
リエーションを話すのに対し，大ババ様，クシャナ，ユパ，城オジといっ
た，主人公を取り巻く主要キャラクターが，比較的特徴の濃い話し方を
することが確認できる。

　次に，『千と千尋の神隠し』は，千尋という名の10歳の少女が，引っ
越し先へ向かう途中に立ち入ったトンネルから，神々の世界へ迷い込ん
でしまう物語である。千尋の両親は掟を破ったことで魔女の湯婆婆に
よって豚に変えられてしまう。千尋は，湯婆婆によって千と名を変えら
れ，湯婆婆の経営する銭湯でひたむきに働きながら，ハクという不思議
な少年，リンという男まさりの元気な少女，釜爺という，一見不気味だ
が心優しい老人等に助けられつつ，周囲の信頼も勝ち得て，見事に両親
を助け出すことに成功する。

　『千と千尋の神隠し』の登場人物を，アーキタイプと言語の面から分析・
分類したのが【表2】である。

72 第2章 物語世界のキャラ論

【表2】『千と千尋の神隠し』登場人物のアーキタイプと言語

分類	細分	名前	アーキタイプ	自称詞	言語
クラス1		千=千尋	主人公	わたし	〈女ことば〉・〈子どもことば〉
クラス2	クラス1に近い	ハク	同調者・変貌者	わたし	古風な〈男ことば〉
		釜爺	メンター	わし	〈老人語〉〈田舎ことば〉
		リン	同調者	あたい・オレ	〈男ことば〉
		湯婆婆	影	あたし	若い〈おばあさん語〉
		銭婆	メンター	あたし・わたし	若い〈おばあさん語〉
		カオナシ	変貌者		(うなり声)
		坊	トリックスター	坊	〈赤ちゃんことば〉
	クラス3に近い	青蛙	トリックスター		〈時代劇語〉
		番台蛙			
		父役・兄役			
クラス3		女達		あたしら・あたい	時代劇風〈女ことば〉

　ここでも，千尋は特徴の薄い話し方をしているのに対し，釜爺（老人語），リン（男ことば），湯婆婆（おばあさん語），坊（幼児語）のような個性豊かなキャラクターが，個性的な話し方をしている点が注目される。「その他大勢」と言うべき，湯屋「油屋」の男女の従業員たちの話し方が，時代的な世界観の中で，ありふれた時代劇風の話し方に収まっていることも確認できる。

6.『海辺のカフカ』について

　次に，文芸作品をケーススタディとして取り上げたい。世界的に人気を得て，翻訳作品としても広く流通している村上春樹作品から，『海辺のカフカ』を選んだ。

『海辺のカフカ』は村上春樹の 10 作目の長編小説である。2002 年に新潮社より上下巻が刊行された。2005 年には新潮文庫より文庫版が同じく上下巻で刊行されている。また 2012 年と 2014 〜 2015 年には舞台化されており，村上春樹作品としてはまれな例となっている。小説の構成としては，東京都中野区の 15 歳の少年「田村カフカ」の冒険を描く奇数章と，同じく中野区の奇妙な老人ナカタさんの冒険を描く偶数章とが，二重らせんのように進行していく形をとっている。典型的な旅物語で，成長物語でもあり，「ヒーローの旅」モデルにも乗りやすく，他の村上春樹のファンタジー系小説と同様，キャラクターの描き分けがはっきりしていて，役割語・キャラクター言語分析に適している。

　ストーリー展開と登場人物は以下の通り。奇数章と偶数章に分けて見ていく。

　奇数章は田村浩一という高名な彫刻家を父に持つ自称「田村カフカ」という少年が 15 歳になった朝に家出をし，高松市にたどり着いてさまざまな経験を重ね，やがて東京に戻る決心をするという物語である。主な登場人物は，田村カフカの他，高速バスの中で出会った若い女性のさくらさん，高松市郊外の甲村図書館の司書である大島さん，館長の佐伯さんなど。また，田村カフカの分身でありカフカにしかその存在が見えない「カラスと呼ばれる少年」もたびたび登場する。警察の捜査を逃れて，大島さんの兄が所有する高知県の山奥の小屋にいたとき，森の奥で佐伯さんの分身である少女や，昔森で行方不明になった二人の日本兵と出会う。

　偶数章のうち，第 2 章，第 4 章，第 8 章，第 12 章には，ナカタさんの少年時代に起こった「お椀山事件」をめぐる調査記録や小学校の先生の手紙が置かれる。現在のナカタさんは東京都中野区で行方不明の猫探しを仕事としていたが，猫を捕まえては頭部を切り取り心臓を食べるという行為を繰り返すジョニー・ウォーカーという人物を殺してしまい，何ものかに導かれるように東京を離れ，西へと向かう。猫のカワムラさん，ミミ，トロ，トラック運転手の星野くん，高松市で売春の客引きを

しているカーネル・サンダーズ，哲学を勉強中で星野くんの相手をする娼婦等が主な登場人物。奇数章と偶数章の物語は基本的に独立に進んでいくが，第 40 章，第 42 章でナカタさんは甲村図書館にたどり着き，大島さん，佐伯さんと出会う。

7.『海辺のカフカ』のキャラクターと言語

7.1. 男女別キャラクターの分析

男性キャラクター

　田村カフカ，ジョニー・ウォーカー，大島さん，大島さんの兄，二人の日本兵らはすべて男ことばの範疇に入るが，第一人称の選択について「僕」（カフカ，大島さん），「私」（ジョニー・ウォーカー，大島さん），「俺」（大島さんの兄，日本兵）の違いがある。星野くんはかなり品位の低いヤンキーことばに類する話し方をする（俺っち，〜ちまう等）。一人称は「俺」である。またカーネル・サンダーズの話し方は老人語の一種と見てよいだろう（わし，〜ておる，〜ん，等。ただし，「じゃ」ではなく「だ」を用いる）。

　さて，男性キャラクターの中で異彩を放っているのが，ナカタさんの話し方である。この点については，彼の物語における機能の分析も含めて，後に項を改めて論じることとする。

女性キャラクター

　佐伯さんは，他の村上春樹作品におけるメインの女性キャラクター同様，かなり古風な女ことばを話す（〜だわ，〜かしら等）。これに対し，さくらは「〜だよ」「〜だね」「（動詞＋）よ」等，男性的な表現を多く用いる点で佐伯さんと対照をなす。この違いによって，二人の女性の年齢や境遇（職業・学歴等）の違いをそれらしく表現していると見ることができる。このような女ことばの使い分けは，『1Q84』その他の村上作品でもしばしば見られるところである。カーネル・サンダーズの世話で

現れた娼婦は，やはり男ことばの要素がまじるカジュアルな女ことばを
用いるが，しばしば哲学書の引用が混じることで，ギャップの面白さを
演出している。高知の森の中でカフカと出会う少女（少女時代の佐伯さ
んを暗示させる）の話し方は，女ことばの範疇であるが，文末表現が単
調で舌足らずな子供っぽさを表している。甲村図書館に調査に訪れる
ジェンダー問題関連の調査員は，文章語的な話し方に終始することで，
高圧的で教条主義的な態度を表している。

方言キャラクター
　物語の多くの部分が高松市で展開されるにも関わらず，本作品には現
地の方言は一切でてこない。作品を通して方言的な表現が現れるのは，
第5章で登場する，大阪から来た甲村図書館の見学者の夫婦である。か
つて甲村図書館を訪れた山頭火が残していった作品がすべて廃棄されて
いることを聞き，次のような反応を示す。

　⑵　「そら，もったいないことしましたな」と大阪から来た奥
　　　さんが本当に惜しそうに言った。「山頭火，今やったらもう
　　　えらいお値打ちですのにねえ」
　　　　「おっしゃるとおりですね。でも当時の山頭火はまったく
　　　無名の存在でしたから，やむを得ないことかもしれません。
　　　あとになってみないとわからないこともたくさんあります」
　　　と佐伯さんはにこやかに言った。
　　　　「ほんまに，ほんまに」と夫は相づちを打った。
　　　［文庫版・上・p.84。下線は引用者による］

　これは，典型的な大阪弁キャラクターの発話内容であり，この部分に
限って大阪弁を使わせたのは，大阪人ステレオタイプの露骨な利用であ
り，典型的な役割語であると言える。

76 第2章 物語世界のキャラ論

7.2 ナカタさんのキャラクターと言語

『海辺のカフカ』の登場人物の中でも，ナカタさんの話し方は，とびきり異彩を放っている。またその話し方と，ナカタさんの小説における機能，そして小説が描こうとしている世界観とは，不可分の関係にあることを金水（2018a／印刷中）でも述べた。

ナカタさんは，聡明な少年であったが，1944年に山梨県に疎開中に起きた「お椀山事件」で意識を失い，目覚めたときには読み書き能力など重要な知的能力を失っていた（引率教師の告白により，事件そのものはその教師が少年時代のナカタさんを激しく叩いたことによる集団ヒステリーであったことが分かる）。成人してからは家具工場で木工職人の技術を身につけるが，やがて工場の閉鎖とともに職を失い，都から助成をもらって中野区で細々と生活している。彼はなぜか猫と話をすることができ，その特技を生かして猫探しのアルバイトをしていた。そんなある日に，猫殺しのジョニー・ウォーカーと出会い，目の前で猫を殺されることに堪えきれず，ジョニー・ウォーカーの挑発に乗って彼を刺し殺してしまう。その後，何ものかに導かれるように東京を離れ，不思議な現象を引き起こしながら，西へ西へと移動していく。その道中で星野青年と出会い，でこぼこコンビのような奇妙な冒険の旅が繰り広げられる。

ナカタさんのキャラクターは，次のようなものである。

1. 影が普通の人の半分の濃さしかない。
2. 人にあるべき，さまざまな欲望がない。
3. 猫と話すことができる（途中でこの能力は失われる）。
4. 魚を降らせたり，ヒルを降らせたりすることができる（ただし本人の意思ではないし，なぜそれが出来るのかも理解していない）。

特に，言語的な特徴として，以下の点が上げられる。

5. 「私」「ぼく」などの人称代名詞を用いず，自分のことを「ナカタ」と呼ぶ。

6. 誰とでもきわめて丁寧なスタイルで話す。

7. 読み書きが出来ない。難しい単語はよく理解できない（漢語がしばしば片仮名で書かれることで，単に音をなぞっているだけであることを示している）。

以下に，発話の例を示す。

(3) 「しかし，あんたは人間にしても，いささか変わったしゃべり方をするね」とオオツカさんは言った。
　「はい，みなさんにそう言われます。しかしナカタにはこういうしゃべり方しかできないのです。普通にしゃべりますと，こうなります。頭が悪いからです。昔から頭が悪かったわけではないのですが，小さいころに事故にあいまして，それから頭が悪くなったのです。字だってかけません。本も新聞も読めません」
［文庫版・上・p.96］

この物語において，ナカタさんとは何ものであったか。それは，次のような独白でかなりはっきりするように思われる。

(4) 「ナカタは頭が悪いばかりではありません。ナカタは空っぽなのです。それが今の今よくわかりました。ナカタは本が一冊もない図書館のようなものです。昔はそうではありませんでした。ナカタの中にも本がありました。ずっと思い出せずにいたのですが，今思い出しました。はい。ナカタはかつてはみんなと同じ普通の人間だったのです。しかしあるとき何かが起こって，その結果ナカタは空っぽの入れ物みたいに

なってしまったのです」

［文庫版・下・p.168］

　空っぽであるということと，影が薄いということ，欲望を持たないことは，同じことを表している。空っぽの人間は，自分自身の意思を持たない，自動人形のようなものであると言える。ナカタさんが相手によって言葉づかいを変えることをしないのは，相手に自動的に反応しているだけで，社会的関係性によって反応の仕方を変えるという普通の人間のコミュニケーションの取り方をしないからである。そもそも，ナカタさんは普通の人間同士が取り結ぶ社会的関係の外にある。猫と話ができるというのは，おそらくそのようなナカタさんの立ち位置を端的に表現しているのだろう。

　空っぽの人間とはまた，容器のようなものであり，容易に他者の侵入を許す存在でもある。霊媒，依り代，巫女さんのような機能を果たす存在と言ってもよい。『海辺のカフカ』においては，ジョニー・ウォーカーに象徴される憎悪，破壊を司る意思に侵入されようとする一方で，カーネル・サンダーズによって具現化される，世界の歪みを正してバランスを取ろうとする超越的な力の通り道ともなる訳である。ナカタさんが，旅路のあちこちで奇跡を起こしながらそれが何を意味するかを知らず，また迷走を続けるかのように見えて目的地を過たず，正しく入り口の石までたどり着けるのは，操り人形のように超越的な他者によってその行動が制御されていたからに他ならない。一方でナカタさんの死後，口からジョニー・ウォーカーの舌とおぼしき異物が這いずりだして来たのは，その身にすでにジョニー・ウォーカーが侵入していたことの証拠であろう。

　さて，偶数章の最初の方で長々と「お椀山事件」の顛末を報告書や手紙を使って述べていたのは，空っぽの人間であるナカタさんがどのようにして出来たかということを説明するためであった。このような，霊媒，依り代，巫女のような登場人物としてすぐ思い浮かぶのは『1Q84』の「ふ

かえり」ではないか。ふかえりの奇妙なしゃべり方の例を引用しておく。

(5) 「あってもらうひとがいる」とふかえりは言った。
　「僕がその人に会う」と天吾は言った。
　　ふかえりは肯いた。
　「どんな人？」と天吾は質問した。
　　質問は無視された。「そのひととはなしをする」と少女は
　言った。
　「もしそうすることが必要なら，会うのはかまわない」と天
　吾は言った。
　「ニチヨウのあさはあいている」と疑問符のない質問を彼女
　はした。
　「あいている」と天吾は答えた。まるで手旗信号で話をして
　いるみたいだ，と天吾は思った。
　［単行本『1Q84 BOOK1』p.98］

　『1Q84』では，リトル・ピープルの作り出す「空気さなぎ」によって少女の心の影を実体化した「ドウタ」が現出する（もとの少女はマザと呼ばれる）。ドウタは「パシヴァ」としてリトル・ピープルの意思を感じ取り，「レシヴァ」となる人間（深田保）がパシヴァと交わることによってその意思を理解し，具現化していく。ふかえりは，ドウタ（＝パシヴァ）の現出に関わりを持ってしまったが，反リトル・ピープルの意思を感じ取って教団から脱出する。しかし，自分がマザなのかドウタなのか，彼女の中では判然としないとも書かれている。
　このような小説の結構から，ふかえりが超自然的な意思（リトル・ピープルと反リトル・ピープル）の通り道であり，いわば「巫女」的な役目を果たしていることは明らかであろう。その際取られているのは，マザからドウタを「コピーする」という操作である。このような，霊媒，依り代，巫女のような登場人物として『1973年のピンボール』の双子の

80　第2章　物語世界のキャラ論

女の子（208と209）を思い浮かべることもできる（「完璧なコピーだ」文庫版，p.31）。二人は「僕」の部屋に突然現れ，風のように去って行くのだが，見たはずもない「配電盤」の場所を言い当て，配電盤のお葬式を指示するなど，超自然的な振る舞いを見せる。

　村上春樹を離れて，コピーという言葉で連想されるのは，アニメ『新世紀エヴァンゲリオン』（庵野秀明監督，1995〜1996年放送）に登場する「綾波レイ」という14歳の少女である。彼女は実在の少女から作られたコピーであり，何体ものバックアップがある。抑揚のない話し方は，ふかえりに通じるものがある。ここで述べた一連の考え方から，綾波レイの機能について新たな分析を与える余地はあるかもしれない（ふかえりと綾波レイの類似については，西田隆政氏のご教示による）。

7.3 『海辺のカフカ』のキャラクター分類

　以上の分析に基づき，『海辺のカフカ』のキャラクターを，アーキタイプと言語の面から分析・分類したのが【表3】である。

　ここで，田村カフカ少年が，少年であるにも関わらず子供っぽい言葉づかいをしないのは，むろんこの小説における彼の個性ではあるが，特徴のない話し方であることが，主人公クラスの視点人物として相応しい特徴であることも改めて確認できる。

　際だった個性を持つナカタさんは，クラス2に相応しいキャラクターではあるが，読者の共感を誘うクラス1に近い面も持っていることは金水（2018a／印刷中）で指摘した。

キャラクターとフィクション 81

【表3】『海辺のカフカ』登場人物のアーキタイプと言語

分類	細分	名前	アーキタイプ	自称詞	言語
クラス1		田村カフカ	主人公	僕	〈男ことば〉 寡黙
クラス2	クラス1に近い	ナカタさん	トリックスター+メンター	ナカタ	超丁寧語
		星野青年	同調者	俺	〈ヤンキー語〉
		ジョニー・ウォーカー	影	私	〈男ことば〉※断定的・挑発的
		カーネル・サンダーズ	メンター+トリックスター	わし	〈マイルド老人語〉
		大島さん	同調者	僕・私	〈男ことば〉 慇懃・くどい
		佐伯さん	変貌者	私	〈女ことば〉 年配
		さくら	変貌者	私	〈女ことば〉 若い
		カラスと呼ばれる少年	メンター	僕	〈男ことば〉 断定的
	クラス3に近い				
クラス3		調査員		私たち	丁寧語
		少女		私	〈女ことば〉「〜の」
		森の兵隊		俺	〈男ことば〉
		大阪から来た夫婦			〈大阪弁〉
		高松の娼婦		私	弱い〈女ことば〉哲学書の引用
		サダ(大島さんの兄)		俺	〈男ことば〉 寡黙

8. 最後に

　本稿では，役割語およびキャラクター言語の理論と，物語の構造論と，キャラクターの三分類の理論をもとに，フィクションをキャラクターの観点から読み解く方法について試論を提示した。

【参考文献】

ヴォグラー，C.（著），岡田勲・講元美香（翻訳）（2002）『夢を語る技術〈5〉神話の法則―ライターズ・ジャーニー』ストーリーアーツ＆サイエンス研究所（原書：Christopher Vogler. *The Writer's Journey,* Michael Wiese Productions, Studiocity, 1998.）．

キャンベル，J.（著），倉田真木・斎藤静代・関根光宏（訳）（2015）『千の顔を持つ英雄　上・下』〔新訳版〕ハヤカワ・ノンフィクション文庫，2015 年（原書：Campbell, Joseph. *The Hero with a Thousand Faces,* New York: Pantheon Books, 1949.）．

金水敏（2003）『ヴァーチャル日本語　役割語の謎』岩波書店．

―――（2016）「役割語とキャラクター言語」金水敏（編）『役割語・キャラクター言語研究国際ワークショップ 2015 報告論集』，pp.5-13，私家版．

―――（2017）「言語 日本語から見たマンガ・アニメ」山田奨治（編著）『マンガ・アニメで論文・レポートを書く　好きを学問にする方法』pp.239-262，京都：ミネルヴァ書房．

―――（2018a ／印刷中）「魅惑するナカタさんワールド」曾秋桂（編）『村上春樹における魅惑』淡江大学出版中心．

―――（2018 ／印刷中）「第 6 章　アニメキャラクターの言葉」『現代の語彙 男女平等の時代』シリーズ　日本語の語彙，第 7 巻，東京：朝倉書店．

金水敏（編）（2014）『〈役割語〉小辞典』東京：研究社．

定延利之（2011）『日本語社会 のぞきキャラくり　顔つき・カラダつき・ことばつき』東京：三省堂．

Kinsui, Satoshi and Hiroko Yamakido（2015）"Role Language and Character Language," *Acta Linguistica Asiatica* 5-2: 29-41, Ljubljana: Ljubljana University Press, Faculty of Arts, Online ISSN: 2232-3317.

キャラクターとフィクション　83

「属性表現」再考
「複合性」「非現実性」「知識の共有」から考える

西田隆政

1. はじめに

　稿者は，西田（2010）で，「キャラクターの性格的な属性などの人物の部分的な属性をしめす言語表現を「属性表現」となづけ」（p.8）た。これは，人物像とことばづかいの対応があるパターンでも，役割語とは認めがたい例のあることから考えたものである。典型的には，西田（2009，2011）で取り上げた，ツンデレ表現がそれに該当する。

　ツンデレとされるキャラは，一般的な日本語話者の間では自明のものとはなっていない。「し，心配なんてしてないんだからね！」（釘宮2007:「し」の取り札）というセリフを聞いても，特定の人物像が浮かぶことはない。これは，誰もが知る「そうじゃ，わしが知っておる」（金水2003「役割語の世界への招待状」: v）のような役割語の博士語とは，対照的なものといえる。

　本稿では，最初の提起以来，まだ検討不十分であった点を中心に，改めて，「属性表現」について，見ていくことにする。

2. これまでの「属性表現」の定義

　西田（2010）では，以下のように「属性表現」の特徴を整理した。

⑴ a 現実の世界でおこなわれる表現とは直接的にむすびつかな
　　いというヴァーチャル性をもつ。
　 b 特定の言語表現とさししめす人物像とに関連性がある。
　 c 言語表現のさししめすのは人物の全体像ではなく部分的な
　　属性である。
　 d 言語表現のさししめす属性は現実の世界における存在の裏
　　付けがない。
　 e 「属性表現」の使用されるキャラクターには性格の統一性
　　がなくキャラクターの破綻ともとれるような例がある。
　 f 「属性表現」は一般的にしられているものではないものの
　　その属性自体が社会的な地位や職業として認識されること
　　で役割語となる可能性がある。
　［西田 2010: 9］

　以上の6点であるが，特にcとdが役割語との相違という点で重要で
ある。cのように，「属性表現」はキャラクターの持つ様々な属性に対
応するものなので，基本的にトータルなキャラクターの人物像を示す役
割語とは異なっている。これは，東（2001）の指摘する，ゲームなどで
のキャラクターが様々な属性の組み合わせによって構成されている点に
つながるもので，これは「萌え要素」としてファンからは理解されてい
る【注1】。
　また，dは「属性表現」が，その属性の意識的に使用されるジャンル
に興味のない者にとっては，イメージできないものであることにつな
がっている。ツンデレキャラクターの場合，マンガやアニメの世界に詳
しい者にとっては自明のものであるが，それに興味のない者には全くイ
メージすら浮かばないものということになる。
　本稿では，この中で，cの「部分的な属性」という点を複合した属性
を持つキャラクターの例から検討する。また，dの「現実世界に存在の
裏付けのない」点をボクっ娘（ボク少女）の例から検討する。

さらに，特定のことばづかいが特定の人物像に結び付くことが，一般の日本語話者には困難でも，特定のファン層には十分に理解される例として，村上春樹の小説『1Q84』のふかえりというキャラクターを検討する。彼女は，不思議な話し方をする少女と見られるのであるが，これを一つの人物像の類型としても理解される可能性のあることを指摘する。すなわち，「知識の共有」の範囲という問題を考えることとする。

3.「複合性」

マンガやアニメのキャラクターは，その保持する属性によって位置づけられることがある。たとえば，メガネ属性，幼馴染属性，妹属性，ドジっ子属性等で，ツンデレ属性もこの中に入るものとされる【注2】。

赤松健のマンガ『魔法先生ネギま！』での，主人公のネギ・スプリングフィールドの幼馴染，アーニャ（本名アンナ・ユーリエウナ・ココロウァ：以下通称名アーニャ使用）もそのような複合属性の持ち主である。彼女は，ネギと同じく魔法使いの見習いで，ドジっ子属性，幼馴染属性，それにツンデレ属性を持つと考えられる。

⑵　アーニャ「キャアアア！？　私のローブに火が――！？」
　　　アーニャ「たかたか　高かったのよコレーッ」
　　（わたわたわた）
　　［⑳p.23］

⑶　アーニャ「ホンットにあんたはもー・・・・」
　　　アーニャ「私がいないと」「全ッ然ダメなんだから」
　　［⑳p.41］

⑷　アーニャ「さっきのアレは全然違うんだからねっ！？　事実無根よー（小文字で小声であることを示す：稿者注）」

〔⑳ p.47〕

　⑵ では，アーニャは，魔法を使って派手に登場したものの，失敗して自分の大事な衣装のローブに火をつけてしまう。それで慌てて，大騒ぎをする。慌てて発声もうまくいかず，「たかたか」と嚙んでしまう。また，彼女が焦っている様子を示す擬態語の「わたわた」も使用されている。慌ててドジをしてしまう，ドジっ子属性を示すものである。

　⑶ は，夢の中でアーニャがネギを助けることになって，いかにも自慢げにしゃべる例である。これは，彼女の世話好きな幼馴染の属性を示していると考えられる。

　⑷ は，言い訳をしている例で，直前にネギの生徒たちからアーニャがネギのことを好きなのではと言われたことを否定しようとしている。典型的なツンデレ表現ともいえるもので，富樫（2011）で指摘される接続助詞「から」による言いさし，終助詞「ね」，発話末の協調要素「っ」が使用される。自分の本心を悟られないように意図した，言い訳めいた会話文にもなっている。

　これらの点からすると，アーニャは，幼馴染のネギに好意を抱くものの，それを素直に言えないツンデレキャラクターであると同時に，いかにも世話好きの幼馴染で，その一方でうまくやろうと頑張って，逆に失敗してしまうドジっ子でもあるということになる。

　以上のように，ツンデレ表現のような「属性表現」の使用されるキャラクターは，いくつもの属性を同時に持つ傾向がある。これからすると，「属性表現」が「複合性」という特徴があるものと見ることができるであろう。

4.「非現実性」

　西田（2012）では，「属性表現」の一例として，一人称に「ぼく」を使用する女性キャラクターである，ボクっ娘（ボク少女）について検討

した。

　　(5)　（少女の平川がサッカーのゴールを決めてのセリフ）
　　　　平川「あっはっは」「またボクの勝ちだね」
　　　[『今日の5の2』p.24]

そこで，問題になったのは，はたして現実の世界に，(5) のようなこと
ばづかいをする，リアルなボクっ娘がいるのかどうかという点であった。
ヴァーチャルのマンガやアニメの世界では，女性キャラクターの一人と
して，当たり前のように存在し，このキャラクターを主人公とした人気
作品もある【注3】。しかし，現実の世界では，自分の一人称にボクを使
用する女性がいたとしたら，多くの人が違和感を持つのではなかろうか。
　これは，定延（2011）のいう，「破綻キャラ」の考え方につながると
考えられる。現実のリアルの世界に住む我々は，自分たちの周囲にいる
人々は基本的に一貫性のある存在であると理解している。定延（2011）
では，山本周五郎の『豪傑ばやり』の「にせ夏目図書」を例にあげて説
明する。

　　(6)　「これだけ飲んで歌ったから，私のことを《豪傑》だと思っ
　　　　てくれるよね」などと意図をひとこと漏らすだけで，《豪傑》
　　　　キャラのイメージは木っ端みじんになってしまう」
　　　［定延 2011: 163］

豪傑をきどるキャラクターが大酒を飲んで豪快に歌っても，このような
一言を漏らすとそのキャラとしてのイメージが壊れてしまうと指摘す
る。「思ってくれるよね」のようなことばづかいは，豪傑キャラに全く
そぐわぬものであり，キャラとしての一貫性が見いだせなくなるわけで
ある。
　ボクっ娘で考えてみても，年若い女性が「わたし」「あたし」等を一

人称に使用するのは自然であるが，突然「ぼく」を一人称に使用すると，それだけで周囲の人はひいてしまうであろう。なぜ女の子が男の子のようなことばづかいなんだ，と違和感を持ってしまうからである。

このように，「属性表現」の例は，先のツンデレ表現にしても，世話好きの幼馴染の表現にしても，やはり，あまりにも大仰で不自然なものに，一般的には感じられるものである。あくまでも，ヴァーチャルな作品世界の中でのみ許される存在というところが重要ということになる。

「属性表現」は，基本的に現実世界との関連性が薄い言語表現と考えることができる。しかし，特定のファン層の間では，ヴァーチャルな世界に登場するキャラクターのお約束のような表現として理解されるのである。この点について，次の節でさらに考えてみたい。

5.「知識の共有」

「属性表現」と役割語の最も大きな違いは，そのことばづかいと人物像の結びつきについての「知識の共有」が，日本語社会の中のどのような範囲でなされているかという点にある。それについて，本稿では，村上春樹の小説『1Q84』のふかえりというキャラクターから考えていきたい。

ふかえりは，最初の登場からして，(7) のように不可思議な存在として描かれる。そして，(8) の別れ際まで，同じような会話が続いていく。

(7)　ふかえりは挨拶を返すでもなく，そのまま天吾の顔を見つ
　　めていた。「あなたのこと知っている」，やがてふかえりは小
　　さな声でそう言った。
　　「僕を知ってる？」と天吾は言った。
　　「スウガクをおしえている」
　　　天吾は肯いた。「たしかに」
　　「二カイきいたことがある」

90 第2章 物語世界のキャラ論

「僕の講義を？」

「そう」

　彼女の話し方にはいくつかの特徴があった。修飾をそぎ落としたセンテンス，アクセントの慢性的な不足，限定された（少なくとも限定されているような印象を与える）ボキャブラリー。

［村上春樹『1Q84 BOOK1』p.84］

⑧　「あってもらうひとがいる」とふかえりは言った。

「僕がその人に会う」と天吾は言った。

　ふかえりは肯いた。

「どんな人？」と天吾は質問した。

　質問は無視された。「そのひととはなしをする」と少女は言った。

「もしそうすることが必要なら，会うのはかまわない」と天吾は言った。

「ニチヨウのあさはあいている」と疑問符のない質問を彼女はした。

「あいている」と天吾は答えた。まるで手旗信号で話をしているみたいだ，と天吾は思った。

［村上春樹『1Q84 BOOK1』p.98］

　⑺では，ふかえりの話し方の特徴として，「修飾をそぎ落としたセンテンス」「アクセントの慢性的な不足」「限定されたボキャブラリー」という，地の文での説明がある。センテンスはあくまでもシンプル，アクセントのないとされる特異な話し方は会話文に漢字を使用しないことで示されている。ボキャブラリーも多彩ではなく単調である。

　さらに，⑻では，その話し方の特徴だけでなく，かみ合わない会話という側面が指摘される。「まるで手旗信号と話をしているみたいだ」

というのは，会話の相手の率直な印象で，会話が弾むような感覚は一切なく，機械と情報のやり取りをしているような印象を与えている。

　このようなキャラクターに対して，読者はどのように感じるであろうか。常識的には，存在感のない口数の少ない少女というものであろう。確かに普通の少女ではないが，作品の中での特殊な存在として登場したものと感じるかと予想される。しかし，稿者もそうであるが，いわゆるオタク系とされる世界に多少なりとも通じている者は，即座に一つの人物像をイメージしていたはずである。いわゆる，無口系と評されるキャラである。

　そして，ふかえりに最も近いキャラクターとしては，谷川流のライトノベル『涼宮ハルヒの憂鬱』の長門有希があげられる【注4】。

(9)　「今日でよかったのか？」
　　　うなずく。
　　「ひょっとして毎日待っていたとか」
　　　うなずく。
　　「……学校で言えないことでも？」
　　　うなずいて，長門は俺の前に立った。
　　「こっち」
　　　歩き出す。足音のしない，まるで忍者みたいな歩き方である。（中略）俺たちは駅からほど近い分譲マンションへたどり着いた。
　　「ここ」
　　［『涼宮ハルヒの憂鬱』p.112］

(10)　「学校では出来ないような話って何だ？」
　　　水を向ける。ようやく長門は薄い唇を開いた。
　　「涼宮ハルヒのこと」
　　　背筋を伸ばした綺麗な正座で，

「それと，わたしのこと」

　口をつぐんで一拍置き，

「あなたに教えておく」

　と言ってまた黙った。

　どうにかならないのか，この話し方。

　　［『涼宮ハルヒの憂鬱』pp.116-118，p.117 は長門の挿絵］

　(9) では，作品の視点人物ともなるキョンを呼び出して自分のマンションへと案内する。彼女は，承諾の返答を普通の「うん」や「はい」を使用することなく，うなずくことで示す。(10) ではマンションの部屋に入って，話の本題に入るとき，修飾語句のない，ぶつ切りのようなセンテンスで説明をする。そして，最後には「どうにかならないのか，この話し方」とキョンはあきれ果てている。

　先のふかえりの (7) (8) の会話文と比較すると，非常によく似ているのではなかろうか。センテンスは単純，感情の出にくい機械のような話し方，「はい」というような返事もなくうなずくだけで返答を示す。そして，会話の在り方だけでなく，二人は，外見も非常によく似ている。ふかえりは「小柄で全体的に造りが小さく」（『1Q84 BOOK1』p.83）「何を考えているのか，測り知れないところがある」（同，p.83）とされる。長門有希は，「白い肌に感情の欠落した顔」（『涼宮ハルヒの憂鬱』p.53）で「細っこいシルエット」（同，p.112）の「どうにも存在感の希薄な」（同，p.112）存在である。

　このようなキャラクターを目にすると，オタク系の世界に通じている者は，すぐに一つの類型にあり，同じ属性を持つものと理解する。実際，インターネット上には，両者の共通性を指摘する意見が提起されている。

　(11)　それで，この天吾のパートに「ふかえり」と称する女子高
　　　生が登場するんだが，驚いた，まんま「涼宮ハルヒ」の長門
　　　有希なのだった。謎めいた言葉を断片的にポツポツと語る美

少女，ってヤツ。

[『阿呆筆笥』「3 年遅れで「1Q84」を読む⑴［読書感想文］」
　　http://macht.blog.so-net.ne.jp/2012-04-18，最 終 確 認：
　　2018 年 2 月 2 日］

⑿　余談ですが，ふかえりが「涼宮ハルヒ」の長門有希ちゃん
　　に見えて仕方ないです；；

[『世界のすみっこで本と人生と祖国好きを叫ぶ』「【読書】
　　1Q84 BOOK1　村上春樹著【感想】」https://ameblo.jp/
　　reijikitano17/entry-11603514394.html，最終確認：2018 年
　　2 月 2 日］

　他にも，ブログ等で両者の共通点を指摘する例は数多くあり，『涼宮
ハルヒの憂鬱』を読んだ者には，ふかえりから長門有希が自然と想起さ
れたようである。ただ，ここで問題なのは，ふかえりと長門有希を無口
系の属性を持つキャラとして理解することのできる「知識の共有」が，
日本語社会を構成する日本語話者の大部分には及んでいないということ
である。

　『涼宮ハルヒの憂鬱』はライトノベル作品とされるもので，その読者
層は，若者を中心としたオタク系ともされる人々である。日本語話者の
多くが常識として知っているようなジャンルの作品ではない。仮に，普
通の日本語話者に⑺⑻のふかえりの例と　⑼⑽の長門有希の例を見
て比較してもらうとしたら，彼らはこれらが類型化したキャラクターと
認識するであろうか。

　この点について，稿者は，そのような例を提示されて，知見として示
されたとしても，普通の日本語話者はこれらを無口系の属性のキャラで
あるとは認識しないと，考えている。要するに，類似の言語表現を並べ
てみても，両者が共通の枠を形成するものというような認識には，簡単
には到達しないということである。

94　第2章　物語世界のキャラ論

　その背景には，各言語社会を構成する言語話者が，その言語に対して
どのような意識を持っているのか，という点で相互に相違するところが
あると考えられる。たとえば，いわゆるオタク系と言われる言語話者の
集団が形成する言語社会を例にとると，ここではキャラクターは様々な
属性によって形成されるものだと考えていると想定される。そして，こ
の属性は，東（2001）では萌え要素と見ている。

　今回取り上げた，ツンデレ属性，ボクっ娘属性，幼馴染属性のような
例は，それぞれがキャラクターの持つ，性格的な側面を構成する属性で
あり，なおかつ，それらの点は享受者である彼らには萌え要素として意
識されているのである。長門有希の場合なら，彼女の一見機械的でたど
たどしいことばづかい自体が，彼らがそのキャラクターに感じる魅力的
な要素ともなる。

　このように，「属性表現」が成り立つということは，そのような属性
があるという「知識の共有」のあるのが前提となるのであるが，それ以
前の問題として，キャラクターを属性で把握するという，言語社会にお
ける共通理解の成立が不可欠となると考えるのである。ふかえりと長門
有希の類似に気づくというのは，作品の享受者それぞれが，どのような
言語に対する考え方を持つ言語社会に属しているのかに，かかわってく
るのである。

6. おわりに

　「属性表現」と役割語とでは，人物像とことばづかいの関連性の「知
識の共有」が言語社会の全体に及ぶのか，ごく一部の話者の集団内にと
どまるのかというのが，もっとも大きな相違点である。この点で，社会
的な位置づけを持つ役割語と，そうではない「属性表現」には大きな違
いがある。ただ，「属性表現」で注意すべきは，それを使用する言語話
者の集団の中に，「属性表現」が存在する前提としてキャラクターが属
性によって形成されているという意識があるからこそ「属性表現」は存

在しうるということである。

　このように考えていくと，「役割語」自体，現代日本語という言語社会に，各人物像にはそれにふさわしいことばづかいがある，というような意識があるからこそ存在しているということにもなる。ただ，当然のことながら，このような言語社会とそれを形成する言語話者の集団の問題については，役割語，「属性表現」ともに，より慎重に考えていくべき課題である。今後さらに検討をすすめていきたい。

【注】

1　東（2001）では，「萌え要素の組み合わせ」という観点からキャラクターの例が解説されている（pp.65-70）。
2　「メガネ」や「妹」「幼馴染」は、一見すると外見的特徴や人間関係上の属性を示すものであるが、これらの属性にはそれぞれに合った性格的な属性も付与されている。
3　時雨沢恵一のライトノベル『キノの旅』は、モトラドというオートバイに乗って一人旅をする主人公キノがボクっ娘である。電撃文庫で 2003 年に第 1 巻が刊行されて 2018 年 2 月現在第 21 巻まで刊行されている。詳細は西田（2012）参照。
4　大森・豊﨑（2009）で、SF 評論家の大森望は、ふかえりをアニメ『新世紀エヴァンゲリオン』（庵野秀明監督・GAINAX 制作・1995 年 -1996 年テレビ東京系列で放映）の綾波レイと長門有希に類似していると指摘している（p.132）。

【参考文献】

東浩紀（2001）『動物化するポストモダン　オタクから見た日本社会』東京：講談社.
大森望・豊﨑由美（2009）「対談『1Q84』メッタ斬り！」河出書房新社編集部（編）『村上春樹『1Q84』をどう読むか』東京：河出書房新社.
金水敏（2003）『ヴァーチャル日本語　役割語の謎』東京：岩波書店.
金水敏（編）（2011）『役割語研究の展開』東京：くろしお出版.
定延利之（2011）『日本語社会 のぞきキャラくり　顔つき・カラダつき・ことばつき』東京：三省堂.
冨樫純一（2011）「ツンデレ属性における言語表現の特徴―ツンデレ表現ケースス

タディー」金水敏（編）（2011）所収．

西田隆政（2009）「ツンデレ表現の待遇性―接続助詞カラによる「言いさし」の表
　現を中心に―」『甲南女子大学研究紀要　文学・文化編』45，甲南女子大学．

――――（2010）「「属性表現」をめぐって―ツンデレ表現と役割語との相違点を
　中心に―」『甲南女子大学研究紀要　文学・文化編』46，甲南女子大学．

――――（2011）「役割語としてのツンデレ表現―「常用性」の有無に着目して―」
　金水敏（編）（2011）所収．

――――（2012）「「ボク少女」の言語表現―常用性のある「属性表現」と役割語
　の接点―」『甲南女子大学研究紀要　文学・文化編』48，甲南女子大学．

――――（2018）「役割語の周縁の言語表現を考える　「人物像の表現」と「広義
　の役割語」と「属性表現」」岡﨑友子・衣畑智秀・藤本真理子・森勇太（編）『バ
　リエーションの中の日本語史』東京：くろしお出版．

【引用資料】

赤松健『魔法先生ネギま！』20巻，東京：講談社，2007年．

釘宮理恵『ツンデレカルタ』東京：有限会社 DEARS，2007年．

桜場コハル『今日の5の2』東京：講談社，2003年．

谷川流『涼宮ハルヒの憂鬱』東京：角川書店，2003年．

村上春樹『1Q84 BOOK1』東京：新潮社，2009年．

言語のキャラクター化
遊戯的翻訳と引用

野澤俊介

1. はじめに

　定延（本論文集，第1章及び3章）が示すように，「キャラクター」
という概念はいくつかの使用文脈に分析的に分別されうるものであり，
その語用的条件と帰結には一貫したパターンが認められる。特に日本語
を中心とする社会文化圏においては，使用者本人たちによる言語・記号
観を通して様々な理論化がなされてきた（伊藤 2005 など）。日本語文
脈におけるキャラクターの多彩な語用的機能や類型などについては本論
文集所収の論考に委ね，本稿では分析概念としての「キャラクター化」
を動員することで，キャラクター化における言語の再帰的行為，特に引
用と翻訳の実践，の重要性を示したい（金田，本論文集3章も参照）。
具体的事例として，近年の日本語オンラインコミュニケーションにおけ
る「語録」をめぐる遊戯的文化を分析する（瀬沼,本論文集3章も参照）。
また社会言語学・語用論研究での蓄積（金水 2003，定延 2011 など）を
言語人類学的・社会記号論的な視座に接続し，特にゴッフマンの「フィ
ギュア」概念（Goffman 1974）の再考・発展を試みることを本稿の大
きな理論的射程としたい。

2. キャラクター化，アニメーション，フィギュア

　キャラクター化とは，ごく単純に，字義通り「何かをキャラクターに

変容させる記号過程」と定義する（Nozawa 2013）。そして「キャラクター」とは，それがいかなる存在論的・認識論的ステータスにあろうとも，そこに《命》（anima）が付与され活発化されたもの，アニメート（animate）された存在と理解する。アニメートする側とされる側の関係には「駆動」や「操作」といった技術的過程も関わり，この点は文楽のような人形劇を典型例として考えるとわかりやすい。人形は人形使いの操作（さらには演劇の成立に寄与するその他多数の要素）によってアニメート・駆動され，ある種の命を付与されたキャラクターに変容する。また能などの仮面劇においても，役者の人間的身体は仮面やその他のテクノロジーによって（自身ではない）《別の》命（翁，尉など）の依代となる。アニメやゲームのキャラクターも同様に，声優や作画，編集など多様な労働によって命が駆動された存在であると言える。キャラクター化とは，アニメートする側とされる側の間の関係性の設定の問題を孕んでいる【注1】。

　キャラクター化は多様な社会的過程に応用できる概念であるが，本稿では特にその言語的媒介に注目する。《キャラクター》の成立にはどのような《言語》が要請されるのか。キャラクターはいかにして言語を獲得し，その言語はどのように操作されるのか。キャラクター言語の「使用」の実践にはどのような条件と帰結があるのか。

　具体的な事例分析の前に，ゴッフマンの『フレーム分析』（Goffman 1974）に少しだけ立ち戻りたい。特にそこで言及される「フィギュア」概念に注目する。というのも，この概念は先に触れた《アニメーションの関係性の設定》としてのキャラクター化をほぼそのまま言い表したものだからである。実際，ゴッフマンはこの概念を語る際にフィギュアの代わりに「キャラクター」という語も用意していた（Goffman 1974: 523）【注2】。

　ゴッフマンがフィギュア概念の詳細を語るのは「産出フォーマット」（Goffman 1981）の議論においてである（Goffman 1974: 13章，特にV節以降）。産出フォーマットとは，コミュニケーション分析において往々

にして無批判に前提とされる「話者・発信者」を animator（発話体，実際に記号の発信に関わる要素），author（発話の作者，発信される記号の構築に関わる要素），そして principal（発話の責任者，発信される記号に対する責任や保証を担う要素）に分節してより詳細に記述するための分析枠組である。ゴッフマンはこの議論の前提として，アニメーターにアニメートされる側の存在を「フィギュア」（figure）と呼んでいる。そして，アニメーターとフィギュア（＝キャラクター）の間に生起する多様な「設定」（configurations）を考察し，その類型を試みている。例えば「自分自身を演じる」といった際に，「演じる」とは理解されないほどフィギュアがアニメーターに近似し同一性へ還元される設定のことを，natural figure と呼んでいる。

　しかし以下の議論にとって最も興味深いのは，natural figure とは真逆の設定，「非自己」（not-self）の設定である【注3】。これはアニメーターとフィギュア（＝キャラクター）の間の差異を創出・誇張・継続させる設定，「ある人が，特に特徴的な声を通して，自分自身でない何者か，そこに存在しているかもしれず，また，していないかもしれない何者かを演じる」という設定である。ゴッフマンの説明ではさらに「言葉や身振りを別の何者かの口に差し込む」という表現がなされ，そしてその際「重要なのは，実際は異質なアニメーターが稼働していることを観者に一瞬足りとも忘れさせることなく，自分ではない何者かのイメージを投影する過程である」としている（Goffman 1974: 534）。おそらく最も分かりやすい例は，娯楽的話芸としてのモノマネだろう。モノマネの演者（アニメーター）がその対象（キャラクター）を模倣するとき，この行為の成立には，その模倣が演者と対象の間の差異を指標し，それが観者にとって認識可能であることが前提となっている（同様の指標関係が関わるが区別されるべき例として「なりすまし」が考えられる）。

　そのような他性や異化の構築といった切り口は，バフチンの指摘「言語の発話の半分は他者に属す」を想起させる（Bakhtin 1981: 293）。より一般的には次のように整理できるだろう。非自己の設定の根幹には

《別の誰か／何か》を引用する行為,「言葉や身振りをその口に差し込む」行為が介在しており, そしてこの「別の誰か／何か」とは, あらゆる存在論的・認識論的ステータス──神的存在, 動植物, 自然現象, 架空の人物, 異星人, 外国人や乳児, 不在の第三者, 無生物（人形や機械など）など──を包摂するものである。

　フィギュアをめぐる点にここで固執するのは（ゴッフマン自身においてすら）それほど批判的発展を見ることのなかったこの概念を再考し, キャラクター化の理論的展開を期待する目論見からであるが, その理論的仕事は別の機会に譲るとして（この点 Manning and Gershon 2013 を参照）, 本稿ではフィギュア概念が可能にする視点, 特に他性・異化の視点から, キャラクターの「口」にどのような《言語》が「差し込まれる」のか, その言語はどのように構築されるのかを考察し, 事例分析を通して言語のキャラクター化におけるいくつかのパターンを見出したい。

3. 語録──キャラクター, 引用, 翻訳

　「語録」は元来, 禅宗の文脈において使用された表現であるが, 現在の日本語においてはより一般的に, 著名な人物や社会集団に由来する箴（しん）言の類を集積したものを指示すると理解できるだろう。政治家や成功を収めた CEO, 偉大な音楽家や信仰集団など, 往々にしてこういった人々や集団の周りには自らを指標する文言を含む「語録」が作成され, 彼らは語録の集積を通していわば《引用されうるもの》として生き続ける。端的に言えば, すべての語録は『論語』の「子曰く」のような伝達動詞句（*verba dicendi*）によって構造化されている。

　一方, 現在の日本語圏オンライン文化において「語録」の意味には遊戯的な再文脈化が進行していることに注目したい。通常の「語録」が往々にして教条的意義を伴うのに対し, 昨今のメディア表象やオンライン上で媒介される様々なコミュニティの周りにも語録が生成されつつあり,

現在「語録」はやや拡張された意味を持つスラング的表現として流通している。本稿で取り扱うのはこの遊戯的に再解釈された意味での「語録」である。現段階でその遊戯性がおそらく最も如実に表れているものに「淫夢語録」と呼ばれる現象があるが，その内実は複雑なためその分析は別の機会に試みることとし【注4】，まずはより端的な一例を取り上げる。

3.1. 蘭子語――記述言語学的／文献学的想像力

　神崎蘭子は，バンダイナムコエンターテインメントと Cygames が運営するゲーム『アイドルマスターシンデレラガールズ』に登場するキャラクターである。『ピクシブ百科事典』「蘭子語」の項によると：

> 　『アイドルマスターシンデレラガールズ』に登場するアイドルの一人である神崎蘭子が普段話す言葉は，彼女が構築している独自の世界観に基づいた独特過ぎる言い回しが多用され，その難解な台詞の数々がユーザー間で蘭子語と呼ばれるようになった。早い話が中二病全開な口調の事である。（略）
> 　ゲームにおける蘭子語には，必ずと言っていいほど「翻訳文」がカッコ書きで付け加えられているため，彼女の言葉がまったく分からないということはない。（略）
> 　しかし TV アニメでは翻訳文どころか蘭子語自体が字幕で表示されなかったため，蘭子語に精通している者（後述する蘭学者）以外には難解であった。
> ［「蘭子語」『ピクシブ百科事典』https://dic.pixiv.net/a/ 蘭子語，最終確認：2017 年 5 月 14 日］

その「難解な」「独特過ぎる」言語使用があたかも箴言の類としてファンによって遊戯的に再解釈され，蒐集の対象として語録的一貫性が見出されるようになった。ここで言及される「中二病全開な口調」については次節で触れるが，ひとまずはこの語録的集積に「蘭子語」という言語

名（glottonym）が付されている事実に注目したい。蘭子語録の集積が
あまりにも多彩であり奇抜であるという解釈から，（実のところは日本
語の文言の集積であるところの）蘭子語録があたかも「日本語」とは《別
の》「言語」（langue）であるかのように類推されている【注5】。

つまり，ゲーム制作側によって駆動されたキャラクターである蘭子は，
彼女自体が発話体（アニメーター）として発話行為に及ぶのだが，その
発話行為の語録的集積はさらにファンによって一つの「言語」として再
解釈されるという構造になっており，したがって前節の理論的整理の視
点から，蘭子語は日本語を《キャラクター化》したものであると理解で
きるだろう。

さらに重要なのは，この遊戯的類推が「翻訳」，つまり「等価」形式（河
原 2017）の想像を可能にしていることである。『ピクシブ百科事典』の
項では，【表1】にみられる分析がなされている。

【表1】代表的な蘭子語【注6】

蘭子語	日本語訳
闇に飲まれよ	お疲れさまです
煩わしい太陽ね	おはようございます
我が友	プロデューサーさん
我に力を！	レッスンお願いします！
禁断の果実	ハンバーグ
我が魂の赴くままに	これからも頑張ります
灼熱の業火が我が身を焦がす	日焼けしそう
言の葉は不得手，秘めたる意思を伝える秘術はないものか	どうすればプロデューサーさんに伝わるだろう

このような「言語」への類推は——あたかも記述言語学における分析手
順に準ずる形で——自ずと次の分析的ステップを要請する。すなわち，
その言語における言語使用のトークンを収集し，レンマ化された引用形
式（citation form）を基本として帰納的にコーパスを形成，そしてその

集積を基にして間言語コンコーダンスを作成する，という作業である。例えば，「煩わしい太陽ね」というテクストは「蘭子語」において発話可能なレンマ的引用形式として理解され，それを起点として「日本語」における「おはようございます」に通約されている。一方で，蘭子語をめぐる遊戯的分析はゲーム制作側が構築した物語世界内での台詞を単一の「原典」として理解しているため，実際の帰納的言語学的思考が歴史的には文献学的方法論に依拠していたこと（Silverstein 2013）を鑑みると，蘭子語をめぐる言説はむしろ文献学的と言えるのかもしれない【注7】。

　この遊戯性は，例えば，前掲の引用部分における「蘭子語に精通している者（蘭学者。後述する）」という注釈——「蘭」の字を重ね合わせた言葉遊び——においても確認できるだろう。さらに，この『ピクシブ』の項には「また揶揄として，彼女の出身地を指して熊本弁という呼称も使われ」るという解説も見られる。蘭子は，熊本出身という設定であるため，蘭子の言語使用は（近代日本の標準語イデオロギー的視点から測距される差異を指標するという意味で）「熊本弁」に相当するという類推がなされる。蘭子語は日本語の「方言」なのか，別の「言語」なのかという問いはこの遊戯的分析では示されていないが，翻って考えれば，幾多の社会言語学的研究が示唆するように，言語と方言という区分は現実社会においても分析的解決が容易に見出されるものではない。いずれにせよ，蘭子語は日本語の標準語的規範から異化されたもの，その非自己の設定としてキャラクター化されていることがわかる。

3.2. 中二病言語——ファンタジーとしての翻訳

　次に，前述の「中二病全開な口調」を考察したい。「中二病」（「厨二病」という表記も）という表現はすでに広く流通しているが，まずは代表的な定義を紹介する。

　　　「中学2年生頃の思春期に見られる，背伸びしがちな言動」

を自虐する語。転じて，思春期にありがちな自己愛に満ちた
空想や嗜好などを揶揄したネットスラング。
[「中二病」『ウィキペディア』（日本語版）https://
　ja.wikipedia.org/wiki/中二病, 最終確認：2017年5月14日]

　このスラングが指標する非自己の設定を分析するために，以下の事例を
考察したい。映像制作会社ワンダーグラフィックスとインターネット関
連事業会社ネットマイルは，2014年4月にエイプリルフール企画として，
ニセの翻訳アプリ「光と闇」を発表，オフィシャルサイトにてその詳細
を公開した【注8】。
　このニセアプリのためのプロモーション動画では，ある家庭の朝食で
の母と娘の会話が描かれている。母のシンプルな朝の挨拶に対して，「中
二病」を患う娘が冗長で難解な言葉で反応し，母はそれを理解できず戸
惑うというシーンから始まる。そこに以下の男声ナレーションが加わる。

　　世界中の悩めるお父さん，お母さん。お子さんが急に謎の言
　　葉しか喋らなくなってお困りではないですか？　それは，思
　　春期になると話し出す中二病言語と呼ばれる特殊な言葉なの
　　です。そこで中二病翻訳アプリ「光と闇」を使いましょう。
　　使い方はとっても簡単。お使いのスマホ，タブレット，パソ
　　コンにインストールするだけ。あとは，中二病言語を録音す
　　れば自動で翻訳されます。
　　[『中二病言語翻訳アプリ「光と闇」プロモーション動画』
　　　https://youtu.be/mJPIui90H4A，最終確認：2017年5月
　　　14日]

翌朝，母親は「あら，おはよう。今日は早いのね」と娘に呼びかける。
その第2ペアパートの発話として，娘は「騎士団たちは再び呼び覚まさ
れる。神は言った。約束の地に集えと。ならば，いざ行かん。ヴァルハ

ラはその門を開く」と宣明するが，母親はスマホを取り出し，アプリに
よってこの「中二病言語」のテクストが日本語における「部活の／朝練
なんだよね。」に相当することを知る。

　蘭子語の場合と同様に，このエイプリルフール企画は「中二病言語」
という言語名の付与，そして翻訳の想像力を通して，日本語とは《別の》
異化された言語（非自己の設定）を喚起している。一方，重要な違いも
確認できる。蘭子語が神崎蘭子という固有名を持った存在に依拠する語
録的集積を中心に構成されていたのに対し（トークン起点の間ディス
コース性），中二病言語の場合，特定の存在ではなく，一般化された言
語・記号使用者のタイプとしての「中二病キャラ」を指標し，このタイ
プとしてのキャラが《言うであろう》発話行為を元に語録集積が想像さ
れている（タイプ起点の間ディスコース性）（間ディスコース性につい
ては Silverstein 2005 参照）。もう一点，蘭子語の場合，「蘭（子語）学
者」が権威的言語エキスパティーズとして機能していた（と解釈されて
いた）のに対し，その権威的な《翻訳者》は中二病言語のケースでは（ニ
セの）機械翻訳アプリに代理されているという違いも確認できる。

3.3. ビジネッシュ——社会技術的アフォーダンス

　前項の例においては機械翻訳がその遊戯性の支柱であるものの，それ
はあくまでニセのプロセスとして（エイプリルフール企画として）関わ
るのみであった。そこで，虚構ではなく実際のプログラムとしての機械
翻訳が言語のキャラクター化に関わる例を分析したい。

　「ビジネッシュ」と命名される語録的集積が存在する。その中心に「意
識高い系」というキャラクターが介在する。

　　　　意識高い系（いしきたかいけい）とは，自分を過剰に演出（い
　　　　わゆる「大言壮語」）するが中身が伴っていない若者，前向
　　　　き過ぎて空回りしている若者，インターネットにおいて自分
　　　　の経歴・人脈を演出し自己アピールを絶やさない人などを意

味する俗称である。（略）「意識高い系」の特徴として，自己
啓発（ボランティア・政治）活動や人脈のアピール，敢えて
流行のカタカナ語を使うなどが挙げられる。嘲笑の対象とし
て「意識高い系（笑）」と表記されることもある。
[「意識高い系」『ウィキペディア』（日本語版）https://
ja.wikipedia.org/wiki/意識高い系，最終確認：2017年5
月14日」

企業文化周辺において「ビジネス日本語」などと呼ばれる言語レジスター
があるが，ビジネッシュはその遊戯的展開，つまり揶揄であり，社会経
済や政治などに対して「意識高い」人々を「嘲笑」する際にキャラクター
化される言語である。その揶揄の実践は，そういった人々が《言うであ
ろう》スピーチアクト（流行のカタカナ語，自己・人脈のアピールなど）
の誇張的な引用を通して行われるのだが，以下の分析ではその実践の社
会技術的文脈を考察するため，「意識高い系ビジネス用語翻訳・ビジネッ
シュ翻訳」という無料の機械翻訳サービスを取り上げたい【図1】。

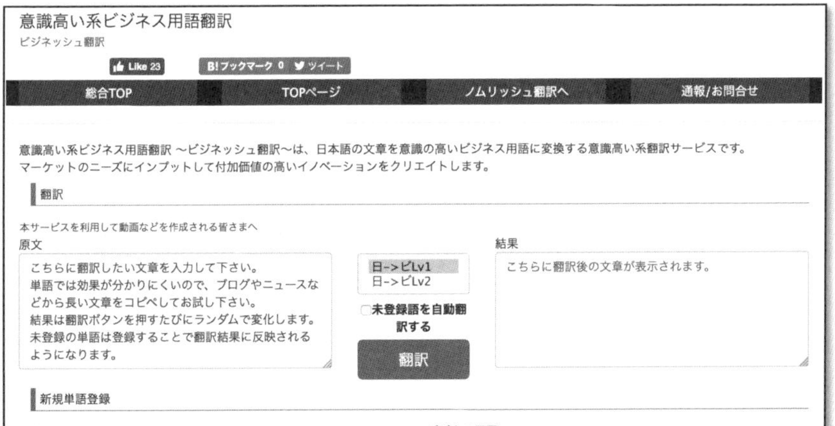

【図1】「意識高い系ビジネス用語翻訳・ビジネッシュ翻訳」トップページ【注9】

108　第2章　物語世界のキャラ論

　サイト訪問者はトップページにおいて「原文」の部分に任意の日本語テクストを入力し、「結果」の部分にビジネッシュに変換された表現を表示させることができる。画面中央にある「日 -> ビ Lv1」という設定は変換の際の異化の度合いを規定するもので，高レベル設定では，より日本語的でない表現，いわば，より「本物」に近いビジネッシュ表現——もちろんその「本物」とは構築された言語としてのみ存在するのだが——を可能にする。「結果」はランダムに生成されるため，生成される文言は「翻訳」をクリックする度に異なった表現になる。2017年12月17日に筆者が行った翻訳は【表2】のようなものになった。ここでは，デフォルトとして用意された説明文を日本語原文として，Lv2で変換してみた。

【表2】ビジネッシュ翻訳の一例（2017年12月17日実行）

起点テクスト（日本語）	目標テクスト（ビジネッシュ）
こちらに翻訳したい文章を入力して下さい。	弊社にイノベーションしたいレジュメをタイプして頂ければ幸いです。そう，アイフォーンならね。
単語では効果が分かりにくいので，ブログやニュースなどから長い文章をコピペしてお試し下さい。	バズワードではリザルトがミームので，コンテンツやマスコミ類い，つまりロールモデルから長期的テキストを抜粋引用しておトライアンドエラーし頂ければ幸いです（圧倒的感謝）。
結果は翻訳ボタンを押すたびにランダムで変化します。	アウトカム，或いは一種の主観的メソッドはトランスレーションプッシュ・バトンをプッシュするたびに不透明なビジョンでイノベーションしますよ，まぁ。これメモっといた方がいいよ。
未登録の単語は登録することで翻訳結果に反映されるようになります。	いまだかつてない経営方針エントリーのタームはシナジーの送出させて頂きますデータでイノベーションコンセンサスにトリガードアップデートされるようにイコール関係が成立します，だって有名企業もそうしてたからまた1つ勉強になった。

　この（おそらく二度と再現不可能な）ビジネッシュ翻訳文には，バフチ

ン的ヘテログロッシア（Bakhtin 1981）を彷彿とさせる多様なレジスター
の過度な混淆が見られる。例えば：

1. 企業文化一般における敬語表現：一人称複数「弊社」,「〔動詞〕
   して頂ければ幸いです」など
2. グローバル化における企業文化を指標する口語表現：「イノ
   ベーションしますよ，まぁ」,「これメモっといた方がいいよ」
3. (主に英語からの)外来語の高頻度使用による誇張：「バズワー
   ド」,「アウトカム」,「リザルト」,「コンテンツ」,「シナジー」
   など
4. 外来語のオリジナル言語における発音を指標する表現：「バ
   トン」（cf. 英 button）
5. 実在する発話行為参加者を指標する表現：「そう，アイフォー
   ンならね」（この場合，スティーブ・ジョブズや企業として
   のアップルの指標；cf.「人脈のアピール」）

さらにその混淆（そして混沌）を示唆するものとして，例えば「おトラ
イアンドエラー」に見られるような非標準語的ハイブリッドの創出や，
一見すると起点テクストの統語論的・意味論的構造に対応しない追加表
現（「そう，アイフォーンならね」や「だって有名企業もそうしてたか
らまた1つ勉強になった」など）も確認できる。
　いずれにせよ，「等価」形式の生成の実践（河原 2017）を通して日本
語とは《別の》言語の存在を想像させることが，サイトの趣旨であるこ
とは明らかである。この遊戯的翻訳では，いかにして「笑える」言語的
表層を創出するかが実践の中心にある一方，ここでいう「笑い」は単に
異形の日本語に対するそれではなく，より具体的には，非自己の設定と
しての「意識高い系」というキャラクターに対する嘲笑の感覚，またそ
の感覚を共有するサイト利用者の社会的ポジショナリティを指標してい
る。その揶揄の矛先はグローバル化における英語中心主義に多分に感化

された人々——コスモポリタン，あるいはコスモポリタン・ワナビーと（皮肉を込めて）言うべきか——や，IT・外資系ビジネス界のような社会環境であるとも言えるだろうか。

　また，これまでの事例と異なる点として，ビジネッシュ翻訳サイトにおける「新規単語登録」機能にも注目したい（【図1】の下部参照）。これはサイト利用者が日本語テクストとそれに対応するビジネッシュの引用形式を任意で入力し，翻訳プログラムに登録できる機能である。蘭子語の場合と違い，「原典」（権威的起点）は一つのテクストとしては存在せず，また中二病言語アプリにおける翻訳過程はあくまで虚構であったのに対し，ビジネッシュでは翻訳過程はジェネレーターによる自動生成に実際に代理されており，その語録的集積はサイト利用者の任意のコーパス貢献によって常に変化している。つまり，このサイトはその社会技術的アフォーダンスとして——あたかもフィールド言語調査者がネイティヴ話者の言語使用トークンに遭遇するかのように——常に新しいビジネッシュの言語使用トークン（の引用形式）に遭遇することを可能にしている【注10】。

　蘭子語のメタ言説においては（起点としての）《言語》への類推が翻訳を誘発し，「蘭（子語）学者」という権威的《翻訳者》を呈示し得たのに対し，ビジネッシュの場合，（機械）翻訳の実践を通して（目標）言語を想像させている。であるのならば，その《話者》はいかなる存在なのだろうか。次項ではこの点をめぐり，語録的集積の再文脈化過程を考察したい。

3.4. ノムリッシュ——新しい言語，新しい仮面

　ビジネッシュ翻訳サイトは他に複数の機械翻訳サービスを提供しており，その一つに「ノムリッシュ翻訳」がある【注11】。ノムリッシュについて，今までの分析同様，既に社会に流通している描写を参照したい。『ピクシブ百科事典』によると，ノムリッシュは：

〔スクウェア・エニックス発売のゲーム〕ファイナルファンタジーシリーズなどでキャラクターデザインを務める野村哲也氏に由来する言葉。ファイナルファンタジー7以降から天野喜孝氏から野村氏にキャラクターデザインが変わり，また同時に世界観も，それまでの剣と魔法の世界，中世をベースにした西洋ファンタジーから，機械が発達したSF要素の強い世界を描くようになった。（略）しかし（略）FFシリーズのナンバリングが進むにつれて，専門用語が多数用いられる，登場する名詞がラテン語由来などで直感的にわかりにくい，あるいは気取ったように受け取られてしまう例が増えていった。（略）このことがFF13（ないしは近年のFFシリーズ全体）は専門用語だらけで一見さんには意味不明，勿体ぶったような言い回しばかり，のような印象を作ってしまい，ノムリッシュという語もこのような，ラテン語風の難解そうなネーミング，捻くれた言い回しの代名詞のように使われてしまった。（略）今では専ら，こうしたネーミングや言い回しを揶揄する語となってしまった。

［「ノムリッシュ」『ピクシブ百科事典』https://dic.pixiv.net/a/ノムリッシュ，最終確認：2017年5月14日］

また，『ニコニコ大百科』においても同様の説明が見られる：

このように，元々は〔野村〕氏のデザインセンスを揶揄する言葉だった。しかし，（略）ストーリーや世界設定を考えるのはシナリオライターの仕事である（略）。なので，キャラクターデザイン担当の野村にこれらの責任を求めるのはお門違いであり，ほとんど誤用に近い。というか，これらを「ノムリッシュ」と呼んだせいで「FFの設定や用語は野村が考えてる」みたいな誤解も後を絶たない。

［「ノムリッシュ」『ニコニコ大百科』http://dic.nicovideo.jp/
　　a/ノムリッシュ，最終確認：2017 年 5 月 14 日］

ビジネッシュ同様，揶揄の感覚が強調されていることがわかる。またノ
ムリッシュ翻訳サイトの仕様はビジネッシュとほぼ同じで，利用者によ
るトークン貢献が可能となっている。
　興味深いのは，サイト利用者は単に翻訳を生成・閲覧するのにとどま
らず，翻訳テクストを別の文脈において様々な形で《使用・再文脈化》
していることである。端的な例は，サイトの運営者自身が別に管理す
るブログに見られる。このブログは「NHK ニュースの内容をノムリッ
シュ翻訳した記事を自動的に 1 時間おきに更新」し，2011 年 6 月頃か
ら連日その翻訳文を掲載し続けている。例えば 2017 年 7 月 16 日発表の
NHK ニュースにおける記事は以下のような翻訳がなされている（見出
しのみ紹介）：

　　〔日本語，起点テクスト〕
　　日教組　憲法改正反対の特別決議を採択

　　〔ノムリッシュ，目標テクスト〕
　　日教組　絶対論理《ノムリシュ・コード》新生リフレクショ
　　ンのパルティクラーリス決議を採択
　　［『ノムリッシュブログ〜ブロログス・ノヴァ・ノムリッシュ
　　　〜』http://blog.racing-lagoon.info/，最終確認：2017 年
　　　12 月 17 日］

　こういった引用・再文脈化は，例えばツイッターにおけるキャラクター
ボットへの応用や他サイトにおける流用など，オンライン上の様々な場
面において拡散しており，ノムリッシュ関連のまとめサイトも作成され
るに至っている。また，ニコニコ動画や YouTube では，テレビドラマ

や説話の1シーン，場合によってはアニメ1話分を丸ごとノムリッシュに翻訳し，肉声による再アフレコを行う動画も多数あり，「ノムリッシュ翻訳」は無数のコンテンツを束ねるタグでもある。これらの動画のほとんどが個人制作であるため直接の言及はここでは避けるが，その傾向について二点指摘したい。

　第一に，日本語オンラインコミュニケーション一般（特にニコニコ動画）においては，匿名性と顔（身体）の隠匿を伴うことが往々にしてあるが，肉声によるノムリッシュ翻訳朗読でも同様に，朗読者は自らの顔・身体を隠匿し匿名・仮名で投稿することが一般的である。そのような隠匿の作業の実践的効果の一つには，人間的身体から発せられる声と，多分に異化された言語との差異の強調があり，この点，アニメやゲームでの声優による隠匿の作業と，彼らが参画するキャラクター化の過程に比較することもできるだろう（Nozawa 2016）。

　第二に，ノムリッシュ翻訳動画において肉声朗読よりも圧倒的に顕著なのはSofTalkやVoiceroidなどの音声合成ソフトの使用，そしてその擬人化キャラクターから発せられる「特徴的な声」（Goffman 1974: 534）の呈示である【注12】。こういった動画では，一方で発話する身体の視覚的な隠匿，他方で発話する身体の機械化がなされており，どちらもキャラクター化の条件としての非自己の設定に強く寄与する。仮面劇において，役者とは《別の》存在，「自分ではない何者かのイメージ」（Goffman 1974: 534）が，仮面という隠匿のテクノロジーを通して駆動されることを想起したい。ノムリッシュというキャラクター化された言語は，隠匿の作業及び非人間化の過程（仮面，機械翻訳，音声合成）においてその最もオーセンティックな《話者》——そのスピーチ・アクタント【注13】——を獲得するのかもしれない。

4. おわりに

　これまでの議論から見えてきた言語のキャラクター化におけるいくつ

114 第2章 物語世界のキャラ論

かの傾向を確認して本稿を閉じたい。

1）全体を通して，キャラクター化の言語的媒介にはゴッフマンが示した「非自己の設定」が深く関連することが確認できた。これは，発話行為を自己呈示やアイデンティティ（同一性）の問題として捉える視点に加えて，それを批判的に継承・転回しつつ，他性や差異の構築という別の問題系を可視化することを要請するものである。

2）また，これに関連して，そうした非自己の設定としてのキャラ言語には，多分に遊戯的・諧謔的要素，より一般的には非現実（irrealis）のモダリティ——「あたかも」や「（言う）であろう」など——が関与することも，紹介した事例全てに見られた。当然このことは，キャラ言語使用の文脈やその参加者が「現実」世界に存在しないことを意味するものではない。

一つ付け加えておくと，キャラ言語使用との遭遇において「誰も普通そんなことは言わない」と感じる感覚を分析の前提とすることは，規範的言語イデオロギーを無批判に再生産することになる。本稿では3節1項において，キャラ言語の他性に標準語イデオロギーが（「方言」の価値付けという形で）介在することに軽く触れたが，それ以上の分析は試みなかった。この点はキャラ言語の政治学に関わる問題であり，その批判的分析は別の機会に譲りたい。

3）一般にキャラ言語と呼べるものの成立には，《引用されうるもの》としての語録的集積と，その集積を《言語》として理解する様々なメタ語用的言説，例えば記述言語学的・文献学的・コーパス言語学的な思考態度や，等価性や通約可能性を構築する翻訳の実践が関与する。したがって，キャラ言語——想像の，構築された，「ヴァーチャル」（金水 2003）な言語——の研究において，言語研究一般と同様，言語の再帰性が重要な鍵になる。本稿では主に引用と翻訳を論じたが，その他の再帰的側面，例えば直示性などに焦点を当てキャラ言語を考察することも可能だろう。

4）キャラクター化された言語の指標的起点に関して二つのパターン

が見られた。a）蘭子語（あるいはルー語）のように，ある特定の（固有名を持った）発話体としてのキャラクターにほぼ完全に依拠する場合。そして，b）固有名の発話体ではなく，中二病言語やビジネッシュのように発話体のタイプとしてのキャラクター——そのキャラが《言うであろう》発話行為——を指標する場合。しかし，蘭子語の描写に「中二病的」という表現があるように，この2パターンは分析的には分別可能だが相互に関連することもある。

　2節において非自己の設定の一例としてモノマネに短く触れたが，上記a）との比較として，有名人を対象としたいわゆる「モノマネ」（江戸期以降にいう「声色」も含む）を挙げるのならば，上記b）は，動物や自然現象，または匿名化・一般化された（音）声の模倣，つまり「声帯模写」に比して考えることもできるだろう。

　5）キャラクター化の言語的媒介には，その社会技術的アフォーダンスが強く関係する。ビジネッシュやノムリッシュの事例では，ネットワーク環境や機械翻訳が可能にする引用者・翻訳者の介入が，新たなキャラ言語の発見・創造，そして語録のさらなる再構築・再文脈化に多大に寄与することを見た。昨今の遊戯的に再解釈された意味での「語録」が，引用・複製のテクノロジーとしてのインターネットにおいて展開される理由の一端もここにあるのだろう。

　端的に言えば（そしてネット文化の参加者たちが自ら描写する様に），現在の状況におけるキャラ言語の社会技術的過程の中心には「コピペ」がある。キャラクター化された言語は，それを引用する者の顔に「ペースト」（貼付け）され，まさに儀礼的仮面のように，その口を覆い隠すと同時にそれを発話行為へと駆動させるのである。

【注】

1　分析概念としてのアニメーションについては Silvio（2010）参照。
2　ここでの理論的整理については Hastings and Manning（2004）を参照。ゴッ

116 第2章 物語世界のキャラ論

フマンは「キャラクター」より「フィギュア」を選んだ理由として，前者が「人間的形態に偏る」ことを挙げている（Goffman 1974: 523）。

3 ゴッフマンは直接には mockeries and say-fors という表現を使っている。つまり，差異を強調するための模倣・反復（例えば嘲笑やモノマネなど）である。

4 「淫夢語録」は日本語ゲイポルノコンテンツに依拠するミーム文化の一部で，2005 年頃から 2 ちゃんねるやニコニコ動画で明示的に語録として認識され始めた。ネットワーク化のアフォーダンス，性的マイノリティ，参加型文化，知的財産・肖像権など，多岐にわたる問題系を包摂し，様々なプラットフォームにおける混淆を誘発している言語的媒介の一例である。一方で，ゲイポルノの違法流通に端緒を持つ事実は再帰的に言及され，主流文化の公共圏への非適応性を意識的に指標する表現（放送倫理違反となるような表現など）が豊富なため，広告媒体としてのリスク管理が徹底されたテレビなどのメディア文脈において明示的に露出されることは稀である。しかし，深夜アニメやその周辺コンテンツで隠語的に（引用元を明示せず）引用されることもあり，またアニメ『ポプテピピック』5 話（TOKYO MX, その他オンライン配信，2018 年 2 月初頭）ではより直接的な引用がなされるなど，メディア空間におけるその価値付けと参加枠組には変化が見られる。

5 こういった語録の「言語」への類推というメタ語用的媒介は，「集団語」（柴田 1958, 松田 2006）やハリデーの言う「anti-language」（Halliday 1976）といった概念を想起させるものでもある。

6 『蘭子語』『ピクシブ百科事典』https://dic.pixiv.net/a/ 蘭子語 , 最終確認：2017 年 5 月 14 日

7 遊戯的メタ語用的集積の代表例である『ニコニコ大百科』の「ルー語」の項では，あたかも文献学的「行間注解」の実践に倣うかのように，同様の類推が展開されている（http://dic.nicovideo.jp/a/ ルー語 , 最終確認：2017 年 5 月 14 日）：
〔日本語〕ルー語とは，ルー大柴が使用していると言われる自然言語の一種である。
〔ルー語〕ルーランゲージとは，ルー大柴がユーズしていると言われるネイチャーランゲージの一カインドである。

8 オフィシャルサイト（http://www.netmile.co.jp/aprilfool/）は削除済。

9 『意識高い系ビジネス用語翻訳・ビジネッシュ翻訳』https://bizwd.net/, 2017 年 12 月 17 日時点でのスクリーンショット。

10 ビジネッシュのコーパスはサイト利用者の任意のテクスト登録により，常に変動する。本稿執筆時，そのコーパスには様々な《他の》語録表現（漫画家福本伸行の作品に依拠した「福本語録」や【注 4】で触れた「淫夢語録」など）が，かなりの度合いで混入していた（3 節 3 項の翻訳例での「（圧倒的感謝）」とい

う表現は福本語録である）。前述のフィールド言語調査の例に倣えば，これはあたかも調査協力者が意図的に調査者を惑わすために当該言語とは関係のない言語のトークンを提供するかのようである。

11 ノムリッシュ翻訳の発案は 2009 年 12 月頃の 2 ちゃんねるにおけるスレッドに遡るという。https://www29.atwiki.jp/ff13funeral/pages/16.html, 最終確認 2017 年 12 月 17 日

12 音声合成などの使用はオンライン動画共有の文化において，ここ 10 年ほどの間に一般的な傾向となっている。例えば「ゆっくりゲーム実況」動画では，SofTalk の擬人化キャラ（とされる）「ゆっくり」をゲームのプレイヤー・実況者として登場させたり，ニコニコ生放送での視聴者コメントを無料音声合成ソフト「棒読みちゃん」に発話させるといった実践は，2008 年頃から確認できる（「ゆっくり」それ自身の歴史はさらに遡る）。ちなみに，ノムリッシュ語録の発話には，往々にして HOYA サービス開発の音声合成ソフト Voice-Text の一種である「ショウ君」の声が使用されることが多い。

13 スピーチ・アクタントは未だ発展途上の概念だが，Manning and Gershon 2013, Sherouse 2014, Nozawa 2013 では，スピーチ・アクト理論とアクター・ネットワーク理論の交差点として考察されている。

【参考文献】

伊藤剛（2005）『テヅカ・イズ・デッド　ひらかれたマンガ表現論へ』東京：NTT 出版

河原清志（2017）『翻訳等価再考　翻訳の言語・社会・思想』京都：晃洋書房.

金水敏（2003）『ヴァーチャル日本語　役割語の謎』東京：岩波書店.

定延利之（2011）『日本社会のぞきキャラくり　顔つき・カラダつき・ことばつき』東京：三省堂.

柴田武（1958）「集団語とは」『NHK 国語講座　日本語の常識』pp.142-185, 東京：宝文館.

松田謙二郎（2006）「ネット社会と集団語」『日本語学』24（10）：pp.23-35, 東京：明治書院.

Bakhtin, M. M.（1981）"Discourse in the Novel." In Michael Holquist ed., Caryl Emerson and Michael Holquist, trans., *The Dialogic Imagination: Four Essays,* 259-422. Austin: University of Texas Press.

Goffman, Erving（1974）*Frame Analysis: An Essay on the Organization of*

118　第2章　物語世界のキャラ論

Experience. New York: Harper & Row.

———（1981）"Footing." In *Forms of Talk*, 124-159. Philadelphia: University of Pennsylvania Press.

Halliday, M. A. K（1976）"Anti-Languages." *American Anthropologist* 78（3）: 570-584.

Hastings, Adi, and Paul Manning（2004）"Acts of Alterity." *Language & Communication* 24（4）: 291-311.

Manning, Paul, and Ilana Gershon（2013）"Animating Interaction." *HAU: Journal of Ethnographic Theory* 3: 107-37.

Nozawa, Shunsuke（2013）"Characterization." *Semiotic Review* 3.

———（2016）"Ensoulment and Effacement in Japanese Voice Acting." In Patrick W. Galbraith and Jason G. Karlin, eds., *Media Convergence in Japan,* 169-99. Kinema Club.

Sherouse, Perry（2014）"Hazardous Digits: Telephone Keypads and Russian Numbers in Tbilisi, Georgia." *Language & Communication* 37:1-11.

Silverstein, Michael（2005）"Axes of Evals: Token Versus Type Interdiscursivity." *Journal of Linguistic Anthropology* 15（1）: 6-22.

———（2013）"From Inductivism to Structuralism: the 'Method of Residues' Goes to The Field." *History and Philosophy of the Language Sciences*（September）

Silvio, Teri（2010）"Animation: The New Performance?" *Journal of Linguistic Anthropology* 20（2）: 422-438.

第3章
現実世界のキャラ論

日本語社会における「キャラ」

定延利之

1. はじめに〜意図の氾濫の中で

　私たちがA君のことを嫌っているのは，A君がいかにも金持ちの御曹司のように，余裕ありげに，ゆっくりした口調でしゃべるからである。いや，A君は実際のところ金持ちの御曹司であり，それは私たちだって承知している。私たちがA君のことを嫌いだというのは，A君があのゆっくりした口調を，わざと，「ほらほら，オレって，御曹司でしょう」と言わんばかりにやっているからである。

　A君に劣らず，Bさんのことも私たちは嫌いである。Bさんはいつも良いことをする。今日もBさんは，洪水に遭った私たちの見舞いに，遠くから一番に駆けつけてくれた。そして私たちの無事な様子に「よろしゅうございましたなぁ」と，涙にむせんだ鼻声で言ってくれた。その鼻声の，わざとらしさといったらなかった。「どうです，私は善人でしょう。どうです，どうです」——Bさんの顔はそう言っていた。

　私たちは音声について勉強する。たとえば「コミュニケーションにおいて，話し手は，状況に応じて最適なスタイルを選び，そのスタイルに合わせて，話す速度や，鼻音化度など，声の調子をコントロールするのである」などと私たちは言う。そのとき私たちは，話す速度をコントロールしているA君や，鼻音化の度合いをコントロールしているBさんを，自分たちが日頃嫌っていることを，すっかり忘れている。

　私たちは音声について勉強する。声の調子を表す「パラ言語」という

用語が，非意図的な声の調子を含まないという定義（藤崎 1994）を見ても，我々は特に不足を感じない。非意図的な声の調子を含む「パラ言語」の定義（Poyatos 1993）の必要性を感じない。多くの人間が何よりも気にする「人物評」に直結する，意図の秘匿と露出に対して，我々は鈍感になっている。

　私たちは文法について勉強する。流ちょうでない話し方にもパターンがあることを私たちは学ぶ。日本語には，「構造改革を」と言うはずのところで，「こうぞうかいかく，うーを」と言ったり，「こうぞうかいかくを，おー」と言ったり，こういうつっかえのパターンがあることを私たちは学ぶ。そしてこのパターンが，テレビに出てくる政治家のような『えらい大人』専用のつっかえ方であることを私たちは学ぶ。「話し手はこのようなつっかえ方で，自分が権威を持っていることを示すのである」などと私たちは言う。政治家がテレビの前で一番やりたいことは，謙虚で庶民的な姿を視聴者に見せることであり，「自分が権威を持っていると示す」などということは（実際持っているのだが），絶対にしそうにないことだということを，私たちはそのとき都合よく忘れている。

　クマを追い，その生態を観察してきた狩人がいま，地面に残されたクマの足跡を見て，足のめり込み具合や，足指の太さなどを推し量り，「このクマの足跡は，このクマがいま最高に肉がうまいことを表している」と言っても，私たちは別段笑いはしない。だが，狩人の話を聞いた誰かが「このクマはこの足跡で，自分がいま最高に肉がうまいことを表しているんだな」と言えば，私たちは「狩人の知恵とクマの知恵を同一視してはいけない。クマがそんなことを知っているものか」と笑う。跳躍するような音調上昇とそれに続く下降が，日本語の文中には現れるが，文末には（ほぼ）現れない（たとえば文「だから，あたしは，イヤなの」の場合，「だからぁ，あたしはぁ」は自然だが「イヤなのぉ」は不自然）と研究者から聞くと，私たちは「この音調は，まだ文末でないことを表している」と言う。そしてさらに，「話し手はこの音調で，自分がまだ文末に至っていないことを表しているんだな」と，言ったりもする。

122　第3章　現実世界のキャラ論

　私たちは発話や語用論について勉強する。グライスの「非自然的意味」
（non-natural meaning, Grice 1957）から関連性理論（Sperber and
Wilson 1986）の「伝達意図」（communicative intention），「情報意図」
（informative intention），そして「意図明示的推論コミュニケーション」
（ostensive-inferential communication）に至るまで，さまざまな研究
の随所で，「意図」が前提に（少なくとも中心に）置かれている。が，
私たちは別に何も感じない。

　私たちはハサミに「機能」があると信じており，人間がハサミを「道具」
として「使う」，状況に応じてハサミとカッターを「使い分ける」，など
と言う。その一方で，金属疲労や18歳に「機能」があるとは信じてお
らず，人間がこれらを「道具」として「使う」「使い分ける」とは言わ
ない。「機能」とは，人間などが何らかの目的を達成しようと「使う」「道
具」が発揮するものであり，どんなものにも「機能」があるわけではな
いと，私たちは知っている。そして私たちは，ことばには常に必ず「機能」
「はたらき」があると信じており，話し手がことばを「道具」として「使
う」，状況に応じて「使い分ける」，などと言う。

　私たちはコミュニケーションについて勉強する。たとえば次の (1) の
ように，言語学者がよく抱きがちな「意図に基づく」考え方ではコミュ
ニケーションの全体はとらえられない，と言われると，私たちはキョト
ンとする。

　(1)　言語を中心に考えられたコミュニケーションのモデルは，
　　　たとえば「送り手の意図に基づく情報の伝達」といういい方
　　　に代表されるものであるが，これが身体的コミュニケーショ
　　　ンの典型的な事例にうまくあてはまらないのである。
　　　[北村 1988: 42]

「意図に必ずしも基づかない」コミュニケーションのとらえ方と言われ
ても，私たちは，そんなものがあるのかと思ってしまう。あるいは，身

体的コミュニケーションのことはともかく，言語コミュニケーションは意図に基づくからそれでよいではないかと思ってしまう。「A君は，もう少し自然にしゃべったらいいのに」「Bさんも，芝居っ気が抜けたら報われるだろうに」などと言い合う際，自分たちが口にしている考えが「意図に必ずしも基づかない」言語コミュニケーションのとらえ方だとは思いもしない。

　「Cさんって，学校ではあんな感じじゃない。だけど，バイト先だと，もう全然違うんだって」と聞くと，私たちは，Cさんの恥ずかしい秘密に触れたようなきもちになり，こちらも気恥ずかしくなったりする。だが論文になると，「こうしてCは，学校とアルバイト先，それぞれの人間関係に応じて，言動のスタイルを巧みに変え，したたかに，たくましくコミュニケーションしているのである」と，Cさんの変容を目的論にはめ込んで賛美する。その時，私たちは，Cさんが人間関係の中で雰囲気に流され，なりたくもない人物に，知らず知らずのうちになってしまっており，それを苦にしているという可能性から，目をそむけている。

2. 本稿の目的

　以上でごく一端を示したように，意図を前提とするコミュニケーション観，目的論的な発話観，道具論的な言語観は，日常生活だけでなく学問の領域においても広く深く浸透している。そしてこれらは，現象を見ようとする私たちの目をくもらせ，議論を堂々巡りさせ，研究の進展を阻むことも少なくない。このことを筆者はかなり以前から，折りに触れ述べてきた（例：定延 1999: 第2章第5節，2005a，2005b，2007，2008-2010，2011，2013，2015，2016: 第4章）。

　だが，「ではおまえの言うように，人間の状況に応じた変容が，意図されたスタイルシフトでない場合があるとしたら，それは何なのだ？」という問いに対して答えられるようになったのは，比較的最近のことである。

この答えを作ったのは筆者ではない。他の研究者でもない。一般の日本の人たちである。彼らは英語からの借用語「キャラクタ」、というよりむしろその短縮語「キャラ」に【注1】、新たな意味を吹き込み、ネット上で「実はオレ、学校とバイト先で、キャラが違うんだ」とこっそりつぶやいたり、「あの人たちと一緒にいると、私はなぜか、なりたくもない姉御（女ボス）キャラになってしまう」と嘆いたりして、「人間は状況に応じてキャラが変わる」という定式を作り上げていた。筆者はただ、その「キャラ（クタ）」ということばを専門語として採用したに過ぎない。

本稿では、一般の日本の人々の間で広まっている「キャラ（クタ）」【注1】という新しい考えを紹介し（第3節）、それがコミュニケーションや言語の研究にとって重要なものであることを示す（第4節）。

誤解を避けるために、「キャラ（クタ）」という用語を予め三つに分けておきたい。このうち、一般の日本の人々の間で広まっている「キャラ（クタ）」は第三の用法であり、次の第3節以降では第三の用法に限定して論が進むことに注意されたい。

「キャラ（クタ）」という用語は第一に、物語の登場人物を指すことがある。

「キャラ（クタ）」という用語は第二に、マンガ評論家・伊藤剛の用語と一部重なる。伊藤氏は、マンガにおける各登場人物の基本的な描画パタンを表すために「キャラ（Kyara）」という用語を設け、登場人物（キャラクタ、character）と区別している（伊藤 2005）。たとえば、我々がドラえもんの絵を、あらゆる姿勢で、あらゆる角度からそれとわかるのは、それらが伊藤氏の言う「キャラ（Kyara）」つまり、この基本的な描画パタンを共有しているからである。

伊藤（2005）の「キャラ」はマンガ論を越えて社会学や文化論などの領域で注目され、さまざまな論に援用されるに至っている。しかし、そこで述べられている「キャラ」が伊藤（2005）の定義にどれほど忠実なものか、あるいは変形を施しているにしても、その変形がどれだけ

明示的に述べられているかは明らかではない。この点については伊藤氏自身，違和感をあらわにされているとおりである【注2】。

「キャラ（クタ）」という用語の第三の用法は，若者の会話によく見られる。次の第3節ではこれを紹介しておく。

3.「キャラ（クタ）」とは何か？

第一・第二の用法と異なり，「キャラ（クタ）」という用語の第三の用法は，人間の変化に関わるものだが，「スタイル」とも「人格」とも違っている。まず「スタイル」「人格」の意味を確認した上で，それらとは違う別の概念として「キャラ（クタ）」を紹介しよう。

「スタイル」は，意図的に切り替えられ，あからさまに切り替えても差し支えないものである。たとえば，会社の社長と自身の部下に助力を願い出る場合，社長に対してはお辞儀でもしながら「どうかよろしくお願いいたします」と丁寧に言うことができるし，部下に対しては軽く肩でも叩きながら「君もよろしくな」などとぞんざいなスタイルで言うことができる。社長にそのような丁寧に言っているところを部下に見られてもやましいところはないし，部下にぞんざいに言っているところを社長に見られても特にどうということはない。ここでは，「話し手が，相手との人間関係に応じてスタイルを変えて言う」という，よく知られている図式が当てはまる。

それに対して「人格」とは，安定性が高く，普通は意図的に切り替えられないものである。人格が変わると「別人か」と思うような重大な変化が起こる。たとえば島尾敏雄の小説『帰巣者の憂鬱』には，次の (2)のような夫婦喧嘩の場面が出てくる。

(2) 「わたしが悪かった。行かないで下さい。あやまります。
　　行かないで下さい」
　　（中略）

だきとめられると，ナスは両手でガラス戸を無茶に叩き，
「アンマー」と叫んだ。妙に幼い声であった。ナスの故郷の
島では母親のことをそう呼んだ。ナスは巳一の腕をふりもぎ
ろうとした。
　それには馬鹿力があった。巳一は真剣になって押えようと
抱きしめた。
「アンマイ，ワンダカ，テレティタボレ」
　（中略）
「ハゲ，ヌーガカヤ，何かしたのかしら，どうかしたの？
わたしはどこに居るの？　ここはどこ？」
［島尾敏雄『帰巣者の憂鬱』1955］

　夫婦喧嘩の最中，夫人のナスは最初は「わたしが悪かった。行かない
で下さい。あやまります。行かないで下さい」と共通語でしゃべってい
たが，やがて「アンマイ，ワンダカ，テレティタボレ（お母さん，私を
連れて行って）」と島の言葉を話し出し，再び共通語に戻るが，島の言
葉を話していた時の記憶は引き継がれていない（「何かしたのかしら，
どうかしたの？　わたしはどこに居るの？　ここはどこ？」）。ここで「人
格」と呼ぶのは，このようなものである。
　では，次のブログの例(3)を見てみよう。ここで述べられている「キャ
ラ」は，「スタイル」だろうか，それとも「人格」だろうか。

(3)　こないだの温泉同好会ではかなりひかえた　12歳も年下
　　の男子を引き連れて温泉行くなんて犯罪だわ〜と思っていた
　　から。でもでも，なぜか「姉御キャラ」になっていく私　これ
　　れが諸悪の根源ですよ　（中略）　別に奥ゆかしくもないし，
　　静かでもないけど　私は姉御でもなけりゃあ，肉食系女子で
　　もないんです
　　［http://ameblo.jp/kschaitian/entry-11170734947.html，　最終

確認：2012 年 5 月 3 日]

　この例では，書き手の女性は知らず知らずのうちに『姉御』つまり『女ボス』というこわいキャラになってしまい，そのことに満足していないとされている。この例における『姉御』キャラは，意図的に切り替える「スタイル」ではないし，うまくやっていくために取り繕っている「ニセの人格」というわけでもない。そして，『姉御』キャラへの変化は，人格の変化でもない。なぜなら，この女性は温泉旅行の記憶を保持しているからである。ここで言う「キャラ（クタ）」の第三の用法とは，このようなものを指しており，これは「スタイル」や「人格」というよく知られた概念とは別物である（新概念として提出しているのは，だからこそである）。

　もちろん，このブログで「キャラ」と書かれているのは日常語であり，専門語ではない。だが，筆者が言う「キャラ（クタ）」の第三の用法は，これを専門用語としてそのまま取り込んだものであり，同じものである。安定性の尺度において，「キャラ（クタ）」とは「スタイル以上，人格未満」のものと言うことができる。

　もっとも，人間がさまざまな状況に対してやっていくための調節器だという点では，「キャラ（クタ）」は「スタイル」や「人格」と変わるものではない。ちょうど，肘関節が肩や手首の関節と同様，人間の手の動きを制御しているのと同じである。3 種の調節器のうち，「スタイル」は行動に付随する概念であり，公然と切り替えて差し障りが無い。それに対して「人格」と「キャラ（クタ）」は，行動というよりは人間の一部であって，変わらないことになっている。しかし，記憶の途絶など，よほど重大なことにならない限り変わらないのは，「人格」だけである。このように「キャラ（クタ）」は，「スタイル」と「人格」に挟まれた，どっちつかずの位置にある調節器と言える。

　「キャラ（クタ）」の紹介は以上である。では，この「キャラ（クタ）」は，伝統的な語用論に対してどのようなインパクトを持つものであろう

か？　次の第4節ではこれについて述べることによって，「キャラ（ク
タ）」概念がコミュニケーションや言語の研究にとって重要であること
を示す。

4. 伝統的な語用論に対する「キャラ（クタ）」概念のインパクト

　「キャラ（クタ）」という概念が人々に広まり認められ，定着すること
によって，伝統的な語用論には以下2点で大きな影響を受ける。
　第一に，「キャラ（クタ）」は，我々がこれまで以上に，人間の柔軟性
に注意を払うべきことを示している。伝統的な語用論がこれまで依拠し
ていた静的な人間像（すなわち「人格の分裂のような異常事態を別とす
れば，人間は状況によって変わらず安定している。変わるのは，人間で
はなく，人間が目的を果たそうと状況に応じてスタイルを変えているの
である」という人間観）は，広く行き渡り深く浸透しているものの，現
実的なものではない。ひとたび「キャラ（クタ）」概念の存在を認めると，
人間が（人格分裂のような事態でなくとも）状況に応じてさまざまに変
わっており，しかもその変化は，偽装された人格とは限らない。先述の『姉
御』キャラの例のように，状況に応じて知らず知らずのうちに，変わり
たくないものに変わってしまうということさえある。「非自然的意味」「推
論コミュニケーション」（Grice 1957）や「情報意図」「コミュニケーショ
ン意図」「意図明示的コミュニケーション」（Sperber & Wilson 1986）
といった，意図を前提に置いた目的論的な概念では，この人間の動的性
質をとらえることはできない。
　「キャラ（クタ）」概念のインパクトの第二点とは，第一点とは裏腹に，
我々が人間の不変性にもっと注意を払う必要があるということをこの概
念が示しているというものである。人間が状況に応じて柔軟に変わる様
子は，いわゆる「機能主義的」な立場を離れて，現実世界の目で見れば，
しばしば「節操がない」「プライドがない」として非難・侮蔑の対象になる。
　「人間は状況に応じて変わらない」という静的な人間観は，それが幻

想であるにもかかわらず，我々を非常にきつく縛っている。人間が状況によって変わらない様子は，「不器用」「無骨」「頑固」という言葉と共に，しばしば肯定的な文脈で語られることを思い起こされたい。

「キャラ（クタ）」ということばが生じたのは最近のことだが，状況に応じて変わってしまう柔軟性と，この静的な人間観の間で，人間は長らく苦しんできたようである。100年以上も前に書かれた小説『或る女』では，田川夫人の苦しみが描かれている。それは，かつて田川夫人が『姉御』キャラで接していた或る若い女性が，人々の注意の中心に躍り出て，つまり地位が逆転してしまったにもかかわらず，それに応じて柔軟に変化することを，夫人のプライドが許さないからである。次の (4) を見られたい。

⑷　絵島丸が横浜の桟橋に繋がれている間から，人々の注意の中心となっていた田川夫人を，海気にあって息気をふき返した人魚のような葉子の傍において見ると，身分，閲歴，学殖，年齢などというういかめしい資格が，却て夫人を固い古ぼけた輪廓にはめこんで見せる結果になって，唯神体のない空虚な宮殿のような空いかめしい興なさを感じさせるばかりだった。女の本能の鋭さから田川夫人はすぐそれを感付いたらしかった。（中略）と云って今まで自分の子供でもあしらうように振舞っていた葉子に対して，今更ら夫人は改った態度も取りかねていた。
　　　［有島武郎『或る女』1911-1913］

こうした苦悩に類似するものは，今日でも見られる。次の (5) は，「2ちゃんねる」という匿名性の高い電子掲示板の書き込みからの抜粋である。

⑸　バイトと普段のキャラ違う奴来い

1: こたぬき：12/06/03 15:37 ID: 主

主はバイトではむちゃくちゃ暗いジミーだが学校では騒がし

いキャラみんなはどう？

2: こたぬき：12/06/03 15:41

むしろ家，バイト，彼氏，学校全部キャラが違う

[http://new.bbs.2ch2.net/test/read.cgi/kotanuki/1338705429/I,

最終確認：2017 年 9 月 9 日]

この抜粋において二人の投稿者（「バイトと普段のキャラ違う奴来い」というテーマを設定し，1番の書き込みをおこなった者と，それに続いて2番目の書き込みをおこなった者）がこっそり告白しているのは，彼らの「キャラ（クタ）」が状況によって（つまり1番の書き手はバイト先と学校で。2番の書き手はさらに家，彼氏の前でも）違うということである。状況によって自分が変わってしまうということ，普段周囲に見せている姿が盤石不動の人格ではなく，実は当該の状況での「キャラ（クタ）」に過ぎず，別の状況になればまた別の「キャラ（クタ）」になるということは，静的な人間観に抵触しており，これを公然と口にすることはタブーを犯すことである。これが匿名性の高い電子掲示板での密やかな書き込みでしかないのは，そのためだろう。クラスメートたちにバイト先での暗く地味な様子を見られたり，逆にバイト仲間に学校での快活な様子を知られたりするのが，恥ずかしく，避けたいということは誰でもわかるだろう。このように，自身の柔軟性と静的な人間観の板挟みになって苦しむ人間がいる以上，我々は静的な人間観（つまり人間の不変性）にも，正しくないにもかかわらず力を持った通念・慣習として，注意を払う必要がある。

　タブーとしての「キャラ（クタ）」を定義すると，次のようになる：本当は意図的に変えることができるが，変わらない，変えられないことになっているもの。それが変わっていることが露見すると，見られた方も，見た方もそれが何事であるかすぐにわかり，気まずい思いをするも

の。

　要約すると，日本発の新概念である「キャラ（クタ）」は，「状況に基づく自己」という意味を持っている。これは「スタイル」や「人格」と同様，人間がさまざまな状況に対応してやっていくための調節器として働くことがある。「キャラ（クタ）」というものが存在する，ということは，「人間は状況ごとに変わらない。変わるのは人間ではなく，人間が意図的にスタイルを変えているだけ」という広く浸透している静的な人間観を，我々が捨てねばならないということである。そして，それにもかかわらず我々がこの静的な人間観に，多くの人々の苦しみの原因として，注意しなければならないということである。

【付記】

　この論文は国際語用論学会第 15 回大会（2017 年 7 月 19 日，ベルファスト）でのパネル「日本発の『キャラ』と欧米思想の出会い」の第一発表を基にしており，日本学術振興会の科学研究費補助金による基盤研究（A19202013・A15H02605）の成果を含んでいる。

【注】

1　「キャラクター」「キャラクタ」という引き棒「ー」の有無，「キャラ」という省略表記に関する筆者の判断については，この論文集の「序」（定延 2018）の【注 1】を見られたい。
2　詳細は定延（2012-2015: 第 86 回）を見られたい。

【参考文献】

伊藤剛（2005）『テヅカ・イズ・デッド　ひらかれたマンガ表現論へ』東京：NTT 出版.
北村光二（1988）「コミュニケーションとは何か？」『季刊 人類学』第 19 巻第 1 号，
　　pp.40-49.

定延利之（1999）『よくわかる言語学』東京：アルク.

——（2005a）「「雑音」の意義」『言語』第 34 巻第 1 号，pp.30-37，東京：大修館書店.

——（2005b）「チャレンジコーナー」『言語』第 34 巻第 11 号，pp.102-107，東京：大修館書店.

——（2007）「話し手は言語で感情・評価・態度を表して目的を達するか？—日常の音声コミュニケーションから見えてくること」『自然言語処理』第 14 巻第 3 号，pp.3-15.

——（2008-2010）ネット連載「日本語社会 のぞきキャラくり」（全 100 回）http://dictionary.sanseido-publ.co.jp/wp/author/sadanobu/

——（2011）『日本語社会 のぞきキャラくり　顔つき・カラダつき・ことばつき』東京：三省堂.

——（2013）「フィラーは「名脇役」か？」『日本語学』第 32 巻第 5 号，pp.10-25，東京：明治書院.

——（2012-2015）ネット連載「日本語社会 のぞきキャラくり 補遺」（全 101 回）http://dictionary.sanseido-publ.co.jp/wp/author/sadanobu/

——（2015）「日本語コミュニケーションにおける偽のタブーと真のタブー」鎌田修・嶋田和子・堤良一（編著）『プロフィシェンシーを育てる 3　談話とプロフィシェンシー—その真の姿の探求と教育実践をめざして』pp.6-31，東京：凡人社.

——（2016）『コミュニケーションへの言語的接近』東京：ひつじ書房.

——（2018）「序」定延利之（編）『「キャラ」概念の広がりと深まりに向けて』pp.4-7，東京：三省堂.

藤崎博也（1994）「音声の韻律的特徴における言語的・パラ言語的・非言語的情報の表出」『電子情報通信学会技術研究報告書』，HC94-37，pp.1-8.

Grice, Paul. 1957. "Meaning." *Philosophical Review,* 66, pp.377-388.

Poyatos, Fernando. 1993. Paralanguage: *A Linguistic and Interdisciplinary Approach to Interactive Speech and Sound.* Amsterdam; Philadelphia: John Benjamins.

Sperber, Dan, and Deirdre Wilson. 1986, 1996.2 *Relevance: Communication and Cognition.* Cambridge, Mass.: Harvard University Press.（D＝スペルベル・D＝ウイルソン（著），内田聖二・中逵俊明・宋南先・田中圭子（1993，1999 訳）『関連性理論—伝達と認知—』東京：研究社出版.）

日本語社会における「キャラ」　133

ブルデューの「ハビトゥス」と定延の「キャラ」との出会い

アンドレイ・ベケシュ

1. 背景

20世紀における言語研究の関心は二通りにある。一つは言語理論を，独立した科学的探検の分野としていかに確立するかということである。言語を体系性として捉えようとしたソシュール（cf. de Saussure 1972），そして言語理論を自然科学のような，「厳密な」ものにしようとした Chomsky (1965) のアプローチが代表的である。これらのアプローチの共通点は，言語研究の一次的対象を，その生きたすがたよりも，ソシュールの場合は体系としての言語，チョムスキーの場合は言語能力，という抽象化したものに求めているということである。

もう一つの大きな流れは，言語の生きた姿，社会における活動の一環としての言語を重視したアプローチである。言語が人間であることのもっとも中心的な現象である以上，この流れには，様々な分野で活躍していた研究者が関わっている。文化人類学や社会学では Malinowski, Bernstein(cf. Halliday 1978), Goffman (1956), Bourdieu (1982/1993, 1980/1990a, 1987, 1994/1998)，文学研究では Bakhtin (1981,1991)，言語学では Vološinov (1929, 1989)，さらには Firth, Labov, Hymes (cf. Hallliday 1978), Halliday 自身とその周辺，文化人類学に大いに霊感を受けた Becker (1988) などが挙げられる。日本の言語学者では時枝 (1955)，林 (1973)，南 (1974)，「言語研究会」のメンバー，そして，金水 (2003, 2007, 2011)，定延 (2011, 2015a, 2015b, 2016)

もその中に数えてよいであろう。

　各分野で行われた人間の社会における行動および言語行動の綿密な観察の結果，言語現象に関しては，幾つもの深い洞察が得られた。それをキーワードで集約すると下記の【表1】のようになる。

【表1】言語研究と関連する主な概念

研究者	主な研究分野	研究に用いる主な概念
バフティン（M. Bakhtin）	文芸評論	多声（polyphony）；対話性
ゴフマン（E. Goffman）	社会学・文化人類学	役割語（role language）*
ブルデュー（P. Bourdieu）	社会学・文化人類学	ハビトゥス（habitus）
定延	言語学	キャラ（クタ）
金水	言語学	役割語

* 金水の「役割語」とは異なる

　ここで特にブルデューと定延の考え方に注目する。ブルデューと定延の研究の立場に限定して言えば次の特徴が見えてくる。ブルデューの出発点は哲学と文化人類学であるが，次第に社会学的な関心と手法を用いるようになった。彼の「ハビトゥス」という概念は，「行為者」（actor）を軽視しがちな構造主義への疑問から生まれた。ブルデューはさらに行為当事者の立場と研究者の立場の大きな違いに注目した。そこで問題視しているのは，行為当事者にはないが研究者にはある，という「全体的視点」（totalisation）である。ブルデューはまたオースティンの言語哲学，特に発話行為理論に対しても批判的であり，その批判は主として，オースティンの議論に欠けている社会的要因，さらには発話行為の単純な目的論的な捉え方による限界という二点に集約できる。ブルデューは先行研究におけるこれらの諸問題の解決法として，言語を含めて，身体性および身体と社会現象との関わりを重視する研究の立場の重要性を強調している（Bourdieu 1987，およびブルデュー 1982/93 を参照）。

　一方，定延も単純な，機械的な機能主義，目的論的な捉え方を問題視

しており，身体性を重視している（定延 2015a，2016 第 4 章を参照）。

　両研究者の立場に見られるこのような類似性を出発点として，本稿で
は，的をブルデューの「ハビトゥス」と定延の「キャラ（クタ）」にしぼっ
て，両概念の関連性を探る。

2. ブルデューのハビトゥス

　ブルデューは「ハビトゥス」を，自分のアプローチの理論的枠組をな
している行動の理論（théorie de l'action）の中心的な要素として提唱
してきた。ハビトゥスの定義を自分の研究の発展とともに，微妙に修正
しているが，ここでは完成度が高いと思われるブルデュー（1990a: 53）
の以下の定義に従うことにする。

> ...habitus, systems of durable, transposable dispositions,
> structured structures predisposed to function as
> structuring structures, that is, as principles which
> generate and organize practices and representations that
> can be objectively adapted to their outcomes without
> presupposing a conscious aiming at ends or an express
> mastery of the operations necessary in order to attain
> them. Objectively "regulated" and "regular" without
> being in any way the product of obedience to rules,
> they can be collectively orchestrated without being the
> product of the organizing action of a conductor.
> [The Logic of Practice (1990a: 53)]

> ハビトゥスとは，永続性があり，別の状況でも応用が可能な
> （transposable）振る舞いの様々な傾向の体系である。〔これ
> らの諸傾向は行為者と社会的文脈との相互作用によって〕構

造化されながら，同時に〔相互作用を通じてその社会的文脈を〕構造化する傾向である。

即ち，〔これらの諸傾向は〕諸実践及び諸表象（representations）を生成し，組織化する諸原理である。〔このような諸実践および諸表象は，行為者が〕意図的に目標達成を志向することも，目標達成のための明確な技能・知識も前提としなくても，目標を達成するために客観的に応用できる。〔これらの振る舞いの様々な傾向は〕いかなる規則に従った結果の産物ではなくとも，客観的に「統制・管理」され，「規則的」であり，行為者による，何かを意図的に〔準備し〕組織した行為の産物ではなくても，集合的に統制されうる。

［筆者訳］

とても濃厚な定義なので，少し解きほぐすと下記のようになる。

ハビトゥスは即ち，まず行為者一人一人を特徴付けるものである。と同時に，ハビトゥスは行為者の過去の経験によって構造化されながら，行為者の現在及び未来における実践，即ち行為を構造化する構造的なものである。言い換えれば，ハビトゥスは行為者の実践・行為を司る固有の振る舞いの様々な傾向（dispositions）の集合体である。

これらの振る舞いの様々な傾向の形成においては子供の頃の早期の経験がもっとも重要であるが，振る舞いの様々な傾向は「次第に心身に染みつき，染みつけられていく」プロセス（inculcation）を通じて，獲得されるものである。振る舞いの様々な傾向はハビトゥスの一部であるが故，過去の経験によって構造化されていく。と同時に，行為者の実践において，行為者の意図を前提としなくても，行為者の実践を構造化していく。このような振る舞いの様々な傾向は持続する（durable）ものでありながら，生成的（generative）で，他領域への応用が可能（transposable）である。

一方，ハビトゥスは身体を，体験してきた歴史が溜まる場所とし，身

体の役割を重視する。さらに身体を組織化している実践の様々な図式（schemata）は，この歴史の産物であると同時にその歴史を再現している知覚と実践の根源でもある（Maton 2012 を参照）。

上記の定義で分かるように，ハビトゥスと実践は弁証法的関係にある。それは下の【図1】のように示されていると思われる。

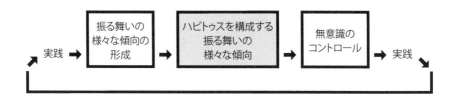

【図1】ハビトゥスと実践の弁証法的関係

ハビトゥスによって司られている実践は，真空においてではなく，特定の社会的文脈，フィールド（champ）で行われている。ブルデューは実践のメタファーとして，スポーツ，特にサッカーの試合を用いている。その場合フィールドは，プレーヤーとゲームのルールも含めてのサッカー場である。実践と同様に，ハビトゥスとフィールドも，弁証法的関係にある。一方では，【図1】のように，実践を介在して，フィールドがハビトゥスを構造化する。他方では，ハビトゥスに依拠する知識及び外界の認知的構築が存在する。即ち，ハビトゥスは，行為者にとってフィールドが意味のあるものとして形成されうる重要な一要因である（Bourdieu and Wacquant 1992: 127 を参照）。

フィールドと密接に関わっているのは，ブルデューの「資本」という概念である。資本とは，フィールドにおける行為者の位置として定義されている。ブルデューは資本を四つのタイプに分けている。(1) お金，財産などの経済資本，(2) 様々な知識，鑑賞力，眼識，言葉の知識，訛りの有無，等を含む文化資本，(3) 社会における様々な所属関係，人

脈，宗教，文化において受け継がれたものを含む社会資本，そして，(4)象徴資本，すなわち，社会資本および文化資本をその象徴としての価値という観点から捉え，経済資本と対立しながら，経済資本と同様に道具化されうる，その他の資本と交換可能であるという資本である（Moore 2014: 101 を参照）。

　ブルデューは，実践をハビトゥスとの関係で次のように規定している。実践とは即ち，ハビトゥスとフィールドの「無意識的関係」として規定されながら，厳密には，下記の (1) のように，ハビトゥスおよび特定のフィールドと密接に関わっている資本と，そのフィールドによって構成される（Bourdieu 1993: 76 を参照）。

　　(1)［(ハビトゥス)（資本)］＋フィールド　＝　実践

　文化資本の言葉と関わっている部分を「言語資本」とも言う。また，ブルデューは資本の相対的な価値という観点から見たフィールドを「市場」という。言い換えれば，市場とは，ある特定のフィールドにおいて，行為者たちが持っている資本がそれぞれどれだけ役に立つか，即ち，どれだけ価値があるのかということであろう。具体的な例として，スロベニアのロマニーという少数民族の言語，ロマニー語を見てみよう。ロマニー語の知識は言語資本としては，ロマニー人達の間，即ちロマニー人達の「市場」では価値が高いものであるが，多数派のスロベニア人の「市場」では価値が低い。

　言語を言語資本という観点から捉えるという発想は，第 3 節の解説に示されるように，キャラクタ，キャラクター言語，そして役割語と密接に関わっていると思われる。

　この節のまとめとして，ハビトゥスとそれとセットになっている諸概念を以下の【図 2】のように示すことにした。大きな円がハビトゥスで，その中に振る舞いの様々な傾向が含まれている。大きな円はフィールドの中に含まれている。ハビトゥスとフィールドの【図 2】では矢印で示

されている相互作用は各々の傾向を介在して行われる。

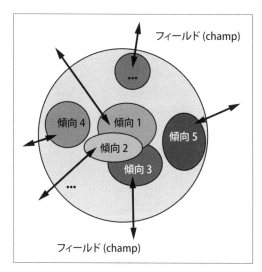

【図2】ハビトゥスとフィールドの相互作用

3. 定延のキャラクタ

　定延は文学作品だけでなく，ソーシャルメディアなど日常的に使われている話し言葉から，漫画・アニメまで大衆文化を幅広く対象とし，キャラクタという概念を編み出した。キャラクタは本来，漫画，アニメ，文学作品の主人公を指す語であったが，個人固有の振る舞いを描くために使われるようになった。金水が提唱している「役割語」（金水 2003: 205 を参照）という概念とも密接に関わっている。

　定延が提唱している「キャラクタ」という概念は日常の言葉で用いられているキャラクタという語に依拠しながら導き出された，前理論的（pretheoretical）概念である（定延 2006，2009，2011 を参照）。

　定延によると，キャラ（クタ）という用語は，これまで三つの意味で用いられてきた。一つは dramatis personae，即ち物語の登場人物という意味に代表される英語 character の借用語である。続いて，伊藤

（2005）などで用いられている，漫画などに登場する人物の同一性を保証する「キャラ」である。一方，定延はこれらの捉え方と異なって，キャラクタを状況に基づいた肉体化した自我（a situation-based embodied self）と見なしている。即ち，キャラクタは「内外の圧力の安定性のための梃まくら，バランサー」(kyarakuta as fulcrum〈balancer〉between inner and external pressures)，即ち，個体の内面の圧力と外部（の状況）の圧力の均衡を保とうとするものである（定延 2015a, 2018 第3節を参照）。

　定延はさらにキャラクタを安定性（不可変性）という観点からスタイルおよび人格と対照させながら以下の【表2】のように動的なものとして定義している。

【表2】スタイル，キャラクタと人格の定義

	定義	例
スタイル	あからさまに意図的に切り替えて差し障りがないもの。	得意先の社長に向けた「あの件どうかよろしくお願いいたします」と自分の部下向けの「あの件，君もよろしくな」。
キャラクタ	本当は意図的に切り替え可能だが，切り替えてはならず，切り替えられないことになっており，その切り替えが露呈するとそれが何事であるかすぐ察しがつくが気まずいもの。	『嵐』の櫻井翔ニュース番組では村尾キャスターと一緒にまじめなキャラ。バラエティ番組ではふざけたキャラ。バラエティ番組の様子を村尾キャスターに見られるのは「ちょっとつらい」。
人格	意図的に切り替えられないもの。	島尾敏雄『帰巣者の憂鬱』における妻の変貌。

［定延 2016: 190，表 4.1 より］

キャラクタが変化しうるのは，個体の内面の圧力と外部（の状況）の圧力の均衡をとりながら，ある程度一貫して外部（の状況）への刺激に対応するためである。ただしこのようなキャラクタは動的に状況の

文脈と均衡を取るものであっても，意図的に変わりうるものではない（Sadanobu 2015a を参照）。

　キャラクタの意図的変化の可能性を否定しているという点において，定延の見方は，前述のブルデューのハビトゥスと共通しているところがあると思われる。なぜなら，定延もブルデューも，行為者の合理性を前提とする社会理論とそれと密接に関わっている目的論的な考え方にたいして懐疑的であるからである（定延 2018, 第 3 節）。ハビトゥスと同様，キャラクタはその代案として導入された概念である。定延が挙げている意図的でない行為の例の中に，まず【表 2】の，人格と関わる，『妻の変貌』の例がある。詳細は定延（2018: 例 (2)）を参照されたい。同様に，キャラクタの意図的でない変化として，『姉御』キャラに無意識に変わるという悩みを持っている女性の例もある（定延 2018: 例 (3)）。定延（2018: 128）はさらに，このような意図的でない行為の例が目的論的考え方では説明できないと明記している。また，サルマーン・ルシュディーの名作の一つ『悪魔の詩』ではイギリスに移民した主人公のサラディン・チャムチャが久しぶりにインドに戻ったとき，Queen's English から，自分の意図に逆らいながらも，ムンバイ式英語へ切り替えたエピソードがあり，これもいい例であろう。

　キャラクタを特徴づけるものには言語的なものと非言語的なものがある。ここで，個体本位の視点による一次的な特徴と外部視点による二次的特徴を区別することが重要であると考える。

　一次的な特徴には，個体の実際の振る舞いに見られる言語，手振り身振り，顔の表情，姿勢などの特徴がある（金田 2015，2018: 3.1.1）。

　一方，二次的な特徴は，観察者が特定の個体，または（三次的にとでも言うべき）特定の集団に対して恣意的に行う特徴付けの結果（ascribed characteristics）である。二次的特徴には幾つかの種類がある。まず，特定の個体をその代表的とされる振る舞い，表情，手振りで際立たせる種類である（金田 2018: 3.1.4）。続いて，個体のキャラクタをその代表的とされる言葉づかいで際立たせるという種類である。これに当たるの

は金水と山木戸が提唱するキャラクター言語（character language）というフィクションにおける人物をその個性的な言葉づかいで特徴づけるものである（詳細は Kinsui and Yamakido 2015: 32，金水 2018）。そして，最後に，キャラクタのタイプを，その代表的とされる言葉づかいで際立たせるという種類であり，これは即ち，金水の言う役割語である。

　特定の状況で現れるキャラクタの捉え方は，大変重要である。キャラクタは主体と状況の文脈との相互作用で作動する。キャラクタを主体と状況の文脈との関係性から捉えるということは，言語に限って言えば，Vološinov の言語の相互作用としての捉え方とも呼応している（Vološinov 1929/2008: 130）。同時に，ブルデューのハビトゥスとフィールドとの関係の捉え方とも共通性があると考えられる。

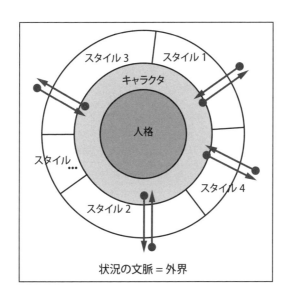

【図3】定延によるスタイル，キャラクタと人格の捉え方

【図3】は定延によるスタイル，キャラクタと人格の捉え方を図にまとめてみたものである。図ではキャラクタは個体の変わらないとされる人格

144　第3章　現実世界のキャラ論

を包みながら，様々なスタイルを介在して，外界と相互作用するという
主要概念の関係が示されている。

4. ハビトゥスとキャラクタとの出会い

　文化人類学および社会学を出発点とするハビトゥスと日本の言語学を
背景に理論化されたキャラクタであるが，どちらも行為者・話し手の，
外界との相互作用を担うものとして導入され，類似点も相違点も持って
いる。

4.1. 類似点

　類似点は次の通りである。先ず，両概念が形成されるきっかけはブル
デューと定延の，現象そのものへの「素朴な」関心であると言える。そ
の結果，研究対象となった資料も，キャラクタの場合は文学作品の他，
ソーシャルメディア，会話，漫画，アニメ等の大衆文化的なものが多く，
ハビトゥスの場合はアルジェリアや南仏の農村社会など，いずれもきわ
めて日常的なものが多い。

　現象への強い関心によると思われる現象の綿密な観察が，ブルデュー
の場合も定延の場合も，現象の，総合的・先験的・抽象的である捉え方
への疑問に繋がる。同様に，現象へのこだわりに深く基づいているのは
両者に見られる身体性の重視である。定延はキャラクタを状況に基づい
た自我（a situation based self）と見なし，ブルデューはハビトゥスを
体験してきた歴史が蓄積する場所としての身体というように捉えてい
る。主体及び行為者と社会との関係においては，キャラクタは「内外の
圧力の安定性のための粎まくら，バランサー」として捉えられ，ハビ
トゥスは主体と社会の間を仲介するものとして捉えられており，両方と
も，主体及び行為者と社会との関わりと密接に関係している。安定性に
おいては，キャラクタもハビトゥスも変わりうるが，キャラクタの場合，
それは状況の文脈への対応としておこるが，ハビトゥスの場合は，その

変化はもっと長い時間の中のプロセスとして捉えられていると思われる。また，外界，即ち行為の状況の文脈との関係においては，キャラクタは主体と状況の文脈との相互的関係を露呈するものとして捉えられている。一方，ハビトゥスと状況の文脈，即ちフィールドとの関係は弁証法的といえる。なぜならば，ハビトゥスは「実践」（外界との相互作用）によって構造化されながら，同時に「実践」によって外界，即ちフィールドに構造を作り出すものとして捉えられているからである（【図1】を参照）。キャラクタとハビトゥスの類似点をまとめると，下記の【表3】のようになる。

【表3】ハビトゥスとキャラクタの類似点

	キャラクタ	ハビトゥス
概念形成のきっかけ	「素朴な・日常的な」現象への強い関心	
研究対象	会話，漫画，アニメを中心に	アルジェリアの農村社会を中心に
現象の総合的，先験的，抽象的捉え方への疑問	現象の綿密な観察に基づく	
身体性の重視	状況に基づいた自我 a situation based self	体験してきた歴史が蓄積する場所としての身体
主体 vs 社会の関係	内外の圧力の安定性のための梃まくら，バランサー	主体と社会の間を仲介するもの
不変性・安定性	本当は意図的に切り替え可能だが，切り替えてはならず，切り替えられないことになっており，その切り替えが露呈するとそれが何事であるかすぐ察しがつくが気まずいもの"coming out"	永続的であるが，時間が経つにつれて変化しうる
状況の文脈との関係	主体と状況の文脈との相互的関係を露呈するもの	弁証法的：構造化されながら，構造を作り出すもの

4.2. 相違点

　ハビトゥスとキャラクタの考え方の相違点は，理論化と関わっている次の３点だと考えられる。先ず，理論上の位置づけであるが，キャラクタは意図的に日常言語使用に依拠しながら，理論化される以前の概念として導入されている。これとは異なって，ハビトゥスはブルデューが自分の社会学の枠組として作りだした「行動の理論」における中心的な概念であり，高い説明力を目指す概念として導入されたものである。

　続いて，概念規定の明示性においては，キャラクタは様々な事例を通じて規定されている。同時に，キャラクタの規定で採用された概念「人格」，「キャラクタ」と「スタイル」というものがどのように実際に形成されるかは明確に示されていない。これに対してハビトゥスは，振る舞いの様々な傾向の形成プロセスの結果として，さらには時間の経過の中のプロセスとしてより明示的に規定されているのである。

　最後に，概念の一般性においても，キャラクタは発話行為を中心として導入されてきたが，金田（2015）などの研究に見られるように，一般性のある説明原理としての位置づけも可能である。一方ハビトゥスは，ブルデューの社会理論の骨格を成す「行動の理論」という枠組において導入され，当初からより広く社会理論における一般性をめざす説明原理である。上記で触れた相違点をまとめると下記の【表4】のようになる。

【表4】キャラクタとハビトゥスの相違点

	キャラクタ	ハビトゥス
理論上の位置づけ	日常言語使用に依拠した理論化される以前の概念	「行動の理論」の枠組における一概念，高い説明力を目指すもの
概念の規定の明示性	様々な事例を通じて規定され，形成プロセスは示されていない	振る舞いの様々な傾向の形成プロセスによって，より明示的に規定されている
一般性	一般性のある説明原理としての位置づけ	「行動の理論」の一部であり，一般性をめざす説明原理

4.3. アイデンティティとの関わり

　そもそもハビトゥスとキャラクタの類似点の根底にあるものは，個体，行為者のアイデンティティである。アイデンティティの規定において，ブルデューと定延のとらえ方は異なる。ブルデューの枠組においては，個人のアイデンティティを規定するのはハビトゥスのみである。定延は，個人のアイデンティティは三つの層から構成されていると見なす。即ち，安定性の高い人格，可変でありながら意図的に変えられることが気まずいキャラクタ，そして，恣意的に操られるスタイル（のレパートリー）という層である。その形成は，Sadanobu（2015a）の実例を見ると，恐らく形成される時期がもっとも早いのは人格で，次がキャラクタ，そして最後に様々なスタイルが獲得されてくると思われる。

　意図的に使うことができるスタイルについて言えば，ブルデュー的な考え方では，既に述べたように，ハビトゥスを構成する振る舞いの様々な傾向は特定のフィールドとの相互作用のために様々なスタイルを司ると考える。一方，定延の場合，キャラクタとスタイルとの関わりがどのようなものかは明示されていない。ここから言えるのは，ハビトゥスという考え方では実践の原理という側面が前面に出されているのに対して，キャラクタという考え方ではアイデンティティが前面に出されているということである。ハビトゥスとキャラクタの形成における自我のアイデンティティとの関わりは下記の【表5】にまとめた。

【表5】アイデンティティの根源：ハビトゥス的捉え方とキャラクタ的捉え方

キャラクタ的捉え方→	人格	キャラクタ	スタイル	
形成及び獲得の時期→	より早い時期		⇔　　　より遅い時期	
ハビトゥス的捉え方→	早期において形成されはじめた振る舞いの様々な傾向		フィールドとの相互採用のために形成されたスタイル及びそれを操作する振る舞いの様々な傾向	
	ハビトゥス（形成及び獲得された振る舞いの様々な傾向）			

148　第3章　現実世界のキャラ論

この表では，ハビトゥスとの対照で，人格とキャラクタ，そしてキャラクタとスタイルとの間の境界が両方ともファジーであるということが窺える。なぜなら，キャラクタをハビトゥスの形成の時期から見ると，人格，キャラクタとスタイルの明確な切れ目が規定できないからである。定延（私信）もそれを可能性として認めている。

5. ブルデューの言う資本から見たキャラクタ

　本節ではブルデューと定延のアプローチの関連性の一例としてブルデューの資本という概念から見たキャラクタについて簡単に述べる。

　すでに見てきたように，肉体化した自我としてのキャラクタは，その言語的行為として現れる側面以外に，非言語的行為，即ち表情，仕草，振る舞いなども含む。キャラクタは，一次的には【表5】に示されるように，ハビトゥス的に見てより早い時期に形成された振る舞いの様々な傾向として捉えることができる。さらには，行為者・主体ではなく，外部からの視点を取る場合，二次的には，行為者・主体自身または行為者・主体が属する社会集団を特徴付けると見なされる属性の集合体として捉えることも可能である。

　定延のキャラクターは，ブルデューの言う資本から見ると，言語的行為，非言語的行為を問わず，行為のフィールドに関連する市場から，実際の行為とその場（文脈）で「標準」として期待されている行為との関係を示した点において，高く評価されるのである。金田（2015）の男女における手振りの違いがその良い例である。「伝統的」には，男性は片手で手振りするのが当たり前とされているのに対して，女性は両手を使うことが期待されている。従って，片手で手振りする女性は，性の違いを除いて，男性の場合と状況が異ならないのに，「伝統的」な「市場」では，「非女性的，男っぽい，生意気」というマイナスの評価を受ける。同じフィールドでも，行為者は性における違いによって異なる位置に置かれ，その結果，下記の【図4】のように異なる評価（＝象徴資本）を

受ける結果となる。

【図4】手振りのフィールドでの位置づけと価値（「伝統的」な社会の場合）

さらに、2節のロマニー語の例を図式で表すと下記の通りになる。

【図5】ロマニー語のフィールドでの位置づけと価値（スロベニアの場合）

6. 終わりに

　本稿ではブルデューのハビトゥスと定延のキャラクタという二つの概念の主な特徴を見てきた。ハビトゥスには、ブルデューの理論家としての立場が明確に見られ、ハビトゥスは多様な社会現象を説明しようとする彼の行動の理論の中心的概念として導入されている。一方、定延は目標を先ずコミュニケーションと関わっている諸現象に限定しながら、キャラクタという概念を導入している。両概念を簡単に比較した結果、先ず見えてきたのは両研究者が目指している理論化の範囲における違いにもかかわらず、問題意識の類似性である。類似性が特に明確に現れたのは取り扱う現象への基本的な立場、すなわち、

150　第3章　現実世界のキャラ論

⑴　概念作りにおける現象の綿密な観察の重視
⑵　現象の，総合的・先験的・目的論的・抽象的な捉え方への
　　抵抗，そして
⑶　言語も含めて，ハビトゥスにせよ，キャラクタにせよ，主
　　体及び行為者の社会（的文脈）との相互作用を身体性を重視
　　して捉えようとする視点

という三つの点である。

　キャラクタの研究はその勢いが増していく中，概念規定の記述的な段階をこえ，より厳密な理論へと発展させることが必要になった段階まで来ていると思われる。定延とブルデューの基本的立場の類似からみて，ハビトゥスをはじめとするブルデューの研究はキャラクタの研究にあらたな刺激をあたえる可能性を秘めていると言える。具体的に言えば，キャラクタの形成プロセスの位置づけにおいて，ハビトゥスと切り離せない象徴資本（symbolic capital）というブルデューの行動の理論における基本的な概念は，社会的文脈における伝達行為の理解に有利に働くであろう。

　一方，日本でキャラクタの観点から行われた大衆文化の研究成果の豊富な蓄積は，ブルデューからインスピレーションを受けた研究（文化人類学，社会学，会話分析など）にたいして，挑戦であると同時によい刺激になり得るはずである。

【謝辞】

　本研究の一部はスロベニア共和国 ARRS による支援プロジェクト「P6-0243（A）Azijski jeziki in kulture（アジアの言語と文化）」の一環として行われた。さらにはその一部が神戸大学（現京都大学）の定延利之教授の科研費によって支えられ，定延教授の激励・支援があったからこそ，本研究は可能になった。ここで心より御礼を申し上げたい。

ブルデューの「ハビトゥス」と定延の「キャラ」との出会い 151

【参考文献】

Bakhtin, Mikhail M. (1981) Discourse in the novel. In *The dialogic imagination.* Slavic series: No.1, pp.259-422, University of Texas Press. (Slovo v romane. *Voprosy literatury* 1965 No.8 の英訳，日本語訳：『小説の言葉』，伊東一郎（訳）「平凡社ライブラリー」東京：平凡社，1996)

ミハイル・バフチン（1991）「ことばのジャンル」佐々木寛（訳）『ことば 対話 テキスト』バフチン著作集 8, pp.113-189, 東京：新時代社.

Becker, Alton. L. (1988) Language in particular: a lecture. In Deborah Tannen (ed.) *Linguistics in context: Connecting, observation and understanding,* pp.17-35. Norwood NJ: Ablex Publishing Corporatio.

Bekeš, Andrej (2015) Afterword: role language and character research in a wider perspective. *Acta Linguistica Asiatica* 5 (2), pp.69-71 http://revije.ff.uni-lj.si/ala/, 最終確認：2018 年 2 月 12 日.

Bell, Allen (2007) Style in dialogue: Bakhtin and sociolinguistic theory. In Robert Bayley and Ceil Lucas (eds.) *Sociolinguistic Variation Theories, Methods, and Applications,* pp.90-109. Cambridge: Cambridge UP.

Bourdieu, Pierre (1980) *Le sens pratique.* Paris: Les Éditions de Minuit.

———— (1982) *Ce que parler veut dire: l'économie des échanges linguistiques,* Paris: Fayard. （日本語訳『話すということ 言語的交換のエコノミー』稲賀繁美訳，東京：藤原書店，1993 年，英訳 *Language and Symbolic Power,* Harvard University Press, 1991; paperback edition, Polity, 1992)

———— (1987) *Choses dites.* Paris: Les Editions de Minuit.

————(1990a) *The Logic of Practice,* Richard Nice 訳. Cambridge: Polity.（*Le sens pratique.* Paris: Les Éditions de Minuit 1980 の英訳）

———— (1990b) *In Other Words: Essays Towards a Reflexive Sociology,* M. Adamson (trans.). Cambridge: Polity. (Choses dites. Paris: Les Editions de Minuit 1987 の英訳）

————(1993) *Sociology in Question,* London: Sage Publications (*Questions de sociologie,* Paris: Minuit, 1980, trans. Richard Nice).

———— (1998) *Practical reason: on the theory of Action.* Stanford: Stanford University Press. (Raisons pratiques: sur la théorie de l'action, Paris, Seuil, 1994,『実践理性 行動の理論について』加藤晴久・石井洋二郎・三浦信孝・安田尚（訳），東京：藤原書店，2007 年）

Bourdieu, Pierre. and Loïc Wacquant (1992) *An Invitation to Reflexive Sociology,* L. Wacquant (trans.). Cambridge: Polity. (Reponses. *Pour*

152 第 3 章 現実世界のキャラ論

une anthropologie reflexive. Paris: Seuil, 1992 の英訳)

Chomsky, Noam（1965）*Aspects of the theory of syntax.* Cambridge, Massachusetts: The MIT Press.

Coseriu, Eugenio（1973）*Lezioni di linguistica generale.* Editore Boringhieri.（『一般言語学入門』下宮忠雄（訳），東京：三修社，1979 年，2003 年第 2 版）

de Saussure, Ferdinand（フェルディナン・ド・ソシュール）（1972）『一般言語学講義』小林英夫（訳），東京：岩波書店.

Giddens, Anthony（1989）*Sociology.* Cambridge: Polity Press.

Goffman, Erving（1956）*The presentation of self in everyday life.* Edinburgh: University of Edinburgh.

Halliday, M. A. K.（1978）*Language as Social Semiotic: The Social Interpretation of Language and Meaning.* London: Edward Arnold.

————(1991) The notion of "context" in language education. In T. Le and M. McCausland（eds）. *Language Education: Interaction and Development.* Tasmania: University of Tasmania. Reprinted in *Collected Works of MAK Halliday,* vol.9（2007）, pp.269-90. London: Bloomsbury.

Hasan, Ruqaiya（2009）The place of context in a systemic functional model. In M.A.K. Halliday and Jonathan J. Webster（eds.）*Continuum Companion to Systemic Functional Linguistics,* pp.166-189. New York: Continuum.

林四郎（1973）『文の姿勢の研究』東京：明治図書出版.

Hodge, Robert. and Gunther Kress.（1988）*Social Semiotics.* Cambridge: Polity.

Hymes, Dell（1972）The scope of sociolinguistics. In R.W. Shuy（ed.）, *Sociolinguistics: Current trends and prospect,* pp.313-333. Washington, DC: Georgetown University Press.

伊藤剛（2005）『テヅカ・イズ・デッド　ひらかれたマンガ表現論へ』東京：NTT 出版.

金田純平（2015）「マルチメディアからみた日本語とキャラ」，日本語文法学会 第 16 回大会 パネルセッション「日本語とキャラ」，学習院女子大学，2015 年 11 月 15 日.

————（2018）「直接引用とキャラ」定延利之（編）『「キャラ」概念の広がりと深まりに向けて』東京：三省堂.

金水敏（2003）『ヴァーチャル日本語　役割語の謎』東京：岩波書店.

————（2015）「役割語からみた日本語とキャラ」，日本語文法学会 第 16 回大会 パネルセッション「日本語とキャラ」，学習院女子大学，2015 年 11 月 15 日.

————（2018）「キャラクターとフィクション　宮崎駿監督のアニメ作品，村上

春樹の小説をケーススタディとして」定延利之（編）『「キャラ」概念の広がりと深まりに向けて』東京：三省堂.

Kinsui, Satoshi and Hiroko Yamakido（2015）Role Language and Character Language, *Acta Linguistica Asiatica,* 5（2）pp.29-42, http://revije.ff.uni-lj.si/ala/, 最終確認：2018 年 2 月 12 日.

金水敏（編）（2007）『役割語研究の地平』東京：くろしお出版.

─────（2011）『役割語研究の展開』東京：くろしお出版.

Makoni, Sinfree and Pennycook Alastair（eds.）（2006）*Disinventing and Reconstituting Languages.* Clevedon: Multilingual Matters Ltd.

Maton, Karl（2012）Habitus. In Michael Grenfell（ed.）*Pierre Bourdieu: Key Concepts* pp.48-64 London: Routledge.

南不二男（1974）『現代日本語の構造』東京：大修館書店.

定延利之（2011）『日本語社会 のぞきキャラくり　顔つき・カラダつき・ことばつき』東京：三省堂.

Sadanobu Toshiyuki（2015a）"Characters" in Japanese communication and language: an overview. *Acta Linguistica Asiatica* 5（2）: pp.9-27 http://revije.ff.uni-lj.si/ala/, 最終確認：2018 年 2 月 12 日.

─────（2015b）「日本語とキャラ・趣旨説明」,「総論：「キャラ」「キャラクタ（一）」と日本語」日本語文法学会 第 16 回大会 パネルセッション，学習院女子大学，2015 年 11 月 15 日.

─────（2016）『コミュニケーションへの言語的接近』東京：ひつじ書房.

─────（2018）「日本語社会における「キャラ」」定延利之（編）『「キャラ」概念の広がりと深まりに向けて』東京：三省堂.

時枝誠記（1955）『国語学言論・続編』東京：岩波書店.

Vološinov, Mihail N.（1929）*Marksizm i filosofija jazyka.*（『マルクス主義と言語哲学　言語学における社会学的方法の基本的問題』桑野隆（訳),東京：未来社，1989，*Marxism and the Philosophy of Language* 1st Edition, Ladislav Matejka, I. R. Titunik（trans.）, New York/London: Seminar Press, 1973; *Marksizem in filozofija jezika,* Marko Kržan（trans.）. Ljubljana: SH 2008）

若者たちのキャラ化のその後

瀬沼文彰

はじめに

　筆者は，20代前半の4年間，日本のなかで最も大きな芸能プロダクションでお笑い芸人をしていた。当時，芸人の世界では，他者と「かぶらない」キャラを作ると「売れる」【注1】ということが定説となっていた。そのため，筆者も芸を磨きながら，自分のキャラを必死に模索してみたものの，自分にぴったりと合うキャラを見つけるのは困難だった。歳を重ねるとともに，自分に適したキャラを見つけられないことや売れないことへの焦りを感じ，また芸そのものもどのように伸ばしていけばいいのかが分からず，芸人を辞める決意を固めた。

　筆者は，芸人をしながら大学に通っていた。キャラに関して言えば，大学の友人たちの前ではしっかりと固まっていた。例えば，芸人だったことを生かし「ツッコミキャラ」，それから，何かあると企画をしたり，皆に連絡を回したりしていたため「リーダーキャラ」，顔の見た目（ひげが濃い）から「ひげキャラ」というように，たくさんのキャラを友人たちから付与されていたし，自分でもそれらが友人たちに認知されていることを理解していた。また，筆者に限らず，芸人を目指していない大学の友人たちも，日常生活のコミュニケーションのなかで色とりどりのキャラを意識しコミュニケーションを行っていた。

　芸人を辞めた後，笑いの研究を行うために大学院に進学し，若い世代のコミュニケーションの参与観察に取り組んでいたが，筆者が芸人をし

ていたときよりもさらに，キャラに基づくコミュニケーションが，若者たちに浸透しているように見えた。また，そこに笑いが生まれる仕組みがあるように思え，修士論文では，若い世代に，キャラに関するフィールドワーク【注2】を行い，その論考をまとめた。その後，それをリライトし，『キャラ論』（2007）としてまとめた。

こうした筆者の経験と立場をふまえ，本稿では，まずは，『キャラ論』で論じたことの整理を行う。その後，『キャラ論』以降の若い世代【注3】のキャラの実態を記述し，そこに潜む問題を考察する。最後に，なぜ，若い世代はキャラを（意図的・非意図的を問わず）演じる，つまりキャラ化するのかという問題を改めて検討する。

1.『キャラ論』で論じたこと

近年の日本の学校では，学生たちは，誰とでも話をするのではなく，二人から四人くらいの小規模で閉鎖的なグループに属し，グループ外の人間とはコミュニケーションしない傾向がある。この傾向は1980年代に始まっており，宮台真司（1994: 246-247）は，若者たちの人間関係，そこでのコミュニケーション網を「島宇宙化」と称した。筆者が『キャラ論』で着目した「キャラ」とは，1999年頃から若者たちに定着したことばで，この小規模なグループのなかに見られるメンバーの特徴を表している。抜けた発言の多い「天然キャラ」，いつもまじめな発言や行動をする「まじめキャラ」，毒舌の笑いが多い「毒舌キャラ」などがその例である。

『キャラ論』では，キャラを「役割」，「ステレオタイプ」，「演技」，「個性」という観点から考察した。まずは，それを整理しておこう。

第1点，キャラと役割について。この点について参考にしたのは森真一（2005: 89）の意見である。彼は，キャラを集団内の「役」，または「役柄」とし，キャラの付与は，メンバー同士楽しく過ごすための役割分担・分業だと考えた。筆者の行ったフィールドワークでも，若い世代は，キャ

ラという役割を引き受けることによってその場を盛り上げたり，コミュニケーションのきっかけや笑いを作ったりしていることが分かった。

第2点，キャラとステレオタイプについて。若者たちの意見を参考にすると，集団内で付与されるキャラは，当人の目立った何かを分かりやすく単純化したものが多かった。そこで筆者が考えたのは，キャラには，ステレオタイプ的な面があるということである。若者たちは，友人の身体的な特徴，見た目，服装，性格，能力，話し方などをキャラにしていた。しかし，彼／彼女たちの多くは，自分のキャラについてはよくわかっていなかった。

第3点，キャラと演技について。フィールドワークで拾った声を参考にする限り，キャラは，自分の意志とは関係なく，仲間から貼られるレッテルであった。貼られたレッテルが強固なため，レッテルを貼られた者はたとえ気に入らなくても，それに従って演じなければならない。この観察に基づき，筆者はキャラに演技の面があると論じた。もっとも，その演技性は必ずしも自覚されないこともある。

第4点，キャラと個性について。この点について参考にしたのは土井隆義（2004: 26-27）の見解である。土井によれば，キャラは，他者との比較のなかで見出されていく個性でもなければ，ダイヤモンドを探すかのように，自己の内側に求められる自分らしさでもない。土井の考えをふまえ，筆者はキャラが，他者から与えられるものであり，仲間内で誰とも「かぶらなければいい」ような，他者とのわずかな差異だと論じた。

また，若い世代にとってキャラは，会話を盛り上げ，笑いを作り各自が楽しむためのツールであると同時に，仲間内に確保する自分の居場所でもあり，仲間からのからかいやツッコミなどに対して傷つかず自らを守る鎧でもあるという良い面がある。他方，負の面としては，身にまとうことが面倒に感じられる，友人たちから貼られても気に入らない，キャラと自分とのズレに悩むというものがあり，さらにキャラへのからかいがいじめになっていてそれに苦しむ者もいた。

そして，若者たちがキャラ化する理由として，『キャラ論』では4点

を挙げた。1点目は、学校や通学、放課後など、あらゆる場を楽しくしようとする上で、キャラを介した人間関係やコミュニケーションが便利だということである。2点目は、メディアからの影響で、コミュニケーションを楽しくしようとする上で、バラエティ番組の芸人たちのやり取りは、若者の模倣対象になっている。3点目は、キャラを付与されるとは、友人たちからの承認を意味する。4点目は、社会学で論じられるアイデンティティ（一貫した自己）の崩壊論と結びつけた。つまり自分自身が不透明であるがゆえに、他者からキャラを与えてもらい、それを演じる時代になったと考察をまとめた。

　このような若い世代のキャラの実態を踏まえ、次の第2節では、『キャラ論』では論じきれなかったことと、2005年以降の実態や変化について論じる。

2.「演じる」ことが当たり前の時代

　現在でも、若い世代はキャラを意識しており、上述のように光と闇を併せ持つキャラを介したコミュニケーションを活発に行っていると考えられる。それは筆者が参与観察していても、あるいは学生と少し話すだけでも感じられることだが、さらに客観的な根拠を挙げることもできる。千島雄太・村上達也（2015）は、若い世代を調査対象にした心理学的な観点からの実証的な研究を行い、キャラの実態とキャラへの傾斜を明らかにしている。

　では、2005年から、何か変化はなかったのだろうか。結論を先に述べると、変化はある。それは、キャラの演技の面がさらに強まってきているということである。

　例えば、青少年研究会が数年おきに行っている調査では【注4】、「意識して自分を使い分けているか？」という設問に対する肯定的な回答は、2002年の時点では全体の43.2％だったが、2012年には49.5％、2014年では、51.3％と増加の傾向にある。この調査結果は、大きな変化ではな

いものの，質問の方法や聞き方を変えると，そこに彼／彼女たちの演技性を読むことができる。大学生協連（2008）は，「空気を読む」について大学生に調査を行った。そのなかで，「周りの空気を読むことを気にする」とした学生は，「気にする」「やや気にする」を合わせ，男子で81%，女子で85%であった。若者たちが気にする「空気」には，むろん多様の要素はあるものの，そのなかでも，自己主張をせず，周りに合わせるという面を考慮すると，素の自分を貫き通すことは，友人にとっては，空気が読めない行動にもなり得るはずで，そこに演じる要素を見出すことができるはずだ。さらに，社会学の若者論では，若い世代は，自分を抑え，周りから浮かないように，仲間への過剰なやさしさで接することが，これまでの時代とは異なることだと様々な論者が指摘している（たとえば，土井隆義（2008），森真一（2008），大平健（1995），原田曜平（2010））。これらを踏まえると，周りのために演じようとする若者はかなり多そうだ。

　関西と関東の大学生206名を対象に，筆者が青砥弘幸と共に2015年1月に行った「笑いに関するアンケート調査」では【注5】，「生活の中で愛想笑いや作り笑いをすることがありますか？」という設問について，4段階（1は「全くない」，4は「よくある」）で回答してもらったところ，肯定的回答（4と3）は68.0%であった（瀬沼2015a）。また，「友達の言った冗談に対して，雰囲気を悪くしないために，無理をしておもしろいふりをすることはありますか？」という設問については，4と3の肯定的回答を合わせると，59.2%であった。こうした設問は，キャラに関する問いではないものの，ここには周りに合わせていく強い演技性の傾向を読み取ることができる。

　また，土井隆義（2008: 16）は，若者のコミュニケーションについて「自分の対人レーダーがまちがいなく作動しているかどうか，つねに確認し合いながら人間関係を営」み，「周囲の人間と衝突したり反感を買ったりしないようにつねに心がけることが，学校での日々を生き抜く知恵として要求されている」と言う。この人間関係を彼は，「優しい関係」と

名付けた。「優しい関係」もまた，自分を抑え，他人に合わせていく姿勢の所産と考えることができそうだ。

さらに，広告代理店に勤め，マーケティングから若者の研究を行う原田曜平（2010）は，莫大なフィールドワークをもとに若者たちのグループの「掟」を九つあげている。例えば，「愛想笑いを絶やしてはならない」，「弱っている村人【注6】を励まさなくてはいけない」，「だよね会話【注7】をしなくてはいけない」などで，これらを破るとグループから追い出され仲間はずれになる危険性がある。この掟を原田は新しい現象としてとらえているし，この掟には，他者に合わせていく姿勢が強く読み取れる。

こうした調査結果や意見をふまえると，2005年よりも，友人関係では，ますます，キャラを演じなければならない機会が多そうである【注8】。日常生活のなかで，演じていることがあまりにも当たり前になりすぎてしまうと，演じていることがむしろ自然になってしまう懸念がある。

人間関係やその付き合い方は多様で自由であるはずだが，若い世代は，それよりも仲間がいなくなることを恐れ，仲間に合わせキャラを演じる。キャラを演じることに慣れすぎてしまった場合，集団の力学のなかで，持っていたはずの自由が摘み取られてしまう可能性があるのではないだろうか。

3. 演じるキャラの数の多さ

ここでは，『キャラ論』以降に起きた二つ目の変化を論じてみたい。それは，若者たちの演じるキャラの数の多さである。

電通グループのシンクタンクである電通総研が行った「若者まるわかり調査2015」【注9】によれば，若い世代が，ふだんの生活で使うことのあるキャラの数は，高校生5.7キャラ（男子4.9，女子6.6キャラ），大学生5.0キャラ（男子4.2，女子5.8キャラ），20代社会人（男子3.2，女子4.8キャラ）であった。結果を見る限り，若者たちは，多くの自分を使い分けていることが分かる。

その背後には，スマートフォンの普及に伴い，若い世代にも様々な SNS が浸透したことがある。例えば，Facebook や Twitter，LINE などを使えば，物理的には同じ学校にいなくても，いつでも，つながりを感じられる。そのため，一度友人になると，つながりが持続されやすく，切れにくくなる。その状態では，キャラの数は，個人が築いた人間関係の数だけあると考えられるのではないだろうか。

　電通総研の同調査によると，Twitter のアカウントを高校生で平均 3.1 個，大学生でも 2.5 個持っていることが分かる。このような Twitter の複数アカウントについて，筆者は勤務校で，大学生たちにたずねてみたところ，2 個，3 個は当たり前で，それぞれでいろんなキャラでつぶやいているらしい。なかには，10 個以上を使い分けている者までいた。アカウントによって，愚痴専用のもの，あまり皆には言いたくない趣味専用のものなどがあり，さらにはギャグに走ったりするアカウントもあるらしい。そして，メインのアカウントではいいやつを演じるという意見があった。キャラに当てはめて考えれば，悪口キャラ，〜オタクキャラ，いいやつキャラの使い分けといったところだろう。若い世代にとって，ネット上のアカウントも自分のキャラの一つとなっていると考えられる。

　こうした Web 上の実態も含めると，若い世代はいったいいくつのキャラを使い分けているのだろうか。考え方によっては，上記の電通総研の調査結果よりもさらに多くなりそうである。

　地元や学校の仲間，元クラスメイト，部活，遊び相手，バイト先，塾や予備校などの習い事のように，彼／彼女たちがキャラを演じ分ける場所はかなり多様である。これに加えて，Twitter の複数アカウント，Facebook や LINE，さらには，スマートフォンのゲームなどでは，「正義感あふれるヒーローキャラ」や「助けてもらってばかりの弱いキャラ」を演じ，コミュニケーションを行う。

　ネット上でのキャラは，『キャラ論』執筆時の 2005 年には，わずかに見られる傾向だったが，スマートフォンと SNS が若い世代に定着し

て以降，ネット上でもキャラを自覚したり，使い分けたりすることが浸透したと考えられる。第2節で論じた通り，若い世代は演じることに慣れており，この世代にとっては，ネット空間という舞台は，演じられる振る舞いが見抜かれにくいという意味で，より数多くのキャラ，あるいは本来の自分とはかけ離れたキャラを演じやすいのかもしれない。

　さらに，近年の傾向として，キャラ化した人間関係の定着に伴い，若い世代は，一時的に，さらに戦略的に，キャラを演じることもあるようだ。例えば，初デートにどんなキャラでいくか，就職活動にどんなキャラでいくか，のように状況に応じた戦術としてキャラを捉える若い世代も少なくない。こうした相談は，ネットには複数見られるし，若者たちの会話にもしばしば出てくる。その会話自体が「ネタ」（つまり冗談）である場合もあるようだが。

　友人関係，ネット，そして，戦略的で一時的なキャラも含めて考えると，彼／彼女たちが，日常生活のなかで，電通の調査以上の，相当な数のキャラを使い分けている実態が見えてくる。

4. 陰キャラと陽キャラ

　ここ数年，大学生にキャラの話をすると，真っ先に出てくるのが，陰キャラと陽キャラである。陰キャラとは，内向的で暗い性格であることを意味し，「陰キャ」と略されることもある。リアルが充実していない「非リア充」，ぼっち，オタクなどに対して用いられることもあり，その対義語となるのが，陽キャラである。意味は，明るく社交的であることを意味し，「陽キャ」と略される。大学生に聞くと，リア充やパリピ【注10】とほぼ同義だという回答が返ってきた。

　『キャラ論』で論じたことだが，キャラは，身体的な特徴，見た目，服装，性格，その人の能力，話し方など様々な要素がある。だが，陰キャラ，陽キャラには，能力や話し方，身体的特徴などは関係ないことがほとんどで，性格，見た目によって判断される性質を持つ。

なお，1980年代に，ネアカとネクラという流行語があったが，陰キャラ，陽キャラと，同義語と考えてよさそうだ。80年代に，死語となったネアカ，ネクラが，近年，再び，若者たちの間でことばを変え使用されていることは興味深い。

陰キャラ，陽キャラということばの流行以前には，「オタク」ということばが，非常に広い，ネガティブな意味合いで，若者たちに使用されていた。もちろん，「オタク」ということばは，いまでも用いられているが，次第に，ネガティブなことばではなくなりつつある。例えば，「明るいオタク」などとポジティブに使われることもあるし，原田曜平（2015）が，「新・オタク」で論じたように，「オタク」は個性の一つで，ある趣味に対する愛の度合いとして用いられる機会も増えてきた。「オタク」ということばの地位が向上したことにより，性格が暗いことに対して，「オタク」ではない何か別のことばが必要になったのかもしれない。

上で述べたように，「陰キャラ」「陽キャラ」は，「ネクラ」，「オタク」ということばをふまえれば，特別に，新しいレッテルとは考えにくい。「陰」なものをネガティブにとらえる傾向も，今に始まったことではないということになる。だが，「陰キャラ」「陽キャラ」には，これまでにない新しい点がある。

それは，学校空間では，陰キャラか陽キャラかによって，序列が影響されるということである。

キャラが陽キャラか陰キャラかで，いじる側に立つか，いじられる側に立つか，さらには，キャラを付与する側に立つか，付与される側に立つかが決まってくる。こうした傾向は，『キャラ論』の取材でも読み取れていたが，陽か陰かが，序列と関わっていたわけでは必ずしもなかった点で新しい。なお，この序列は，「スクールカースト」と言い換えることができる。

「スクールカースト」とは，森口朗（2007: 41）によれば，クラス内のステイタスを表すことばと定義されている。また，鈴木翔（2012: 6）は，スクールカーストを同学年の児童や生徒の間で共有される「地位の

差」と考えている。

　若い世代にとって，陽キャラか陰キャラか，つまり，明るいか暗いか
は，スクールカーストの序列に関わる一つの大きな要因となり，これが
いじる，いじられるという関係にも影響を与える。

　但し，スクールカーストを直接決めるのは，キャラが明るいか，暗い
かではない。キャラはスクールカーストに大きな影響を与えるが，決定
的と言うわけではなく，根本的な要因に作用すると言う方が正しい。そ
こで，次節では，スクールカーストの実態を「言葉づかい」の点から観
察した上で，スクールカーストを決定する根本的な要因を検討してみよ
う。

5. スクールカーストとヤンキー文化

　鈴木翔（2012: 130）は，スクールカーストの特徴として，地位が上
位であればあるほど「自分の意見を押し通す」ことができ，下位の場合，
そのような生徒が少なくなっていく傾向を指摘している。では，それは
具体的にどのような形で観察できるのだろうか。筆者が着目したのは，
彼／彼女たちの「ことばづかい」，特に「呼称」と「語尾」，「断定調か否か」，
「感謝のことば」，「聞き返し」である。

　小学校を対象にしたものではあるが，三島浩路（2003）は，学級内
における児童の相対的な強さと呼称の関係を分析し，男子児童の場合に
は，「くん」付けで呼ばれる児童の方が，他の呼び方で呼ばれる児童よ
りも，学級内で一般的に強いこと，また，女子児童の場合には，「ちゃん」
付けや「あだ名」で呼ばれる児童に比べて，「さん」付けで呼ばれる児
童の方が，学級内で一般的に弱いことを明らかにした。呼称は，相手と
の距離感や親密さを表すものだが，それだけではなく，そこに権力関係
が現れることがあるということである。

　男子高校生のスクールカーストを描写した木堂椎の小説『りはめより
100倍恐ろしい』（角川書店，2006）に登場する人物たちの呼称を見る

と，上位から下位に対しては，「お前」「お前ら」という呼びかけが多く使われているものの，下位から上位に対しては，「お前」「お前ら」という呼びかけはあまり用いられず，あだ名呼びだったり，苗字（呼び捨て）で呼ぶことが基本であった。こうした呼びかけの違いは，筆者自身が学生時代にも感じていたことであり，『キャラ論』のフィールドワークや，それ以前の会話調査でも見られた傾向であった。

ルイ・アルチュセール（1970=1993: 87-90）は，「呼びかけ」のなかにある権力関係に着目した。例えば，警察官が職務質問で，前を歩く人に声をかけても気付かれなかった際に，「おい！お前，そこのお前のことだ！」と呼びかける。呼びかけられた者は，反応することを強制され，呼びかけた者の想定した主体にならざるを得ない。呼びかけられた者は何もしていなかったとしても，不審者という疑いをかけられた者と化す。こうしたやり取りには，暗黙的に盛り込まれた権力関係とそれを自明視せよというイデオロギーがある。この考えを参考にすれば，スクールカースト内の上位がする「お前」という「呼びかけ」にも，同様に，権力関係が読み取れるはずである。

また，いじりキャラといじられキャラのコミュニケーションの特徴は「語尾」にも見え隠れする。上位は下位に対して，「だな」「だろ」「だぜ」「しろ」など，どちらかと言えば威圧的で命令的な語尾を使うが，下位から上位に対しては，「でしょ」「だね」「してよ」「してね」などやさしいニュアンスが用いられる傾向がある。

さらに，コミュニケーションのなかで，上位は，断定することができるが，中位や下位になると，ことばのニュアンスが，あいまいになることを指摘しておきたい。例えば，「かも／たぶん／私的，俺的／〜系／〜風／語尾上げ（〜じゃない？，〜じゃね？，ぽくない？）／っぽい／〜みたいな／〜な感じ／ふつうに」などが語尾に限らずことばの節々に見られる。

他にも，下位は上位に対して感謝のことばを述べる際，「ありがとう」「どうも」などを用いるのに対し，上位は下位に「わりー」を用いる。

聞き返すときには，下位は上位に「えっ？」「んっ？」と聞き返しがち
であるのに対し，上位は下位に「はっ？」「あっ？」などと聞き返す傾
向もある。

　これらのことばづかいは，相手を少しでも傷つけないようにする彼／
彼女たちなりのやさしい配慮の現れと考えられるものの，両者の力関係
をお互いに確認したり，上位が想定しているとおりに，下位が振る舞う
ことを強制づける意味合いもありそうだ。『りはめより 100 倍恐ろしい』
（2006: 160-161）では，下位となった主人公が，上位に対して発した「み
んな，おっはよー」という意図的に少しだけふざけた挨拶に対して，上
位の登場人物が，「目上の人に使う言葉じゃねえだろん？」と下位の主
人公に直接的に怒りをぶつけている。

　では，こうしたスクールカーストは，何によって決まるのだろうか。

　土井隆義（2009: 17）は，スクールカーストの生徒たちの序列づけは，
勉強やスポーツが得意か否かによってではなく，友人と一緒にいる場を
盛り上げ，その関係をうまく転がしていけるようなコミュニケーション
能力の高低によって決まってくると考えている。この意見をふまえると，
漠然とはしているものの，序列は，コミュニケーション能力が決定して
いると考えられそうだ。

　とはいえ，ここで言うコミュニケーション能力とは，自分の考えを説
得的に述べるなどの能力を指すものではない。土井（2014: 30）自身も
言及しているように，「個人に内在する能力ではなく，じつは相手との
関係の産物」である。では，その実体は何なのだろうか。

　斎藤環（2014: 9，15-17）は，現代社会には，「ヤンキー文化のエッセ
ンスが，かつてないほど広く拡散している」と述べる。彼は，ヤンキー
を「バッドセンスな装いや美学と，『気合い』や『絆』といった理念の
もの，家族や仲間を大切にすると言う一種の倫理観とかアマルガム的に
融合したひとつの“文化”」と定義し，スクールカースト上位を占める
のは，ヤンキーと親和性の高い人々だと考えた。

　「教室内の身分を決定づけるのは基本的に『コミュ力』だが，その内

実は会話能力などではない。空気が読めて，他人をいじって笑いが取れる才覚のことだ」と述べる。この「コミュ力」のロールモデルはお笑い芸人で，この業界のマジョリティは圧倒的にヤンキー文化圏に属していると議論を展開した。スクールカースト上位になるためには，コミュニケーションのなかで，広義の「ヤンキー性」が必要不可欠なのではないだろうか。そして，「ヤンキー性」がある方が，いじる側のキャラになったり，レッテルを張る側に立てたり，逆に，それがないといじられキャラになりやすい傾向があるのかもしれない。

このような視点に立ってみると，キャラの人間関係は，ある意味では，ヤンキー性を持つ人にとって心地のよい関係性なのかもしれない。また，その地位を転覆させないシステムとして機能している可能性もありそうだ。

6. なぜ若い世代はキャラ化するのか

『なぜ若い世代はキャラ化するのか』（春日文庫，2009）と改題出版されたように，『キャラ論』の中心となったのは，若い世代がキャラ化する原因の探求である。『キャラ論』から10年経ったいまも，若者のキャラ化という状況は変わっていない。本稿を締めくくるにあたって，なぜ，若い世代がキャラ化するのかについて，再検討してみたい。

第1節末尾でまとめたように，この問題について『キャラ論』で述べたのは，「場を楽しくしようとする上での便利さ」「メディアからの影響」「友人たちから承認されたいという願望」「自分自身の不透明さ」の4点である。これら4点に「孤独さ」という観点から補足を行うと共に，第2点と第3点（便利さ，楽しさ）についても説明を加えた上で，他の世代，他の時代とのつながりについても筆者の考えを述べておく。

まず，「孤独さとキャラ」について。キャラは，一面では，あるグループのなかで，各メンバーに対して「こうしなさい」「こうありなさい」という強制力を持つ。そのため，そのキャラを本人が気に入ればいいが，

気に入らなかったり，そこに葛藤が生まれたり，それに怒りを感じることは，十分にあり得る。

　本来であれば，自分に付与されたキャラを不快に思えば，仲間のグループを抜け，他の友人を探せばいいはずだが，学校空間では，入学と同時に，かなり早い段階にグループが固定化してしまい，後からは，どのグループにも入りにくい。つまり，今いるグループを抜ければ，キャラを与えられることで確保できたはずの学校内の自分の居場所を失い，一人になってしまいかねない。

　彼／彼女たちは，その状態を「ぼっち」と言い，毛嫌いする傾向がある。土井隆義（2014）は，「今日の学校は，1人でいることが異様に目立ちやすい」と分析し，若者たちが，「ぼっち」でいることを嫌がることを指摘した。また，その原因について土井は，「1人でいる人間は，コミュニケーション能力を欠いた人物」だと周りの知り合いたちに思われたくないからだと考えた。

　この考えには筆者も賛同したい。若者たちは，一人であることそのものを嫌うというわけではなく，実は，それを好む者も多い。しかし，それが学校という場になると話は別なようで，親しくはないものの自分のことを知っている人から自分がどう見られるかは気になると言う。

　仲間のなかで，面倒なキャラを与えられたのであれば，一人でいることを選択すればいいはずだが，その選択はしない。そこには，知人たちから，孤独に見られ，コミュニケーション能力がなくダメな奴とレッテルを貼られることに怯える若者たちの姿が見て取れる。とはいえ，彼／彼女たちが，怯える理由には，孤独が悪いことかのように語られる日本社会の風潮もあるのかもしれない。あるいは，学校には友人がいなければいけないという教育も何か影響を与えている可能性がありそうだ。また，孤独が問題として扱われる社会では，そもそも，孤独の経験があまりできない。一人では，どう過ごせばいいのかが分からないということも，面倒でもキャラを演じ，友人たちと繋がりを大切にする所以なのではないだろうか。

次に，『キャラ論』で述べた「便利さ」に関わる概念として「楽さ」という観点を導入したい。社会学における若者論では，どちらかといえば，若者たちの人間関係の辛さに焦点が当たることが多い。本稿でも取り上げたように，キャラ化することの負の面は確かに多くある。しかし，このことは正の面があることを否定するものではない。若い世代の人間関係は，研究者や大人から見ると，非常に面倒で，過剰な気の使い合いをしているように判断されがちだ。しかし，その一方で，彼／彼女たちの「楽」へのこだわりも忘れてはならない。筆者がこれまで若者たちに取材をしてきた限り，今一緒にいる仲間たちは，何よりも一緒にいて「楽」な存在であった。若者たちにとって，「楽さ」とは，多様な意味合いがあるが，面倒ではなく，重くもなく，じっくりと考えずにすんで，相手に対して気を使いすぎないことを意味する。キャラの人間関係は，その「楽さ」に一役かっているのではないだろうか。

　仲間のいろいろな顔を知っていくには，長時間をともにする必要がある。知るための地道な努力や，自分自身のカミングアウトも必要である。しかし，友人の目立った部分や，仲間内で目立って面白い部分，いじりやすい部分などをキャラ化し，コミュニケーションを行ってしまえば，面倒な部分には目をつぶれるし，関係性を築いていく努力はあまり必要ではないはずだ。それを筆者は，「楽」だと言いたい。キャラは，誰かに与えられる性質があるため，もちろん，面倒な側面があり，疲れたり，悩んだりすることもある。しかし，その一方で，相手をキャラと見なし，いろいろな部分に目をつぶって部分的に付き合うことができれば，そこには，同時に，「楽さ」も見えてくる。

　また，第3節で述べたように，若者たちを取り巻くメディア環境は，スマートフォンとSNSの普及によって，友人との関係がリセットされにくい現実がある。従来であれば，切れていたはずの，地元の中学，高校，元バイト先のように，物理的に離れたところで出会った友人たちともネット上ではつながり続ける。どの場でも，一貫した自分らしさでやりきることは難しくて当然である。むしろ，それぞれの場において，い

ろいろな自分で接していく方がコミュニケーションも円滑にこなせる。そうしたなかで，他者から期待される自分で接していく方が，あれこれ考えずにすむし，失敗のリスクも減らすことができる。こうした意味で，キャラを演じる人間関係は，若者たちにとって，「楽」なのではないだろうか。

　つまり，一貫した自己，アイデンティティを貫き通したり，他者の様々な側面に時間をかけて向き合っていくことは，付き合いが広がりすぎた人間関係のなかでは実践するのが難しいことなのかもしれない。そもそも，物心のついたときからキャラ的な人間関係のなかにいると，一貫した自分を貫き通す生き方があるということ自体を知らない可能性もありそうだ。

　さらに，価値観の多様化した社会のなかでは，友人同士でも共通する話題が少ない傾向があるということは，『キャラ論』でも論じたとおりである。その場合でも，キャラがあれば，それをフックにコミュニケーションのネタをいくらでも広げていくこともできる。また，過剰なやさしさで，常に，友人たちの地雷を踏まないように気を付けなければならない社会は面倒かもしれないが，相手をキャラ化したり，自分をキャラ化したりしてしまえば，万が一，地雷を踏んでも，踏まれても，若者たちは，その事実を見事に，「冗談の世界」に変え，相手を傷つけずに，それを笑いに変換することができる。そもそも，キャラにまつわる話であれば，ほどほどに盛り上がるし，面白く明るい話ができる。そんなほどほどな具合もまた，若い世代がキャラ化をする理由なのではないだろうか。

　さらに，「楽しさ」に関して，笑いの観点から説明を加えておく。「楽」なことも親しい友人関係の条件であることを上で論じたが，「楽」なだけではなく，楽しさも友人関係には必要不可欠である。その楽しさを作るためには，「笑い」はその象徴でもあるはずだし，お互いに，楽しさを確認するためにも欠かせないことだろう。彼／彼女たちが，笑いや，それを作ることを重視し，仲間内での日常生活のなかで重視しているこ

とは，筆者自身，これまでいくつかの論文で述べてきたことである。

とはいえ，笑いを作るのは簡単なことではない。こうしたなか，若い世代にとってロールモデルとなったのが，テレビに出演するお笑い芸人であるということは決して不思議なことではない。これは「メディアからの影響」という形で『キャラ論』で述べたことでもある。むろん，若者たちのキャラ化が芸人に影響を与えたのか，もっと相互的に形作られていったのか断定は難しいものの，若者のコミュニケーションと，お笑い芸人の会話に，関係があることは確かである。

太田省一（2016: 176）は，2000年以降，コミュニケーションが重視される社会のなかで，非芸人である視聴者と，芸人が同じ地平にいる近い存在として重要になり，自身を投影するようになったと論じている。

となれば，筆者が芸人時代にそう言われてきた通り，芸人にとって死活問題であるキャラという概念は，若い世代にとっても，仲間内で笑いを作る，きわめて重要なもののはずだ。しかも，キャラがあれば，仲間内で共有できるフリが完成したことになり，笑いを作ることはそれほど難しいことではない【注11】。

若者たちのキャラ化は，仲間内に笑いを生み，より親密さを深めたり，場合によっては，若者論で論じられている閉塞感を打破したり，あるいは，それを流すための手段なのではないだろうか。

さらに，「楽さ」「楽しさ」の前提として，若者の「キャラリテラシー」の高さを指摘したい。若者たちの傾向として，『キャラ論』でも，千島・村上の行った調査でも，自分のキャラは，自分で把握しにくい傾向があるものの，他者をキャラ化することに関しては，積極的な姿勢が読み取れる。

宇野常寛（2011: 56）は，テレビで頻繁に用いられているテロップが，視聴者が表現の空間を規定する力が弱くなっているためだと考え，「視聴者たちは芸能人のキャラクターと，そのキャラクターを規定する位置関係＝物語は容易に読み込むことができる」が，「この発言のどこで笑えばいいのかという空気＝表現の空間は伝わりにくくなっている。だか

ら，テロップを入れ，空気を指定してあげなければならない」と論じている。

　彼の考えも，視聴者のキャラクターの読み込みのリテラシーの高さを示したものと言えそうだ。ネット上で知り合った人をキャラ化したり，場合によっては，ロボットや AI をキャラ化するようなリテラシーも既に垣間見られる。また，話題になったことで言えば，イスラム国と戦う「ISIS（アイシス）ちゃん」などのキャラ化運動【注12】もそのリテラシーの高さを示す事例なのではないだろうか。こうした高いリテラシーを用いれば，身の周りの仲間のキャラ化はたやすいことであるはずだ。

　それは，テレビ，マンガ，アニメなど，物心がついたときから，キャラ化することに慣れ親しんできたが故のリテラシーの高さかもしれないが，それ以前から，日本では，物事に対して，様々な視点でとらえようとするよりも，分かりやすい部分を際立たせて見る傾向があったのかもしれない。こうした点もまた，若い世代のキャラ化の理由の一つなのではないだろうか。

　最後に，若者のキャラ化を，他の世代，他の時代とのつながりの中でとらえてみよう。例えば，キャラ的な人間関係やコミュニケーションやそこから生じる悩みは，定延利之が指摘しているように【注13】，1999年以前にも様々な場所で見られた。となれば，古くからあったものに対してキャラという名が付いたことで，それが新しい現象のように研究者たちに見えたのかもしれない。

　「出る杭は打たれる」という諺にも見られるように，皆に合わせろという「同調圧力」が日本文化において特に強いことは，これまでにも様々な研究で指摘されている。実際問題，日本では，「誰か」であるよりも，「誰でもない者」の方が生きやすいのかもしれない。それは「村意識」といったことばにも置き換わるかもしれないし，「集団主義」と言えるのかもしれない。若い世代のキャラには，日本文化論で指摘されてきた「他者に合わせる」特徴が，コミュニケーションのなかのいたるところから読み取れる。共通点が多いのであれば，いまの若い世代は，過去の文化を

172　第3章　現実世界のキャラ論

継承していることになる。

　何がもとからあって，どこが新しいのかについて言及することは筆者自身の今後の課題ではあるものの，キャラはそのことばがない時代にもあったものだと考えている。ただ，キャラという名前がなかっただけである。しかし，何か新しさはないのだろうか。

　それについても，定延が論じていることだが，現在は，キャラをカミングアウトすることが許される時代だという点である。従来であれば，カミングアウトしてしまえば，見られた側も見た側も気まずいため，そこに居合わせた者は，その「事件」を見ていないふりをしたり，とぼけてみたり，嘘で誤魔化したり，何らかの軌道修正をしていたが，若い世代は，そのカミングアウトを許容できるし，軽く流すこともできる。そもそも，気まずい思いもしないようにできる。

　その背後には，筆者は，笑いやユーモアが関連しているように思えてならない。急なキャラの変更があっても，若者たちは，その「事件」を多角的にとらえて笑って流したり，ネタとして笑い飛ばしてしまったりする技術を持っている。そのようなリテラシーが身についているということだ。

　特に，若い世代は，大人世代に比べて，「マジな世界」よりも「冗談の世界」で過ごす時間が多い。おそらく，その方が，キャラ化に向くのだろう。また，「マジな世界」の出来事だったとしても大人とは異なり，社会的な責任などの関係から，ネタとしてしまう逃げ道があるのも若者の特権なのかもしれない。

　大人たちが，仕事や育児など，「マジな世界」のなかで，急なキャラ変更をした場合，気まずくなることは避けられない。あるいは，深刻な事態へと発展することもあるはずだ。

　たくさんの自己を使い分けることは，問題ばかりではなく，若い世代が過去の文化をもとに，現在の複雑で面倒な人間関係と言われている社会のなかで，サバイブするために，用いている手段だと捉えることができそうである。これまであったものを引き継ぎ，いまの時代に適したも

のに変えるということがキャラ化にもあるのではないだろうか。

おわりに

　本稿では、『キャラ論』のその後について論じてきた。キャラには、「演じる」という面が少なからずあり、本稿では、2005年以降、そのウェイトが大きくなっていること、及び、演じるキャラが多くなっていることについて言及した。また、なぜキャラ化するのかについて、「孤独さ」「楽さ」「楽しさ」という視点から考えを論じた。おわりにでは、本稿で論じたことをふまえ、キャラの問題点の整理を行い、今後の課題をまとめる。

　キャラに関する一つ目の問題点は、キャラの使い分けから生じる違和感である。つまり、キャラのカミングアウトが可能な時代を生きる若者たちが、付き合いのあるグループによって異なった自己を使い分けていると、同時に二つのグループへの対応が必要となった場合、どちらのキャラを優先しても、優先されなかったグループのメンバーは、本人のキャラがいつもとは違うことに違和感を抱くことになる。いつもと異なる他者は、信頼関係の破綻へと発展する懸念もある。

　浅野智彦（2013: 212-218）は、複数の自己を使い分ける際【注14】、それに気が付いた他者は、抵抗感、不快さ、居心地の悪さなどを抱く可能性があることを指摘した。しかし、その一方で、若者たちが、複数の自己を使い分けることは、「相手の状況を内在的に理解したうえで、相手に合わせていこうとする配慮に基づくもの」だと考えた。また、複数の自己の使い分けは、あくまでも「自己の中の振れ幅」であって、キャラは、無から作り出される「偽もの」「仮面」では必ずしもないと強調し、そこに若者なりの誠実さを見ることができると述べた。

　浅野の意見を参考にすると、キャラが矛盾した場面に、若者たちが遭遇したとしても、上手にコミュニケーションをしたり、お互いの気まずい心理を処理したりできれば、信頼関係にひびは入らないことだろう。

そのために，テレビなどのお笑いから学んだツッコミによって矛盾を笑いに変える手段は有効であるはずだ。

しかし，矛盾の度合いや，相手との関係性，相手への思い次第では，流せないこともあるだろう。気まずさや，不信感が生じることも想定できる。若者たちは，どの程度までキャラが異なってしまっても許容できるのか，どこまでならツッコミを入れて笑いに変換し流すことができるのか，若者たちの声を頼りに，今後，具体的な点に踏み込み，別の機会に考察をしてみたい。

また，本稿では，キャラには，その場にいる人たちのなかでの相対的な要素によって決定するか，他者から与えられることで決定すると論じた。キャラは，本人の性格や特徴などとかかわっているが，もう一方では，キャラは相対的なもので，他者から与えられる程度のものである。にもかかわらず，付与されたキャラを深刻に受け止めてしまう者もいる。あるいは，与えられたキャラが気に入らずに，そのズレに悩んでしまうこともある。キャラそのものが，コミュニケーションを盛り上げるためだけに誰かに付与され，活用される場合も見受けられる。

こうしたことをふまえると，キャラというレッテルに対して，本人の好みや意思が，もう少し自由に発揮できてもいいだろう。気に入らないキャラを誰かに与えられた場合には，NO と言える権利があってもいいはずだ。

キャラには，特性上，このような側面があり，必ずしも本人の意志だけで決定しているわけではないにもかかわらず，キャラの矛盾に不信感を抱いたり，信頼を損ねたりしてしまう可能性があることには問題が含まれているはずだ。

次に，スクールカーストとキャラの問題である。陽キャラか陰キャラかによってスクールカーストが影響を受けるということが意味するのは，明るさの強制である。人間には，誰にでも明るい部分もあれば，暗い部分もある。また，状況によってもそれらは変わるものだ。こうした当たり前が認められず，明るいことだけが賛美され，暗いことが嘲笑さ

れ，陰キャラを付与された人間がそのことで低い地位やいじられキャラを割り当てられるという現状には，問題があると強調したい。特に，いじられキャラがどれほど努力しても，どれほど嫌がっても，本人だけの力では上昇できないこと，また，いじりの対象が特定の誰かに固定化した場合，さらに過激化し，それがいじめに発展することは，大きな問題である。

ヤンキー的でないもの，例えば，知性を武器に，スクールカーストの上位にはなれないのであろうか。キャラがそうであるように，権力関係も，状況や場合によって変動し，多様であるべきだ。それが，ヤンキー性によって決定され，固定化されている現状では，ヤンキー的な要素のない人間はどう努力をしても上昇しにくい。この点も大きな問題である。

6節の若い世代がキャラ化する原因については，「孤独さ」，「楽さ」，「芸人」との関連で述べるだけでなく，キャラリテラシーの高さという前提にも触れ，さらに，キャラは必ずしも新しい現象ではないという点からも論じた。しかし，キャラ化の原因は社会的な要因に限られるわけではない。例えば，個人の心理的側面や，文化のなかにも原因を見出すことも可能である。本論文集では，キャラについて，言語学，社会学，人類学からのアプローチが展開されているが，以上のように考えると，キャラというぼんやりしたものにさらなる輪郭を与えていくためには，これらに加えて，メディア論，心理学，あるいは，カルチュラルスタディーズなど，多岐にわたる領域からのアプローチが必要だということになる。今後，様々な研究者がキャラについて発言し，互いの研究の接点が増えていくことを期待したい。

さしあたり，筆者は，再び，学生に対してキャラに関するフィールドワークを行ってみたいと考えている。

176　第 3 章　現実世界のキャラ論

【注】

1　「売れる」とは，芸人の間では，テレビ露出が増え，バイトなどをせずに芸人だけで食べていけることを指して「売れる」と言っていた。

2　ここでのフィールドワークとは，修士論文「キャラという名の個性」の執筆のために，2005 年 9 月，10 月に行ったキャラに関するインタビュー調査を指す。調査対象者は東京都内と近郊で 28 組 95 人の 15 歳から 25 歳の男女であった。以下の文中で取り上げる筆者の『キャラ論』も，若い世代に対する 2005 年の調査に基づいている。

3　ここで言う「若い世代」とは，『キャラ論』と同様，15 歳から 25 歳の男女を指す。なお，年齢が限定される場合は，本文，及び，注に記載する。

4　調査の詳細は，2012 年に，東京と神戸にて，16 歳から 29 歳，30 歳から 49 歳を対象とした，住民基本台帳を用いた層化 2 段無作為抽出によるアンケート。標本数は 4200 票，有効回答数は，16 歳から 29 歳は 1050 票，30 歳から 49 歳は 719 票である。
　　http://jysg.jp/img/flash20130724.pdf（最終確認：2017 年 11 月 5 日）
　　2014 年に行った調査に関しては，1,400 人の方に対して，2014 年 10 月から 11 月にかけて行った郵送調査。
　　http://jysg.jp/img/20160331.pdf（最終確認：2017 年 10 月 23 日）

5　本調査では，通っている大学（東京と京都）によって，区別をせずに，「これまでにもっとも長く住んだ都道府県」をもとに関東，関西，その他に分類した。なお，全 43 問中，中心は笑いとユーモアに関する設問であったが，キャラに関連する質問も数問設けてあったため本稿ではそれらを使用した。

6　「村人」とは，原田（2010: 92-93）によれば，調査対象者である若者たちが属する人間関係のことを意味する。村では，いつでも誰かに見られ，まわりとは違った行動や目立ったことをすると村中の噂になり，ときに陰口を言われたり，鼻つまみ者にされてしまう。こうした意味では，かつて日本にあった村社会と同じである。かつての村社会との違いは，村の人的規模が SNS などのインフラによって広がっていることだと言う。

7　「だよね会話」とは，原田（2010: 116）によれば，「お互い傷つけることなく，ぎすぎすすることなく，「だよね」とお互いに共感しながら，現実的でない将来を意図的に語り合う」ことを指す。

8　こうした指摘は土井隆義（2014: 71）もしている。彼は，他者の期待にこたえようと演じる側面の「外キャラ」が素朴な個性感である「内キャラ」を駆逐していると述べ，自分探しの時代は過ぎ，友だち探しが主流になってきたと論じている。

9　電通総研「若者まるわかり調査」

http://www.dentsu.co.jp/news/release/pdf-cms/2015038-0420.pdf（最終確認：2017年11月5日）2015年2月に，関東・関西・東海圏の男女3,000人（高校生以上15～29歳，未婚）を対象に，Web上で，若者の価値観やコミュニケーション意識などを聞いた調査。

10　パリピとは，「パーティーピープル（party people）」の略である。原田曜平によれば，パーティーやクラブ，フェスなどのキラキラとした集まりを好み，大騒ぎするのが大好きな，トレンドに敏感な若者のことを指す。

11　『キャラ論』では，キャラが仲間内で共有できれば，キャラ通りの行動は期待通りで笑いを生み，キャラとは異なった言動をしてもズレが生じ笑いにつながりやすいことを指摘した。この点についてさらに瀬沼（2018）を参照されたい。

12　「ISIS（アイシス）ちゃん」とは，ISISが日本人を拘束した際に，対抗するために考えられたISISを擬人化した萌えキャラのことである。

13　定延利之（2011）及び，ネット座談会「第9回　ことばとキャラ」http://dictionary.sanseido-publ.co.jp/wp/author/sadanobu/（最終確認：2017年11月4日）

14　「複数の自己の使い分け」と「キャラを演じる」は同義ではない。人によっては，キャラが一つしかない場合もあるからである。しかし，共通点も多い。浅野（2013:218）も，「複数の自己を使い分ける」の例として，若者たちのキャラの振る舞いをあげている。

【参考資料】

木堂椎（2006）『りはめより100倍恐ろしい』東京：角川書店.

【参考文献】

浅野智彦（2013）『「若者」とは誰か』東京：河出書房新社.

宇野常寛（2011）『ゼロ年代の想像力』東京：早川書房.

太田省一（2013）『社会は笑う』東京：青弓社.

―――（2016）『芸人最強社会』東京：朝日新聞出版.

斎藤環（2011）『キャラクター精神分析』東京：筑摩書房.

定延利之（2011）『日本語社会　のぞきキャラくり　顔つき・カラダつき・ことばつき』東京：三省堂.

鈴木謙介（2002）『暴走するインターネット』東京：イーストプレス.

鈴木翔（2012）『教室内カースト』東京：光文社.

瀬沼文彰（2007）『キャラ論』東京：STUDIO CELLO.

————（2015a）「大学生の笑いをスケッチする」日本笑い学会『笑い学研究』第22号，pp.75-92.

————（2018）「「ちょっと面白い話」を通して現代社会の「笑いのコミュニケーション」を考える」定延利之（編）『限界芸術「面白い話」による音声言語・オラリティの研究』pp.78-108，東京：ひつじ書房.

Senuma, Fumiaki. （2015b）"Observations on intra-nebular kyara among youth." *Acta Linguistica Asiatica,* 5（2），pp.43-50.

千島雄太，村上達也（2015）「現代青年における"キャラ"を介した友人関係の実態と友人関係満足度の関連―"キャラ"に対する考え方を中心に」『青年心理学研究』第26巻第2号，pp.129-146.

————（2016）「友人関係における"キャラ"の受け止め方と心理的適応」『教育心理学研究』第64巻，pp.1-12.

土井隆義（2004）『「個性」を煽られる子どもたち　親密圏の変容を考える』東京：岩波書店.

————（2009）『キャラ化する／される子どもたち　排除型社会における新たな人間像』東京：岩波書店.

————（2014）『つながりを煽られる子どもたち　ネット依存といじめ問題を考える』東京：岩波書店.

原田曜平（2010）『近頃の若者はなぜダメなのか』東京：光文社.

————（2015）『新・オタク経済』東京：朝日新聞出版.

————（2016）『パリピ経済』東京：新潮社.

本田由紀（2011）『学校の空気』東京：岩波書店.

三島浩路（2003）「学級内における児童の呼ばれ方と児童相互の関係に関する研究」『教育心理学研究』第51巻，pp.121-129.

宮台真司（1994）『制服少女たちの選択』東京：講談社.

森真一（2008）『日本はなぜ諍いの多い国になったのか』東京：中央公論社.

山崎正和（2006）『社交する人間』東京：中央公論社.

ルイ・アルチュセール（著），山本哲士・柳内隆（訳）（1993）『アルチュセールのイデオロギー論』東京：三交社.

鷲田清一（2002）「キャラで成り立つ寂しい関係」『中央公論』第117巻，pp.50-53，東京：中央公論社.

若者たちのキャラ化のその後　179

直接引用とキャラ

金田純平

1. 概要

　日本語話者は自然会話の中でどのように人物像（キャラ）を表現しているのか。特に体験談などを話すときに登場人物になりきって行う直接引用には，人物像が大いに，あるいは過剰気味に表現されることがある。このような人物像を表現するような直接引用は落語だけでなく芸人によるトークでも用いられ，ある種の話芸であるとも考えられる。例えば次のような直接引用はそのような側面を持っている。

⑴　《公園にいる子供たちが自分の飼い犬を見て》
　　かわいいな，かわいいな言うてくれはったから，わたしはその子たちにありがとうって言うたら，「おばちゃんちゃう<u>で</u>」って思わず，わかってますって言いそうになったんやけど，あの，それは言わへんかったんやけど
　　［http://www.speech-data.jp/chotto/2012/2012012.html
　　【注1】]

　本稿では，「わたしのちょっと面白い話コンテスト」（http://www.speech-data.jp/chotto/）への投稿作品を対象に，プロではない関西地方在住の一般の話者が直接引用において話し方をどのように変え，どのような音声と表情で人物像を表現しているのかを，実際の音声と映像に

より分析し，直接引用における人物像（キャラ）とこれらの特徴について整理を行う。

2. 直接引用

　まず，直接引用の談話上の特徴を4点，簡単にまとめておきたい。

　第1点は，直接引用には，臨場感をもたらす効果があることである。加藤（2010）は，直接引用の部分が発言・思考の内容として実物提示されることによって，表現がよりリアルになるとしている。その際，声のピッチや質，スピードなどの話し方，それぞれの言語や方言など（後述のソーシャル・ダイクシスに当たる）を駆使して，話し手は引用部分の形式を主体的に選択することができる。さらに，日本語の場合，待遇表現や男言葉・女言葉といった位相差が多く見られることから，直接引用される話者の属性をこれらで描写すれば，聞き手にとってその話者が想像されやすくなる。これらによる話者属性の描写も，リアルさをもたらす。また，大津（2005）は，直接引用を臨場感あるドラマづくりと位置づけ，話し手がピッチなどの韻律を操作して，話し手と登場人物の演じ分けを行い，相手に伝えたいメッセージを際立たせていると述べている。そういった意味で，語りの地の文と韻律（つまりピッチや声質）を変えることで，異化作用により臨場感のある表現が可能になっていると言える。

　第2点は，直接引用には，コミュニケーションにおいて事実を詳細に叙述しようとする話し手の姿勢が示せると加藤（2010）は述べている。これも基本的には一つ目のリアルさにも関連することであるが，当該の発話を編集せず当事者の発話として表現することで，詳細な描写を重視しようという話者の意図が見えると言える。

　第3点は，直接引用で表現されたものは，必ずしも元となる発話をそのまま反映するものではないことである。直接引用は発話内容の再現ではなく，そこには話者の表現意図が反映されているという鎌田（2000）

の「引用句創造説」はこれを述べたものである。例えば，次の (2) の直接引用の部分は実際にあった発言そのままとは思えず，話者がその場に応じて表現したものと考えられる。

(2)　まあ，「お前ようやってきた，ほめてやるぞ」というようなことでこの賞をいただいたのですが…
　　　［鎌田 2000: 56 より筆者一部改変］

つまり，元発話のようなものを創造するいわば演技であると鎌田（2000）は述べている。また，このような直接引用においてとりわけ重要になるのが，ソーシャル・ダイクシスと呼ばれる，会話参与者にかぶさった社会的関係であり，これは例えば丁寧語，親密語，侮蔑表現などで表現される。これらは，役割語（金水 2003）やキャラにも通じるものと言える。

　第4点は，直接引用には聞き手の反応を強化する効果があることである。Tannen（1989）は直接引用が聞き手の関心を惹き話し手との感情的なかかわりを強めると述べている。また，臼田（2017）は，直接引用の演技性（第3点）について，先行発話への強い関心や同調的態度を示すと同時に，他の会話参加者がその関心や態度を共有しやすくすると述べている。なお，本稿は話し手の主体的な直接引用での演技について取り上げるものであり，大津（2005）・臼田（2017）のように話し手・聞き手の相互による談話の組み立てという点に注目するものではないことをあらかじめ断っておく。

　なお，文字のみによる表現には限界があるので，以下では観察の対象を，インターネット上で公開されている「わたしのちょっと面白い話コンテスト」（http://www.speech-data.jp/chotto/）の応募作品とした。作品ごとに URL を示しておくので，動画・音声を実際に確認していただきたい（このコンテストと作品コーパスについては定延編 2018 を参照されたい）。

3. 体験談における直接引用の類型

　観察の結果をまず述べると，直接引用は二つの類に大別できた。一つは，引用元の話者の人物像を，ステレオタイプに基づき表現するタイプである。もう一つは，その話者を半ば揶揄するように，独特の人物として描写するというタイプである。以下では，その用例をいくつか挙げて，声あるいは表情による演技について観察をまとめる。

3.1. 引用元の話者の人物像を表現するタイプ

　ここでは，声の高さや声質，速度が引用元の話者の人物像を表現しているものについて詳しく見ていく。

3.1.1. 妻が夫に話す

　まず紹介するのは，妻があきれて夫に話しかけたときの声を再現する例である。(3) の二重下線部では，聴覚印象として声の感じが地の文である他の部分に比べて，若干異なった特徴を持っているように思われた。

(3)　《電車が揺れたとき向かいに座っている男性のカツラが動
　　　いて》
1A: 髪の毛が，こう，ちょっとずれ始めて　で，どうしようか
　　　なと思って，
2　　でも言うわけにもいけへんしと思って，したときに　その
　　　ご夫婦の方の
3　　奥さんが，降りるときに，「あんた，ずれとうで」って言
　　　うて降りはって
4　　それが，わたしのなかで，もう，出て，降りてからも，一
　　　人でずっと
5B: 奥さんが
6A: 奥さんが「あんた，ずれてるー」言うて

7 何ていっていいかわからへんけど，まー，あの
[http://www.speech-data.jp/chotto/2012/2012001.html]

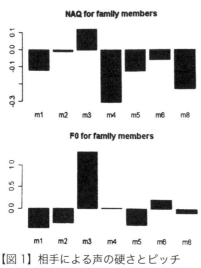

【図1】相手による声の硬さとピッチ
（上段：上ほど声が柔らかい，下段：上ほど声が高い，キャンベル 2004: 30）

この例では，二重下線部で示した直接引用部では声が低く硬いものに変わっている。妻の声が夫を相手にした際に顕著に硬くなることは，キャンベル（2004）でも示されている。【図1】は，或る女性日本語母語話者の数年にわたる日常の発話を話し相手ごとに，声質（上段）とピッチ（下段）について示したものであり，m4は夫相手の発話である（他の相手はm1：母，m2：父，m3：（幼い）娘，m5：姉，m6：甥，m8：叔母）。図の上段で示されている「NAQ」は，低いほど声が硬い（声門開放率が低い）ことを意味しており，このように夫に対して妻は硬い声つまり地声で話すことが多いと考えられる。(3)の例にもその傾向が現れていると言える。また，話し手は面白かった体験を話しているので，オチの部分で笑うように話している【図2右】が，二重下線部では問題の人物の妻を演じ表情を硬くし【図2左】，あきれて言っているような雰囲気を醸し出している。話し手の声の硬さはその表情と相まって，妻の様子を効果的に描いている。

3.1.2. 老人

老人の発話の直接引用は，息交じりで弱々しい，特徴的な音質の声で，ゆっくりと行われやすいようである。例を(4)に挙げる。

直接引用とキャラ　185

【図2】直接引用時の表情の変化（左：引用中）

(4) 《水疱瘡に罹って医療施設付きの老人ホームに入院したときのこと》
1A: か, もう老人ホームやから, すごいあの二十の女の子が入ってきたら
2　アイドル状態やねん。
3B: そうやな。
4A: えらいことで　「若い子はいいのー」とか言う　でもぶつぶつできてんねんで
（中略）
5A: 夜中の十二時ごろに目が覚めて, ふっとこう人の気配がするって
6　こ, あの高い熱にうなされて, こう点滴をつながれながら
7　気配がするって, はっ, もしかしてここは病院やからおばけと思って
8　目覚めたら　隣のベッドのおばあちゃんが, ぼおって座っとんねんやん
9　「はっ, どうしたんですか」って聞いたら,「背中にこう薬を貼ってくれへんかのー」って言われて　ああっ, 分かりましたっ言って
10　貼ってその日はもうそれ, あー怖かったって寝てね
　［http://www.speech-data.jp/chotto/2012/2012035.html］

4A の二重下線部の元の話者の性別は不明だが，直接引用の内容からすると男性かと思われる。他方，9 の元の話者は「おばあちゃん」とあるように女性である。この両者間に発話の仕分けはなく，いずれも性別を超えた老人一般のキャラが，弱々しいゆっくりした発話で表されている。また，終助詞としては老人キャラの終助詞「の」が用いられているが，実際には関西地方の老人は「の」よりも「な」を使うと考えられる。ここでの「の」は，これらの発話が実際の発話の再現というより創作的なものであることを示している。

3.1.3. 中年女性

女性の声は男性に比べ，NAQ が高く声門開放率が高い。これは声が息交じりになっていて一般に柔らかい声とされるものである。次の (5) は，男性の話し手がやや高く息交じりな声を出すことによって中年女性の声を演じている例である。

(5) 《東京で信号待ちしているときに》
1A: 自分がそのおったー地域ーで，ま自転車乗ってー信号待ちしてたんすけど
2　 あーそしたら，横からー，50 ー歳か 60 歳ぐらいのー，まマダムが，
3　 ま電動自転車乗ってたんすけどー，まブレーキもかけずに思っきしぶつかってーきまして ほんでー あの普通にもう思っきしぶつかってきたんで，
4　 何の前触れもなく，もちろん僕もまーびっくりして，ま何が起きたかわからんとこうー見とったんすけど，
5B: うん
6A: まマダムはすごいなんかにこやかで，「<u>あらやだぶつかっちゃったーごめんなさい</u>」みたいなほんとにこんな喋り方

で，嬉しそうーに言うんですよね

7　ほんで，んなんか，もうツッコミどころが多すぎて，ちょっ
と気が動転してるんかみたいな，あのー半笑いであのー，
「おばはんもちゃんと，前見とかなあかんでー」みたいな
感じで，半笑いでー，言ってたんすけどー

8B: ああ

9A: まーその人また楽しそうに「<u>あらーそうよねーごめんな
さーい</u>」って言ってもさっさっさっさと行ったんですよね

[http://www.speech-data.jp/chotto/2011/2011036.html]

　6A や 9A で見られるように，その直接引用の元の話者である女性の
表情が地の文で「にこやかに」「楽しそうに」と表現されていて，この
部分の直接引用での声質の変化が一層際立つようになっている。単に声
の高さや声質といった韻律を変えるだけでなく，地の文でもそれを予知
させるような表現を付け加えておくだけでも，その表現効果が大きく
なっていると言える例である。

3.1.4. 中年男性

　次の例 (6) で話し手が描いているのは，ある会社の部長（上位者）と，
別の会社の社長（下位者）の対話の様子である。この対話の中で，部長は，
社長のズボンの片方の裾が靴下の中に入っていることを指摘する。話し
手はこれを「ズボンの中に靴下を入れる」と，包含関係を逆に述べてい
るが，自身は（そしておそらく周囲も）この言い間違いには気づいてい
ない。上位者の部長に対する社長の声は息交じりで低く，喉頭に力を入
れて出す「りきみ声」（定延 2005）になっており，恐縮した面持ちで話
している中年男性（社長）の声が表現されている。

(6)　《部長と別会社の社長の対話。部長は社長のズボンの片方
の裾が靴下の中に入っていることを指摘する》

1A:「でなー社長ちょっと今ずっとーあのーさっきからー，気になってることがあんねんけどなー」って
2 「あっ，はー，何ですかー」って言ったら「いやいやいや，近頃ー，街でー何か服とか何か流行ってるー何かファッションとかあんのー？」言って
3 で，社長が「いやーはやー私ファッションーなんかに，うといんですわー」って言ったら，「あーそうー。何かなー，ずぼズボンの中に靴下入れるファッションとかはやってるんかなー？【注2】」
4 「いやーそれはー」言って「それって何かはやりもん？」って言わはって，で社長が「いやいや私そんなー」って「あーそれ，なってんで」

[http://www.speech-data.jp/chotto/2011/2011047.html]

【図3】首を傾げ神妙な顔つき

社長役で「いやー」「いやいや」と言うとき，神妙な顔つきで首を傾げていることも，恐縮の様子の表現とも考えられる。また，唇を丸めるような形で話していることも特徴的である【図3】。定延・林（2016）によると，唇をとがらせた話し方は，子供っぽい不満の抗議の場合だけでなく，年配の大人が上位者に対して恐縮しながら発話する場合にも出現する。

　この表情，しぐさと発声が，実際の社長の様子を再現したものという可能性もないわけではないが，「そのような状況に置かれたら，中年男性が恐縮して，いかにもやりそうな行動」としておこなわれている可能性もある。その場合，この直接引用は「中年男性」「恐縮した人」というステレオタイプに基づいていることになる。

3.1.5. 引用元の話者の人物像を表現するタイプのまとめ

　ここで観察された，キャラを表現するタイプの直接引用についてまとめると以下のようになる。

【表1】引用元の話者の人物像を表現するタイプの諸特徴

例	人物像	声の特徴	表情の特徴
⑶	呆れて夫に話す妻	硬い声	硬い表情
⑷	老人	弱々しく，ゆっくり	特になし
⑸	中年女性	柔らかい声，ゆっくり	特になし
⑹	恐縮した中年男性	りきみ声，唇をとがらせる	首を傾け，神妙な顔つき

　これらの特徴は，その声の高さや声質，速度からもその元の話者の人物像が容易に想像できるものであるといえる。つまり，直接引用の元の話者そのものを演じるのではなく，その話者のステレオタイプ的な人物像を表現することで，それがどのような人物であるのかを聞き手はすぐに理解できるようになっている。また，現実とは必ずしも一致しない役割語（老人キャラの終助詞「の」）にも，直接引用の創造性が現れていると言える。

3.2. 人物を揶揄するようなタイプ

　声質やピッチは，引用元発話の話者の人物像を表現するというよりは，当該の人物を揶揄し貶めるような意味合いで用いられることもある。ここでは，そのような直接引用を取り上げる。

3.2.1. 唇をゆがめた発音

　次の⑺は，直接引用の箇所を，唇をゆがめて発音することにより，その話者を若干揶揄するような感じで描写している例である。

　⑺　《福山雅治が大好きな母の話》

1A: で母のー，がもしー，日本になんかあってー明日日本が滅
　　びるってなったら何がしたいかっていうのをある日テレビ
　　でやってたんですよ

2B: ふん

3A: でー，「母さん何がしたいー？」って聞いたらー，あたし
　　とかやったら何が食べたいとか言うんかなーと思ってて，
　　そうそうでしょう

4B: ふん

5A: お母さんはー，「東京行って，福山さんを探しあててー，
　　抱きつきたい」って，言うんです

6　　ああそこまでか，そこまでかーと思ってー

7　　まーなんか腹立つこともあるけどーまーお茶目な母やなー
　　と

（中略）

8A: 福山さんいろいろ噂があってー，うちのお母ちゃん的に
　　はー，内田有紀は気にいらへん（笑）。

9　　で「なんでイヤなん？」言うたら，

10　「なんかちょっときつそうやしお母さんかなわん」とか言
　　うんですよ

11B: なにそれ　姑，ねらってるんですよね

12A: そんであの「小西真奈美とかー，はええの？」言うたら，
　　「まーあの人やったらおとなしそうやしー」とか言って

[http://www.speech-data.jp/chotto/2011/2011066.html]

　二重下線部で話し手は，【図4左】のように顎を上げ，唇を半開きに
して突き出すようにして発音している。これは母親のモノマネをしてい
るというよりは，唇をゆがめることによって話者が直接引用元の話者（つ
まり母親）に対していだく嫌悪や侮蔑の気持ちが表現されていると考え
られる（定延・林 2016）。つまり，話者が母に対して「こんなアホなこ

直接引用とキャラ 191

【図4】唇をゆがめた発音（左）

と言いよる」といった態度で表情も含めて創作的に演じて話していると考えられる。

3.2.2. 甲高い声

次の (8) は，直接引用の部分だけ声を高くして，その人物を半ば揶揄するようなかたちで表現するものである。

(8) 《すごいまつげを着けてパリで歩いた女性》
1A: 私も花のパリに行くんだったら，あんなふうにまつ毛つけて，それでさっそうと歩いてみたい，ということで，もうあのー，
2: 仕事をちょっと延長して，えー旅行ね，あ，出るのも，延長されてそのお金を持って，ばさっばさのまつ毛をつけて（笑），はい，ツアーのほうに参加されました。
3: えー，でまたそれねー，今はやってるから言わなきゃーいいんですけども，来る人来る人に，「このためにこのばさばさのまつ毛にしたのよー」と，いうふうにね言って，
4: はい，まあ言われたんで，みんなまああのーすごいまつ毛してるわねーということでね，あのー印象に残ってたわけです。
5: で，まあ，あの花のパリに着きました。

6: ちょっと，あのー普通の主婦のA子さんにしてみれば，このときばかりは，ちょっとね，ヒールはいたりおしゃれして，そのばさばさのまつ毛で，まあツアーに混じってさっそうと，歩いてはったんです。

7: でもちょっと今年はね，えらく寒くてですね，もう外気もその日も外気も冷たく風もすごく吹いていたので，まあみんな寒くて，そのA子さんも寒さに負けて，セーターを，着だしたわけなんですね。

8: で，セーター着だしたところで，動作がとまったんです。

9: でずっとそのままにしてるから，どうしたの，とかいうふうにのぞいてたら，蚊の鳴くような声で，「<u>まつ毛が，まつ毛が</u>」というふうに，こう，聞こえてきたんですね。

10: どうもそのセーターの首のとこで，そのまつ毛がひっかかったみたいで，みんなたいへんだーってこやってそのちょっとセーターのね，こうやってひっぱって，それでようやくこう，首のとこがぱかっと，入ったことは入ったんですね。

［http://www.speech-data.jp/chotto/2011/2011010.html］

　3および9の二重下線部は，地の文での発話に対してかなりピッチの高いいわば甲高い声で発せられている。わざわざ付けた特別なまつげが，セーターを着たときに取れてしまい，他のところに付いたということ（最終的にまつげが鼻の下に付いて，バカボンのパパのようになったというのがオチ）のおかしさを際立たせるため，話し手はあえて子供のような甲高い声を発しており，ここには当の女性を若干揶揄するような感じが現れていると言える。

　もう一つの例として，行動がおかしい女性について甲高い声を使って直接引用で表現しているものを挙げる。

(9)　1A: ドライバーの子がーなん，高校卒業 10 周年やからー，
　　　　もう，高校出てすぐぐらいに車，免許取ってるから，もう
　　　　そん時すでに 10 年目ぐらいじゃないですか（笑）。

　　2:　車の免許取り始めた頃にー高校の OB 会でー，集まってー，
　　　　お昼みんなで食べに行こうって言って，でー，車で出かけ
　　　　て，やっぱりその子の車やったんですけど（笑）。

　　3:　雨がぽつぽつ降ってきて（笑），でー，こう普通，ね，降っ
　　　　てきたら，ワイパーつけるでしょう。

　　4:　「どうしたん，ワイパーつけへんの？」「うん。<u>もうあれつ</u>
　　　　<u>けたら見づらいから，このままで行くー</u>」って言うてー。

　　5:　「そうなんやー」って運転できひんからわからへんから。「そ
　　　　うなんやー」ってたら，そのうち，雨がどんどん降ってき
　　　　てー，フロントガラスが滝のようにどぅわーっと流れてて

　　6:　「見えるー？」って聞いたら「<u>見えへーん</u>」って言うから，
　　　　「怖ないー？」って言うたら，「<u>今ワイパー探してんねんけ</u>
　　　　<u>ど，ワイパーどこかわからへーん</u>」って言って。「<u>あ，あっ</u>
　　　　<u>たー</u>」ってその瞬間言いやって

　　7:　「あったー」って言うて出てきたんがひゅって出てきてー，
　　　　「<u>あっ洗剤やった</u>」って言ってー（笑）。結局「車止め，車」っ
　　　　て言ってー，脇に車止めてワイパー探してー。

　　8:　まあそういう子なんで。まあそういう子のおもしろい話で
　　　　した。

　　　　〔http://www.speech-data.jp/chotto/2011/2011048.html〕

　行動や言動がユニークでおっちょこちょいな女性を表現するためか，
二重下線部は地の文や他の直接引用よりも高いピッチで，やや甲高く発
せられている。半ばバカにしたような感じでこの直接引用元の話者を表
現しているという点で，先ほどのパリでのまつげの例とも共通すると言
えよう。

3.2.3. 人物を揶揄するようなタイプのまとめ

ここでは，特定の声や表情を使って元の話者をからかい貶めるような感じで行われるタイプの直接引用を見てきた。口をゆがめること，甲高い声を出すことに共通するものとしては，いずれも子供っぽさを演出しているということではなかろうか。いずれもオトナによる面白い話の中で，何とも場違いな発言をする人物に対して，擬似的に子供っぽく表現することで，当人をちょっとバカにしたような感じの表現になっていると言える。

3.3. 直接引用とキャラ

これまで見てきたように，直接引用は，引用元の話者が実際にこのような様子で話していたという再現よりも，創作的なものであることが少なくない。その創作は，呆れ気味に夫に話す妻，老人，中年女性，恐縮した中年男性といった，引用元の話者のステレオタイプ化されたキャラのイメージに基づいてなされることもあれば，その話者をバカにし揶揄するような場合，子供っぽいキャラのイメージでなされることもある。もちろん話し手は常に何らかのキャラを演じるというわけではないが，体験談での直接引用では，表情，しぐさと声の高さ・声質は，このようなキャラに沿って演じ分けられると考えられる。

4. まとめ

会話の映像と音声を視聴すると，ヒトは（意図的・非意図的を問わず）しばしばキャラを表出して話しているということがわかる。直接引用では，引用元の発話の話者のキャラが，ステレオタイプに基づいた声や表情・しぐさで表現される場合があり，聞き手がそれを見てどんなキャラかを瞬時に理解できるとすれば，役割語の理解に用いられる知識が直接引用の理解にも用いられると言える。また，甲高い声や口を歪めて話すなど，子供っぽいキャラを投影することによって，その元話者の人物を

貶めるような場合もある。ヒトはこのように様々な手段を用いてその状況をより効果的に，より面白く表現しようとしていると考えられる。

【注記】

　本研究は、日本語文法学会第16回大会（2015年11月14日〜15日）のパネルセッション「日本語とキャラ」において発表した「マルチメディアからみた日本語とキャラ」の内容を改変・加筆したものである。なお、本研究は日本学術振興会科学研究費補助金若手研究 (B)「笑い話に注目した日本語ナラティブの「型」と「技」の地域比較」（課題番号JP-15K16768、研究代表者：金田純平）の支援による成果である。

【注】

1　ここでURLのみ示しているものはすべて「わたしのちょっと面白い話コンテスト」のもので、いずれも最終確認日は2017年10月28日である。

【参考文献】

臼田泰如（2017）「態度や関心の共有のための資源としての演技―雑談における演技の分析―」『社会言語科学』19（2），pp.43-58.

大津友美（2005）「親しい友人同士の雑談におけるナラティブ―創作ダイアログによるドラマ作りに注目して―」『社会言語科学』8（1），pp.194-204.

加藤陽子（2010）『話し言葉における引用表現―引用標識に注目して』東京：くろしお出版.

鎌田修（2000）『日本語の引用』東京：ひつじ書房.

ニック・キャンベル（2004）「声質―パラ言語情報を持つ第四の韻律パラメータ―」音声文法研究会（編）『文法と音声IV』pp.25-34，東京：くろしお出版.

金水敏（2003）『ヴァーチャル日本語　役割語の謎』東京：岩波書店.

定延利之（2005）『ささやく恋人，りきむレポーター　口の中の文化』東京：岩波書店.

定延利之（編）（2018）『限界芸術「面白い話」による音声言語・オラリティの研究』東京：ひつじ書房.

定延利之・林良子（2016）「コミュニケーションからみた「剰余」の声―日本語の慣用句「口をとがらせる」「口をゆがめる」とその周辺」『音声研究』20（2），pp.79-90.

Tannen, Deborah（1989）*Talking voices: Repetition, Dialogue and Imagery in Conversational Discourse.* Cambridge University Press.

第４章

キャラ論の応用

198 第4章 キャラ論の応用

方言における自称詞・自称詞系文末詞の用法

キャラ助詞とのかかわり

友定賢治

1. はじめに

　日本語共通語の文で，終助詞の後ろに，話し手のアイデンティティと関わることば(キャラ助詞)が現れ得ることが明らかにされている。キャラ助詞とは，定延（2005: 118-119 抜粋）が，

　　自分の繰り出したいキャラクタを体現する助詞である。

　⑴　お久しぶりです，くりでございますぷう。
　　　　長い間ご無沙汰しており，申し訳ありませんですぷう。
　　　　この度我がリフィ宙は閉店することに相成りましたぷう。
　　非戦闘的な「なごみ系」のキャラクタを立てるために使われ
　　ているようだ。
　　［出典は定延 2005 を参照］

と述べている「ぷう」のようなものを言う。
　⑴には終助詞がないが，このキャラ助詞は，いわゆる終助詞よりも後ろに位置するものがある。定延（2007: 35）には，例えば，

　⑵　おおっ，今日はだれかねぷーん。

［出典は定延 2007 を参照］

のような実例があがっている。

　一方，キャラ助詞と同様に，方言でも，話し手のアイデンティティと関わることば（自称詞，自称詞由来の文末詞《以下「自称詞系文末詞」とする》）が他の文末詞の後ろに現れ，「訴えかけ」「呼びかけ」として用いられる現象が観察できる【注1】。「文末詞」というのは，藤原与一が方言研究を通じて命名したもので，藤原（1990: 11）では，

　　　　文表現の末尾に立脚して，遊離独立し，文表現のそこまで
　　　の意味作用を，発展的に集約するもの。

としている。いわゆる終助詞とほぼ重なるものとしてよい。

　自称詞系文末詞は，例えば次のようなものである。なお，以下の方言例文表記は，「方言をカタカナ表記，直後に亀甲括弧付きで共通語訳，さらに調査地，さらに出典」という方式をとる。出典を記していないのは，筆者が収集したものである。

　⑶　ホナイ　イーマワラナイデモ　イク　ワレ。
　　〔そんなに言われなくても行くよ。〕（十六歳男→二十三歳姉）
　　　徳島
　　〔藤原（1986: 452）〕

　⑷　ソギャーナ　モン　ヨー　クワン　ワー。
　　〔そんなもの食べられないよ。〕　岡山県

⑷のような「ワ」類について，藤原（1994: 211）は，

方言上では，

(5)　知らん　ワイ。

　　などと言う。九州方言でなら，

(6)　シリマッシェン　バイ。

　　などと言う。これらでの，「ワイ」「バイ」は，じつは，「私」
　系の語である。「いやだ　ワ。」などと言われる「ワ」もまた，
　「ワイ」に属するものであり，「私」系のものと考えられる。

としている。一般的には，係助詞「は」由来とされると思われるが，藤
原（1994: 211）は，否定しており，次のように述べる。

　　「は」説に対するうたがいを，一つ，出しておきたい。「は」
　は体言，準体言につくものであり，主部の表示にあずかるこ
　とも多い。そのような機能のものは，総体に，「下につづく
　いきおい」を見せる。「いやだワ。」などと言うばあいの「ワ」は，
　はなはだしく言いきるものであって，下につづくのとは反対
　に，言いきりが本性（機能的価値）である。「ワ」は，やはり，
　「私」系のものではなかろうか。

　この自称詞系文末詞が，他の文末詞の後ろに位置する例をあげる。宮
城県仙台市周辺の高齢男性のものである。

(7)　何にも　ねーのさワ。

　　〔何にもないのさ。〕

　　[https://www.youtube.com/watch?v=j0OAcdwLNcI，　最終
　　確認：2018 年 2 月 25 日]【注2】

　このように，キャラ助詞と方言の自称詞，自称詞系文末詞とは，①最
後に自己を打ち出して訴えかけることや，②両方とも終助詞の後ろに位

置することなど，共通した性格を有すると思われる。①は，文とは何か
という問いになるであろうし，②は終助詞の後ろに位置する要素を容認
する文構造論とはどのようなものかという問題である。もちろん両者は
関連した問いであるが，それを説明できる文構造論とはどのようなもの
であろうか。それを問うことが必要である（Tomosada 2015 など）。

2. 問題の所在

　まず，方言において，文末の終助詞（文末詞）の後ろに自称詞，自称
詞系文末詞が位置するという事実を確認する必要がある。そのうえで，
キャラ助詞と比較して，両者の関連を検討することが求められる。その
際，上記 (3) の「ワレ」は対称詞ではないかというのをどう考えるかを
問題としなければならない。そして，最終的な問題として，「役割語」
の一部である「キャラ助詞」や，日本語諸方言の文末に見られる自称詞，
自称詞系文末詞の存在（ともに終助詞の後に生起する）を容認できる文
構造観とは，どのようなものかということがある。文とは何かという問
いには，さまざまな見解があり難問である。本稿も，最後の問題に答え
を見出すまでには至っていない。それに向けての考察である。
　この問いは，「終助詞よりも後ろに位置する」要素があることを無理
なく説明できる文構造理論はまだないことにもよる。終助詞は，国語学
会編『国語学大辞典』（1980，東京堂出版）では，

> 品詞の一つ。意義的に疑問・命令・感動など情意的な活動を
> 表わし，職能的には言葉を切って文を成立させる助詞。
> ［p.482］

と定義されている。その後ろに何かの要素が位置することは想定してい
ない。方言研究においても，終助詞の定義に上記と別のものはないと思
われ，終助詞の後に自称詞や自称詞系文末詞が位置することを想定した

202 第4章 キャラ論の応用

文構造論は見当たらない。

　ただ，キャラ助詞は，いわば言葉の遊びである。そこに見られるものが，生活語である方言にも認められれば，この文構造論は大事なものとなるはずである。

　本稿は，その目的に向かっての一階梯であり，方言を対象として，下記を見る。

　　A　自称詞の用法―文末を中心に―
　　B　自称詞系文末詞（ワ・ワイ・バイ）の用法の多様性
　　C　キャラ助詞と方言自称詞系文末詞の比較―出現位置について―
　　D　終助詞の後ろに位置する要素があるという文構造論に向けて

3. 自称詞の用法―文末を中心に―

3.1. 倒置文の場合

　⑻　ギョーサン　アルケー　イランデ　ウチ。
　　〔たくさんあるから要らないよ　私。〕　岡山県

　「ウチャー〔私は〕」となると倒置であることがより明確であるが，「ウチ」だけだと，形式上は倒置という見方もできるが，文末で自己の立場を出したものと受け取ることもできるのではないか。「ギョーサン　アルケー　イランデ」だけで伝えたい情報は十分なのであるが，最後に「ウチ」と言うことで，たくさんあるからいらないという自己を打ち出しているのである。自称詞のこのような用法は，もちろん方言だけに見られるものではない。

3.2. 倒置文とはしにくいもの

(9) イヤ　キョー　キテ　キョーチテモー　ムリダンベ　オ
レ。
〔いや，きょう　来て　きょうといっても　無理だろう。〕
栃木県
〔日本放送協会編（1967: 73）『全国方言資料 第2巻』〕
※以下『全方2』: 73 のように略記する。共通語訳は引用文
献のとおり。また，『全国方言資料』からの引用は，会話
の中から該当する文を抽出したものである。

といったものがみられる。これは，朝，近所の家を訪ねて，今日これか
ら仕事を手伝ってくれないかと頼む場面である。「オレ」は，「イヤ
キョー　キテ　キョーチテモー　ムリダンベ」と統語的にも意味的にも
関係は考えにくく，上記のように，「オレ」に該当する部分の共通語訳
はない。無理だろうけれども何とかならないかと頼んでいる自分を打ち
出しているのである。

3.3. 特に西日本で，自称詞「ワレ」の対称詞的用法がある

これについては，友定（近刊），友定・中島（1976）などを参照願いたい。
ただ，対称詞として用いられているのか，自称詞として用いられている
のか，判断に迷うものもある。

(10) ナニ　シテンネン，ワレ。
〔なにやってんだ，おまえ。〕 作例

これは，相手をなじるものであり，相手に呼び掛けていることは明ら
かである。しかし，

(11) ドーラ　ヒガ　ヘラン　ウチ　モドイモソ　ワイ。

204　第4章　キャラ論の応用

〔どうれ，日が入らぬうちにもどりましょうか。〕　鹿児島県
［藤原（1986: 382）］

この文は，自分の気持ちを吐露しているものであり，相手への「呼びかけ」は希薄であろう。この「ワイ」が相手への呼びかけであれば勧誘などの意味になりそうである。対称詞的用法として認めにくいとすれば，自称詞として使われているように思うが，判断に迷う。

　相手のことに言及する，呼びかけ性が顕著なものから，自己の思いの吐露といった文まで連続的であり，「ワレ」の意味合いも，それに対応した幅の広さがある。呼びかけ性の目立たないのは，たとえば以下の⑿ 〜 ⒇ にあげるような文であるが，相手への呼びかけの度合いは連続的なものであると捉えられる。もしこれが認められるとすれば，「ワレ」を自称詞と他称詞とに二分するということではない考え方が求められよう。

⑿　ソコニ　アン　ワレ。
〔そこにあるよ。〕　島根県隠岐
［神部（1975: 5）］

⒀　キョーワ　サービ　ワリ。
〔今日は寒いよ。〕　島根県隠岐
［神部（1975: 5）］

⒁　ヨータ　ワレ。
〔酔ったよ。〕　淡路島
［藤原（2001: 316）］

⒂　ヨー　カワナンダ　ワレー。
〔よう買わなかったよ。〕　淡路島

方言における自称詞・自称詞系文末詞の用法　205

　　　〔藤原（2001: 316）〕

⒃　ホナイ　イーマワライデモ　イク　ワレ。
　　〔そんなに言われなくても行くよ。〕（十六歳男→二十三歳姉）
　　　徳島県
　　　〔藤原（1986: 452）〕

⒄　イキガイガ　アル　ワレー。
　　〔生きがいがあるよ。〕（中男→老女）　三重県
　　　〔藤原（1986: 458）〕
　　※「中男→老女」という表記は，「中年男性から老年女性」
　　　への発話であることを示す。以下同じ。

⒅　アリガト　ゴザリマシテ　ワイ。
　　〔ありがとうございましてね。〕（老女→青男）　石川県
　　　〔藤原（1986: 394）〕

⒆　コナイダ　ワイ。
　　〔こないだだよ。〕（中男→中女）　石川県
　　　〔藤原（1986: 395）〕

⒇　コリャー　ワシンガ　ゼアイ。
　　〔これはわたしのよ。〕（女性）　高知県
　　　〔藤原（1986: 389）〕
　　※（女性）は，発話者が女性ということである。以下同じ。

3.4. 自称詞の対称詞的用法のものが，フィラー的に用いられることがある。

　(21)　ドーシテ　ドーシテ　タイシタ　ワレ　カガルンガ。

〔どうして　どうして　たいして　あなた　手間がかかりま
すよ。〕　新潟県

［『全方 2』: 390］

ところで，人称詞が呼びかけのことばになることについて，藤原（1986:
379）は，次のように述べている。

　　人称代名詞の対称のものが文末詞化するのは，よびかけの
　ことばという点から，もっともしぜんのことと解されよう。
　自称のものが文末詞化するのは，どういうわけか。これも考
　えてみれば，しぜんのことである。話し手は，自己をひっさ
　げて訴えようとする。自己のたちばを出して，相手に訴えよ
　うとする。
　　対称のばあいにしても，けっきょくは，「アナタ」などと
　よびかけて，よびかける自分のたちば（話し手のたちば）を
　表明しているのではないか。

さらに，藤原（1986: 497）には，

　　約して言えば，自称系のもの，「ワイ」「ワ」などが，方言
　上，全国に大勢をなしており，（中略　筆者）対称系のものは，
　九州方言下での強勢のほかは，より小勢である。

とあり，

　　「ネーアナタ」などの発言の一般的な可能性からすれば，対
　称系文末詞の勢力も，方言上に，さかんなものがあってもよ
　いはずに思われる。しかし，事実はそうなっていない。この
　ことからすれば，

人は，文表現を相手に持ちかけるにあたって，基本的には，「私」属の文末詞を用いようとするものなのか。（―「わたし」系の文末詞を出すことが，本性的なのか。）

と述べている。対称詞によるものは九州を中心に分布するにとどまり，全国に分布するのは自称詞によるものということから，「話し手は，自己をひっさげて訴えようとする。自己のたちばを出して，相手に訴えようとする」（p.379）とし，「人は，文表現を相手に持ちかけるにあたって，基本的には，「私」属の文末詞を用いようとするものなのか」（p.497）と述べる。

4. 自称詞系文末詞（ワ・ワイ・バイ）の用法の多様性

自称詞系文末詞は，次の形で用いられる。
A 単独形　　ワ，ワイ（音変化形も含む），バイ
B 前接語末との融合形　　アラー（「ある」＋「わい」），～マッサ（「ます」＋「わ」）など
C 複合形
「ワ」が前にくるもの　　ワナ，ワイノーなど
「ワ」が後ろにくるもの　　～カワなど

4.1. 単独形の用法
共通語と同様の用法は省略し，方言に特徴的なものに限定する。
① **意志形・勧誘形・推量形に接する**
㉒　ドーラ　ヒガ　ヘラン　ウチ　モドイモソ　ワイ。
〔どうれ，日が入らぬうちにもどりましょうか。〕　鹿児島県
［藤原（1986: 382）］

㉓　サーサー　ソシタラ　オツツミ　シマショーワイ。

〔はいはい，それでは　お包み　しましょう。〕愛媛県

[『全方5』：340]

⑳　ソシテ　イマノー　ヨメイリカテ　ソーヤロワヤ　アノ
カキ　スンナン。

〔そして，今の　嫁入りだって　そうでしょうね，垣を　す
るのなんか。〕滋賀県

[『全方4』：163]

㉕　ボツボツ　キバローバナ。

〔ぼつぼつ　精を出しましょう。〕長崎県

[『全方9』：143]

②命令形に接する

㉖　ナゲテ　クナイ　ワ。

〔投げてください。〕宮城県南部

[藤原（1986：438）]

③助詞「から」に接する

㉗　アゲッカラ　ワ。

〔あげるからね。〕宮城県南部

[藤原（1986：438）]

④定型化した挨拶のうしろに接する

㉘　アリガト　ゴザリマシテワイ。

〔ありがとう　ございましたよ。〕石川県

[『全方3』：141]

⑤遊離成分句末

方言における自称詞・自称詞系文末詞の用法　209

㉙　ワカカッタケン　ナンジャワイ　シバイオ

〔若かったから　なんだよ，芝居を〜〕　愛媛県

［『全方5』：330］

⑥文中の句末

㉚　シャネーカラワ　ハヤク　オママ　ケーワ。

〔しようがないから　早く　御飯を　食べろ。〕　宮城県

［『全方1』：143］

4.2. 前接母音と融合する形で現れるもの

　例えば「ます」と融合した形をみると，「〜マッサ（大阪）」「〜マスラー（岡山）」「〜マサイ（愛媛）」といろいろである。岡山での用例を一例挙げるにとどめ，これ以上は言及しない。

㉛　ソリャー　コシモ　イトーナリマスラー。

〔（あれだけ仕事をすれば）それは腰も痛くなりますよ。〕

（高年女性→高年男性）　岡山県

4.3. 他の助詞との複合形

①他の文末詞の前に位置するもの

「ワイ」　ワイナ，ワイノ，ワイネ，ワイヤなど

「ワ」　　ワナ，ワナノー，ワノ，ワネ，ワヨなど

「バイ」　バイタ，バンタ，バマイなど

「ワイナ　ワナ　バイタ」，など圧倒的に多い。共通語にはないもので，

㉜　アイソモ　ナイワカ。

〔おもしろいことも　なかったよ。〕　富山県

［『全方8』：136］

のようなものもある。

②終助詞の後ろに来る自称詞系文末詞

他の文末詞の後ろに位置するもので，前に位置するものに比べて少ない。藤原（1969: 213）は，

> 「バイ＋X」の結合形式はあっても，「X＋バイ」の複合形文末詞はできていない。

とあるが，藤原（1997: 484）には，

⑶3　サー，オレモ　ソレ　シラン　トバイ。
〔さあ，わたしもそれは知らないよ。〕　長崎県

の例が記されており，数は限られるが見ることはできる。ここで，終助詞の後ろに来るものをまとめてあげておこう。なお，⑶4の「f」は女性，「m」は男性であることを示す。

⑶4　f カライモ　ホッタトバ　チットバッカエ　ヤローカナンタ。
〔さつまいもを　掘ったのを　少しばかり　あげましょうか，あなた。〕
m ウン　カライモナラ　イッチョー　モローテ　イコカノバイ。
〔はい，さつまいもなら　ひとつ　もらって　行こうかね。〕
佐賀県
[『全方6』: 137]

⑶5　バッテン　ミアイダケァ　サケ　ダシマッシェンナバイ。

ナー　ミアイン　トキャ　サケ　ダシマッシェンバイ。
〔しかし　見合いにだけは　酒を　出しませんよね。ねえ
見合いのときは　酒を出しませんよ。〕　福岡県
〔『全方8』：37〕

(36)　ナンカ　キモンナ　イッチョモ　モタジヤッタトワイ。
〔長い　着物は　1枚も　持っていませんでしたよ。〕　熊本
県
〔『全方9』：186-187〕

「ワ・ワイ」についても，

(37)　オシンコ　ネース　カワ。
〔おしんこは　ありませんか？〕　宮城県松島海岸
〔藤原（1986：438）〕

(38)　イヤ　モー　トシ　トッタンデ　アカンネワイ。
〔いえ　もう，年を　とったので　いけませんよ。〕　奈良県
〔『全方4』：355〕

などがある。

5. 特異な「ワ」の見られる地域

　共通語と異なる，「ワ」の用法が特徴的にみられるのが，次の二つの
地域である。

5.1. 石川県の特異な「ワ」

　藤原（1986：430-431 抜粋）では，

212 第4章 キャラ論の応用

(39) ヤッパリ　ゾーヨーガ　イルサカイ　ワ。
〔やっぱり雑用がいるからね。〕(中男→男)

(40) ソンナ　モン　キセサッシャンナ　ワー。
〔そんなものを着せなさんなよ。〕

(41) ゴードーエ　シナモノ　モッテ　キチョキャ　ワー。
〔合同運送へ品物を持ってきておけば。〕

の例があがっており，『全方8』: 176 には，

(42) イヤー　ナガイ　アイダ　カカッテワ。
〔ああ　長い　間　かかって。〕

といったものがみられる。

5.2. 宮城県仙台市付近の特異な「ワ」

　共通語には見られない特徴的な用法の「ワ」がまとまって分布している。それを取り上げている文献から引用して示す。なお，例文番号は引用ではなく通し番号である。

[1] 浅野編（1985: 372 要約）

　終助詞ワには2種類ある。
①別に意味がなく，ただ前のことばの意味を少し強める

(43) 「あんだ　昨日松島へ行ったのすか？」と聞かれて，
　　　→行がながったのワ。

② 「〜したらいいだろう」の意にもちいる

　　⑷　特に割引すっつがら，あんだも買ったらワ。

[2] 佐藤忠雄（1981: 160）
原文の音声記号表記を漢字かな表記に変更している。

　　⑸　昼に　なったがワ。〔昼になったかね。〕
　　⑹　雨　やんだがワ。〔雨がやんだかね。〕
　　⑺　田植え　終わったどワ。〔田植えは終わったよ。〕

[3] 日本放送協会編 第 1 巻（1966: 141-173 抜粋）
収録地点は宮城県宮城郡で，仙台の西北 12㎞辺りである。話者は，1869 年〜 1907 年生まれである。

　　⑻　ソンナコトア　デキター　シャネーカラワ　ハヤク　オマ
　　　　マ　ケーワ。
　　　　〔そんなことが　おきると　しようがないから　早く　御飯
　　　　を　食べろ。〕

　　⑼　センセー　アブネーカラヤー　イグナワャー　ホッチャ。
　　　　〔先生　危険だからね　行くなよ　そっちへ。〕

　　⑽　ナンドキンシスタワ　タノクサトリ。
　　　　〔何時にすることにしましたか　田の草取りを。〕

　　⑾　ユックリ　アルクヨーニ　デカケタラ　イガスッペワ。
　　　　〔ゆっくり　歩くように　出かけたら　よろしいでしょう
　　　　よ。〕

214　第4章　キャラ論の応用

(52)　オフロサ　ヘッテ　ヤスマーイワ。
〔おふろに　はいって　お休みなさい。〕

[4] 藤原与一（1986: 437-439 抜粋）

「東北地方内には，「ワ」の注目すべき用法がある」（p.437）として，宮城県のものとして，下記の文が記されている。

(53)　ナゲテ　クナイワ。〔投げてください。〕

(54)　ハンタイニ　ナッテ　ワ。〔反対になってよ。〕⇒孫に教えられるということ

(55)　キミコサーン, イッタ　ノーワー。〔君子さん, 行ったの？〕

(56)　オシンコ　ネース　カワ。〔おしんこはありませんか？〕

(57)　ナンジン　ナッタ　ワー。〔何時になった？〕

(58)　ムイテ　タベロ　ワー。〔むいて食べろ。〕

(59)　三十五日ニ　ナル　カワー。〔35日になるかなあ。〕

また，下記のような，「ネレ」「ナレ」も挙げられている（p.466）。これらを藤原（1986: 466）では，「レ」系文末詞と称しているが,「ね」「な」と「われ」との融合形であることを示している。

(60)　ナンボデモ　イーッテ　ネレ。〔いくらでもいいったってねえ。〕

(61)　アンナレ。〔あのネ。〕

[5] 藤原与一（2002: 659-660 抜粋）

(62)　カシェグ　ノッシャワ。〔稼ぐのですよ。〕

(63)　ネレ。〔ねえ。〕

(64)　ホイタラ　ネーワ。〔そしたらねえええ。〕

[6] 土井八枝（1975: 299）

(65)　きこえったらわ。〔聞こえていたらどうだろう。どうしよう。〕

[7] 菊澤季生（1994: 310）「宮城県方言文法の一斑」

(66)　ドゴサイギシタノワ。〔どこへ行ったの？〕

(67)　イガスカワ。〔よいのですか。〕

(68)　ガエンペワ。〔ないでしょうよ。〕

6. 外国語の場合

文末に自称詞が位置して呼びかけの意味をもつものは，外国語でも同様に認められる。英語と中国語の例をあげたい。

6.1. 英語

藤原与一（1990）は，次のような例を挙げている。

(69)　………, I think.

というのがあります。末尾の「I think」は，文表現末尾での特定発想によるものでありましょう。付加せしめたようなこの言いかたは，文末詞的なものを思わせます。

〔藤原（1990: 18)〕

ついでに，英文の例を見ますなら，

(70)　………, I think（believe）,………

というようなのもあります。

〔藤原（1990: 25)〕

216　第4章　キャラ論の応用

6.2. 中国語

「我说」が文末で呼びかけに用いられる用法がある。

⑺　你给老师打电话了吗，我说。
〔先生に電話したの？ねえ。〕

また，この「我说」は，独立した一語文としても用いられる。

⑺　我说，我说。
〔もしもし，もしもし。〕（電話）

それにとどまらず，文頭で用いることもある。

⑺　我说，你给老师打电话了吗？
〔あのう，先生に電話したの？〕

⑺　欸，我说，你给老师打电话了吗？
〔あのさ，先生に電話したの？〕

　これが通言語的なものであるのかどうかは，まだ何とも言えないが，文の最後に「自分」が出現するのは，表現の自然な姿と言えるのかもしれない。

7. キャラ助詞と方言自称詞，自称詞系文末詞の出現位置

　定延（2007: 37）は，キャラ助詞が「文末らしい文末」に現れることを，
　　1　倒置文には比較的あらわれにくい
　　2　終助詞よりも後ろに位置する
　　3　文中の文節末には比較的あらわれにくい

の3点で示している（例文は省略する）。そして，

> キャラ助詞は，キャラコピュラだけでなく終助詞や間投助詞
> とも異なる独自の生起環境をもつ

と述べている。キャラコピュラとは，定延（2007: 28）で，

> たとえば「そうじゃ，わしが博士じゃ」の「じゃ」のよう
> に，コピュラ（日本語なら「だ」「です」「でございます」「で
> ある」）の変異体（バリアント）と考えられるものを指す。

と説明されている。また，間投助詞とは，「今日さー，学校でさー，友
達がさー，〜」の「さー」のように，文中の句末について，語調を整え
たりするものである。

　方言の自称詞系文末詞で見ると，

　　1　倒置文にも用いられる。

　(75)　ヨー　タベンワー，ソネーニ　ギョーサン。

　　　〔食べられないよ，そんなにたくさん。〕　岡山県

　　2　終助詞の後ろに位置するのは上記のとおりである。

　　3　文中の文節末には用いられない。

のように考えられる。キャラ助詞とは異なり，倒置文に用いられるのは，
自称詞系文末詞とキャラ助詞とが異なる点である。2，3は両者共通し
ている。

　文末らしい文末に位置するのがキャラ助詞であり，自称詞系文末詞と
の関係は，定延（2007: 46）が，

> 文末の，「私」系の表現が文法化しやすい位置に，話し手の
> 発話キャラクタを端的に表す「ゴホン」のような語がはまり
> 込んだのがキャラ助詞だと考えられるかもしれない。

218 第4章 キャラ論の応用

としているように説明できるものかと思われる。

　また，文末に位置する方言自称詞については，すでに挙げた

　　⑼　イヤ　キョー　キテ　キョーチテモー　ムリダンベ　オ
　　レ。
　　〔いや，きょう来て　きょうといっても　無理だろう。〕栃
　　木県
　　〔『全方2』: 73〕

のように，終助詞の後ろではないが，特徴的なものがある。また，

　　⒄　イキガイガ　アル　ワレー。
　　〔生きがいがあるよ。〕（中男→老女）三重県
　　〔藤原（1986: 458）〕

の「ワレー」が，相手へ呼びかける対称詞的な意味合いが少なく，自
己の思いの吐露で自称詞とできれば，⑼⒄は，文末で自己を打ち出す，
文末詞（終助詞）ではない要素と言える。ただ，現在のところ，文末詞
（終助詞）の後ろに位置する自称詞を確認できていない。

8. 終助詞の後ろに位置する要素があるという文構造論に向けて【注3】

　キャラ助詞と方言の自称詞系文末詞を比較しながら考えたいが，少な
くとも共通語の「嘘だよぴょーん」については，「ぴょーん」が終助詞
（話し手の態度を表すクローズドセットのことば）ではなく，話し手が
遊びで繰り出すかりそめのアイデンティティ（キャラ）を表す，事実上
無限に作れるオープンセットのことばであるため，これまでの文構造論
にとって問題にはなるが，遊びの言葉であるという問題がある。そのた

め，方言で同様のことがあれば，この問題は重要なものになると考えられよう。

上記の ⑼ ⒄ のように，終助詞としてふつう認められていない一人称代名詞が文末に現れるとなると，日本語の文構造に関するこれまでの全ての理論は，再考を迫られることになる。自称詞系文末詞の「ワ」がいわゆる終助詞なら，問題の現象は「文末に終助詞が現れている」という，よくある現象になってしまいかねず，ただ，「一人称代名詞に由来する終助詞がある」という特徴が目立つということになる。

そこで，方言研究において，「ワ」が終助詞として認められている根拠は何なのであろうか。つまり，終助詞とはどのように考えられているのであろうか。「終助詞とは何か」が特に議論されていない状態で，文末にあって態度的な小辞を漠然と「終助詞」と呼ぶのであれば，「終助詞の後ろには何も来ない」という考えはトートロジーに過ぎなくなる。もしも「文末に現れていて活用しないから終助詞」ということであれば，それは終助詞（話し手の態度を表すクローズドセットの言葉）ではなく，やはり「ぴょーん」の仲間ということも可能なのかもしれない。

ここで，終助詞の後ろにも何らかの要素が位置する可能性について，一言述べておきたい。上に挙げた，

⒂　キミコサーン，イッタ　ノーワー。〔君子さん，行ったの？〕
⒃　オシンコ　ネース　カワ。〔おしんこはありませんか？〕

はいずれも宮城県での使用例であるが，宮城県を含む東日本は，対称詞の「ワレ」はあまり見られない。とすれば，これらは，自称詞由来の文末詞であるとする可能性がある。「ノー」や「カ」といった，相手への呼びかけや問いかけの終助詞の後ろにも，自己を打ち出すものが位置する可能性があることを示している。

これは，岡山県の例であるが，

220　第4章　キャラ論の応用

　　⒃　アツイ　ノー。〔暑いねえ。〕　作例
　　⒄　アツイ　ノーヤ。〔まったく暑いねえ。〕　作例
　　⒅　?? アツイ　ナーヤ。　作例

のように，「ナー」に比較すると呼びかけ性が弱い「ノー」には「ヤ」
が後接する。⒅のように「ナーヤ」とは言わない。
これは，終助詞ではないが，藤原（1982）が「文末訴え音」と名付けた，

　　⒆　エ⌐ー　ナ⌐ーア（↑）。〔いいねえ。〕　岡山県
　　⒇　ソ⌐ーデス　ネ⌐アー。〔そうですねえ。〕　島根県出雲

のような事象も観察される（アクセント表記は変えた　「⌐」の記号は
下がり目を，矢印は尻上がり音調を示す）。「文末訴え音」とは，文表現
の末尾にあらわれる，文末詞以前の，わずかに音形とでも言いうるもの
のことで，訴えの効果を発揮し，よびかけの性格を示すとしている。⒆
⒇の「ア」は単に長呼したものではなく，尻上がりの音調が注目される。
⒆⒇も，発話者は共通語で話そうとしたものであるという。
　これらから，終助詞が，完全に文の終わりというのではなく，その後
ろに，何らかの要素が位置する可能性のあることは認められるというこ
とである。それが，自称詞や自称詞由来の要素であった場合，キャラ助
詞との共通性を考えることは可能であろう。
　上述したが，藤原（1986: 379）は，

　　　　自称のものが文末詞化するのは，どういうわけか。これも考
　　　えてみれば，しぜんのことである。話し手は，自己をひっさ
　　　げて訴えようとする。自己のたちばを出して，相手に訴えよ
　　　うとする。
　　　　対称のばあいにしても，けっきょくは，「アナタ」などと
　　　よびかけて，よびかける自分のたちば（話し手のたちば）を

表明しているのではないか。

と述べている。藤原は，自称詞系文末詞「ワ」にも態度的な意味合いがあると考えているのではないかと思われるが，それは「ぴょーん」キャラを発動して言う「〜だよぴょーん」が何らかの態度的な意味合いを持つのと同じだろうと思われる。

　このように，根本的には「ワ」は話し手（一人称）を表しており，「ぴょーん」は話し手のキャラを表している。だから日本語では，終助詞の後ろで，話し手の何らかのアイデンティティを表すことばを，続けようと思えば続けられるということではないかと考えているが，今後さらに検討を続けたい。

【注】

1　対称詞と対称詞由来の文末詞も文末で用いられる。これについては友定（近刊）を参照願いたい。
　　○オハヨー　アータ。〔おはよう，あなた〕　熊本県 [『全方6』: 262]
　　○カライモ　ホッタトバ　チットバッカエ　ヤローカナンタ。
　　〔さつまいもを　掘ったのを　少しばかり　あげましょうか，あなた。〕　佐賀県
　　[『全方6』: 137]
　　「ナンタ」は「ナー＋アンタ」の複合形である。
2　この出典については，本書43ページ【注14】を参照されたい。
3　この部分には定延利之氏から貴重なご教示をいただいた。

【参考文献】

浅野建二（編）（1985）『仙台方言辞典』東京：東京堂出版.

神部宏泰（1975）「隠岐方言の文表現上の「ワ」類文末詞」『国文学攷』66号，pp.1-10.

————（1978）『隠岐方言の研究』東京：風間書房.

222　第4章　キャラ論の応用

菊澤季生（1994）「宮城県方言文法の一斑」『日本列島方言叢書3 東北方言考②』東京：
　　ゆまに書房.

国語学会（編）（1980）『国語学大辞典』東京：東京堂出版.

定延利之（2005）『ささやく恋人，りきむレポーター　口の中の文化』東京：岩波書店.

─────（2007）「キャラ助詞が現れる環境」金水敏（編）『役割語研究の地平』
　　pp.27-48，東京：くろしお出版.

─────（2011）「キャラクタは文法をどこまで変えるか？」金水敏（編）『役割
　　語研究の展開』pp.17-26，東京：くろしお出版.

佐藤忠雄（1981）『仙台方言攷』東京：渓声出版.

佐藤虎男（1977）「方言文末詞の記述─三重県鈴鹿市江島町方言の文末詞─」『方
　　言研究叢書　第7巻』pp.103-198，東京：三弥井書店.

友定賢治（1986）「岡山県方言の研究─文末詞ワ・ワイについて─」『国語表現研究』
　　第3号，pp.26-33.

─────（2015）「方言からみた日本語とキャラ─キャラ助詞と文末詞─」『日本
　　語文法学会　第16回　大会発表予稿集』pp.39-43.

Tomosada, Kenji. (2015) "The Japanese language and character particles,
　　as seen in dilect: character particles and sentence-ending particles."
　　Acta Linguistica Asiatica, 5（2），pp.51-60.

─────（近刊）「対称詞の間投用法と文末用法の西日本分布について」『感性の方
　　言学』東京：ひつじ書房.

友定賢治・中島一裕（1976）「いわゆる「一人称代名詞の二人称転換現象」について」
　　『表現研究』24，pp.36-49.

土井八枝（1975）『仙台の方言』東京：国書刊行会.

日本放送協会（編）（1966-1972）『全国方言資料』全11巻，東京：日本放送出版協会.

野間純平（2011）「大阪方言の文末詞デとワ」『阪大社会言語学研究ノート』9，
　　pp.30-45.

藤原与一（1969）『日本語方言文法の世界』東京：塙書房.

─────（1982）『方言文末詞〈文末助詞〉の研究（上）』東京：春陽堂.

─────（1986）『方言文末詞〈文末助詞〉の研究（下）』東京：春陽堂.

─────（1990）『文末詞の言語学』東京：三弥井書店.

─────（1994）『文法学』東京：武蔵野書院.

─────（1997）『日本語方言辞書　下巻』東京：東京堂出版.

─────（2001）『日本語方言での特異表現法』東京：武蔵野書院.

─────（2002）『続昭和（→平成）日本語方言の総合的研究 第六巻 日本語方言
　　辞書　別巻』東京：東京堂出版.

方言における自称詞・自称詞系文末詞の用法　223

日本語教育とキャラ

宿利由希子

1. はじめに

「キャラに関する研究成果を日本語教育に応用すべきか否か？」という問題は，日本語教育関係者にとってすでに真新しいものではなくなっている。だが，この問題はこれまでのところ，限定的で，ねじれた形で扱われることがほとんどであった。

「限定的」というのは，キャラに関することばとして取り上げられるのが「役割語」（金水 2003）に限られ，「日本語教育は役割語を教えるべきか，否か」という形でばかり論じられることを指している。言葉とキャラの関わり方は多様であり（定延 2011），役割語とはあくまでそのうちの一種の関わり方における言葉を指したものである。

また,「ねじれた形」というのは,「日本語教育は役割語を教えるべきか,否か」という問題が「いま日本語教育で教えられている言葉は役割語ではない」という誤った前提に基づいているということを指している。「役割語」は提唱された段階から程度問題の概念とされており（金水 2003 の「役割語度」），少なくとも現代日本語共通語の場合，すべての言葉は多かれ少なかれ役割語と考えてよい（定延 2011）。「ふつうの言葉」と「役割語」があるわけではなく，どのような言葉も程度差はあれ役割語である（本論文集所収の定延 2018 を参照）。

以上の認識に立ち，本稿は，「キャラに関する研究成果を日本語教育に応用すべきか否か？」という問題について，次の 2 点の主張をおこな

う。

　第1点，日本語教育は，「役割語」とは別に，「キャラクタ動作の表現」
（定延 2011）をも教えるべきである。

　第2点，「日本語教育は役割語を教えるべき」という主張は，「日本語
教育はさまざまなことばを役割語として教えるべき」という形に修正す
べきである。

　第1点の「キャラクタ動作の表現」については，第2節で紹介する。
また第2点の「役割語を」から「役割語として」への修正については，「す
べての言葉は多かれ少なかれ役割語」という根拠をすでに述べたことに
なるが，「役割語として」とすべきだという本稿の主張には，「位相語と
してではなく」という，それ以外の意味もある。ここには役割語のヴァー
チャル性が関わっている。

　以下，前提となる考えを第2節で紹介した上で，第1点を第3節で，
第2点を第4節で展開する。最後の第5節は，まとめと補足である。

2. 前提：言葉とキャラの関わり方

　ここでは以下の前提となる先行研究を紹介しておく。定延（2011，
2016）によると，言葉とキャラクタの関わり方には少なくとも四つの種
類がある。

　1種目は，たとえばある成人男性について「あの人は「坊っちゃん」だ」
などと言う場合の関わり方で，この時，「坊っちゃん」という言葉はそ
の成人男性が自己中心的あるいは幼児的なキャラであることを示してい
る。この「坊っちゃん」のような言葉は「キャラクタのラベル」，それ
により表されるものは「ラベルづけられたキャラクタ」と呼ばれる（定
延 2011: 112）。

　2種目は，たとえば「たたずむ」のは「大人」の直立状態，「にたり
とほくそ笑む」のは「悪者」の微笑というように，動作を表現する言葉
が，動作だけでなく，その動作を行うキャラクタをも示すという場合の

関わり方である。「にたりとほくそ笑む」のような言葉は「キャラクタ動作の表現」，それにより表されるキャラクタは「表現キャラクタ」と呼ばれる（定延 2011: 118）【注1】。

3種目は，たとえば「そうじゃ，わしが知っておる」と言うのは「老博士」，「ほほほ」と笑うのは「お嬢様」というように，言葉が内容だけでなく，その内容を話す話し手のキャラをも示すという場合の関わり方である。「そうじゃ」のような言葉は「役割語」（金水 2003）【注2】，「老博士」のようなキャラは「発話キャラクタ」（定延 2006, 2011）と呼ばれる。

最後の4種目は，「それでわたくしも，これはあやしいぞって思いましたの」と貴婦人が言う場合の「これはあやしいぞ」のように，思考を表す言葉が，思考だけでなく思考の行い手のキャラクタをも示すものである（定延 2016: 26）。下線部のような言葉は「内言」，それにより表現されるキャラクタは「思考キャラクタ」と呼ばれる（定延 2016: 26）。

以上の4種のうち，本稿では，多様な広がりがあり，出現頻度も高いと思われる2種目と3種目の関わり方，すなわち「キャラクタ動作の表現と表現キャラクタ」と「役割語と発話キャラクタ」を取り上げる。2種目に関する先行研究は多くはないが，笑いについては言及が比較的多いので，次の第3節では2種目を，特に笑いを中心に取り上げる。第4節では3種目を取り上げる。

3. キャラクタ動作の表現と表現キャラクタ：特に笑いを中心に

この節では，特に笑いに関するキャラクタ動作と表現キャラクタの結びつきを中心に，先行研究を紹介しつつ観察した上で（第3.1節），日本語教育がそれらを取り上げていないため学習者が被っている悪影響を示す形で（第3.2節），日本語教育がこれらを取り上げるべきことを論じる。

3.1. 笑い手のオノマトペと笑い手のキャラクタ

　まず，日本語における笑いの表現と笑い手のキャラの結びつきについ
て，先行研究を紹介しておく。日本の小説やマンガに現れる笑いのオノ
マトペを分析した羅米良（2011）は，「にこにこ」「にこりにこり」「にこっ」
などの「にこにこ」類が「上品な善玉」キャラの笑い方であるのに対し，
「にやにや」「にやりにやり」「にやり」などの「にやにや」類は「下品
な善玉」または「悪玉」キャラの笑い方であり，さらに「にたにた」「に
たりにたり」「にたり」などの「にたにた」類は専ら「悪玉」キャラの
笑い方であると述べている。また，定延（2013）も，吉川英治版『三国志』
において清廉潔白な劉備玄徳の笑いが「にやにや」と描写されているこ
とへの違和感を記し，現代の感覚では劉備玄徳のような「正義漢」キャ
ラが「にやにや」笑うことはできないと指摘している。

　このような結びつきは，フィクション作品の中だけでなく，実際のコ
ミュニケーション場面でもよく観察される。下の例 (1) は，悩み相談サ
イトに書き込まれた，意図に反して自身の笑い方が否定的に描写された
という笑い手の嘆きである。

　　⑴　ニコニコとニヤニヤの違いを教えて下さい。
　　　最近ニヤニヤと言われることが多く困っています。（昔はよ
　　　くニコニコしてるねと言われました）
　　［Yahoo! 知恵袋（mon******** さん 2008/06/30 投稿）
　　　https://detail.chiebukuro.yahoo.co.jp/qa/question_detail/
　　　q1117478006，最終確認：2017 年 9 月 28 日］

「にやにや」は「意味ありげにうす笑いを浮かべる」（小野 2007）様子
を表すとされているが，(1) の笑い手にそのような意図はない。この現
象は，あるときは「にこにこ」，あるときは「にやにや」と意図的に使
い分ける「スタイル」の問題ではなく，キャラクタの問題だと考えられる。
　また，限定的なものではあるが，先行研究では日本語と他言語との比

228 第4章 キャラ論の応用

較対照もなされている。日本語はロシア語や中国語と比べると，キャラ
クタ動作の表現と笑い手の表現キャラクタの結びつきが強く，笑い手の
キャラに応じた表現が多いという調査がある。宿利（2017a），宿利・羅
（2017）では，ロシア人作家ドストエフスキーの『罪と罰』のロシア語
原文，日本語版，中国語版が比較され，ロシア語原文と中国語版に比べ
て，日本語版の方が笑いを表すキャラクタ動作の表現の種類が多いと指
摘されている。さらに，日本語母語話者とロシア語母語話者を対象に，
笑い方に関するキャラクタ動作の表現と表現キャラクタのマッチング調
査を行った宿利（2017b）は，「特定の笑い方の表現は，特定の表現キャ
ラクタに固有のもの」という認識を，ロシア語母語話者が持たない傾向
にあったのに対して，日本語母語話者はこの認識を持つ傾向が見られた
と述べている。その他の言語については今後の調査を待たねばならない
が，少なくともロシア語や中国語と比べると，笑い方の表現に関して，
日本語はキャラクタ動作の表現と笑い手の表現キャラクタの結びつきが
強く，その知識が母語話者間で共有されていると言える。

3.2. 日本語教育の実状

　キャラクタ動作の表現と表現キャラクタの結びつきに関する説明は，
日本語教材にほとんど登場しない。笑い方の表現に関しても，どのよう
な人物の笑い方を表す際に用いるかという説明がなく，意図的にコント
ロールできる表情や声の違いとして，誰の笑い方を表すときでも使える
表現のように示されている。次の (2) 〜 (5) は日本語の語彙教材に現れ
た笑い方の表現の実例である。該当する笑い方の表現に下線を付ける。

　　(2)　A：なんだおまえ，そんなに<u>にやにや</u>して，気持ちが悪い。
　　　　B：だって，僕がガールフレンドがいないって言ったら，店
　　　　長がね，妹さんを紹介してくれるって！
　　　　【解説】ひとり満足しているときの表情。
　　　　［河野他（2003: 2）］

⑶　受付のおねえさんは愛想がいいよね。いつもにこにこして
　　いて。
【解説】楽しそうな笑顔。
　　［河野他（2003: 2）］

⑷　おじいちゃんは孫の話をするとき，いつも目じりがさがる。
【解説】なし。
　　［河野他（2003: 28）］

⑸　初めて見た孫の姿に，祖父母は目を細めた。
【解説】なし。
　　［松浦・鈴木（2010: 30）］

　例⑵と⑶について，先行研究では上述のとおり，「にやにや」は「下
品な善玉」または「悪玉」キャラ，「にこにこ」は「上品な善玉」キャ
ラであるとされるが（羅 2011），この教材にはそのような解説はない。
例⑷と⑸についても，特に解説はないが，母語話者である筆者の内
省ではこれらは誰の笑顔を表す場合も使える表現ではない。少なくとも
「子ども」がかわいらしい子犬を見て笑みを浮かべる様子を，「目じりが
下がる」「目を細める」と表現することは少ないのではないだろうか。
　以上のように日本語教材に解説がないため，これらが母語話者にどの
ような人物の笑い方として認識されているかという情報は，その情報を
提示するか否かも含め，すべて担当する教師次第，というのが教育現場
の現状である。また，母語話者教師は内省により何らかの情報を提示で
きる可能性もあるが，非母語話者教師には難しいと考えられる。
　以上の事情は日本語学習者に悪影響をもたらしている。日本語母語話
者に違和感を抱かせる学習者の発話や作文の中には，これらの事情によ
るものと思われるものが存在するからである。次の⑹は，学習者作文

230 第4章 キャラ論の応用

コーパス「なたね」に掲載されている，マラーティー語母語話者の作文の一部である。誤用と分類された箇所に下線を付し，「なたね」の訂正例を（→）に示す。

(6)　学習者 ID：p27，性別：女，国籍インド，母語：マラーティー語

（前略）かばんはどのビジネスでも使われているのでおきゃくさんはいつもかばんを<u>せがみます</u>（→ほしがります）。（後略）

［学習者作文コーパス「なたね」https://hinoki-project.org/natane，最終確認：2017年10月18日］

(6) の「せがむ」は日本語能力試験の複数の問題集（松岡 2012，大矢根他 2002 など）でも扱われており，それらの問題集や辞書ではただ「無理に頼む。しつこくねだる」意とだけ紹介されている。したがって，客が無理に頼むことを表現しようとした学習者が「せがみます」と書いたとしても不思議はない。その「せがみます」がなぜ誤用であり「ほしがります」に訂正されるべきなのかは，問題集や辞書からは明らかではない。「せがむ」は辞書の例文を見ると，「母に小遣いを<u>せがむ</u>。」のように行動主体を「子ども」とする場合がほとんどであるように，幼稚なキャラクタと結びついたキャラクタ動作の表現と言えよう。主体である「おきゃくさん」と，「せがむ」の幼稚な表現キャラクタのミスマッチによる違和感が，誤用と判断された要因の一つと考えられる。

　いま紹介した (6) の例は母語話者に違和感を抱かせるだけだが，学習者のキャラクタ動作の表現と表現キャラクタに関する知識不足が，コミュニケーションの当事者間の人間関係に影響を与える可能性も考えられる。たとえば，学習者が「ひとり満足している」A さんに，「A さん，にやにやしていますね」と話しかけた場合，「にやにやしている」と言われた A さんは，発話した学習者がこのキャラクタ動作の表現と表現

キャラクタに関する知識を持っていないと考えるだろうか。「にこにこしていますね」でも「笑っていますね」でもなく，意図的に「にやにやしていますね」を選択したと思うのではないだろうか。場合によっては，「下品な善玉」または「悪玉」キャラ扱いされたＡさんが，話し手である学習者を「失礼な奴だ」と認識してしまうかもしれない。学習者のキャラクタ動作の表現と表現キャラクタに関する知識不足に関しては，これまでほとんど調査されておらず，人間関係への影響もあくまで想像の域を出ない。今後実態調査を行っていく必要があるだろう。

4. 役割語と発話キャラクタ

　この節では，役割語と発話キャラクタの結びつきを，社会的位相との異なりに焦点を当てつつ観察した上で（第4.1節），日本語教育がそれらを取り上げていないため学習者が被っている悪影響を示す形で（第4.2節），日本語教育がこれらを取り上げるべきことを論じる。

4.1. 役割語・発話キャラクタと位相の異なり

　役割語と発話キャラクタの結びつきに関しては，すでに日本語だけでなく（例：金水 2003，定延 2011），他言語の対照研究も数多く行われている（鄭 2005, 2008；山口 2007；福嶋 2012 他）。それらの研究により，日本語は他言語に比べ役割語の種類が多く，役割語と発話キャラクタとの結びつきが強いことがわかっている。役割語の日英比較を行った山口（2007）によると，日本語は自称詞や文末表現が豊富で，「足し算式」にさまざまな役割語が生み出される一方，英語の役割語にはそのような生産性がない。日韓比較を行った鄭（2005）は，日本語が韓国語に比べ役割語としての文末形式が発達しており，日本語ならば表現できる役割語としての性差が韓国語訳では表現しにくいことを指摘している。また，鄭（2005）が日本語と韓国語のマンガを用いてそれぞれの母語話者を対象に行った役割語と発話キャラクタのマッチング調査では，日本語母

語話者の正答率が約 70% だったのに対し，韓国語母語話者は約 40% と低く，日本語が韓国語に比べ役割語と発話キャラクタの結びつきが強いことが示された。

　これらの研究を理解する上でも注意しなければならないことは，役割語は「このような人物はこのような言葉遣いで話しそうだ」という，話し手や聞き手が共通して持つイメージであり，現実の言語使用と必ずしも一致しない（金水 2003: 38）ということである。したがって，「このような人物は実際どのような言葉遣いで話すか」ということに焦点を当てた，学者の研究によって得られる現実における様相・差異である位相語とは異なるものである（金水 2003: 37）。たしかに，言葉遣いの中には役割語としても位相語としても存在するものがある。たとえば，「女性言葉」は現実の位相語としても存在するし，日本語社会で共有されるイメージとして役割語とも捉えられると考えられている（金水 2003: 37）。だが，「ワレワレハウチュウジンダ」のように平板イントネーションによる音声で表される「宇宙人語」は，役割語ではあるが位相語ではない（金水 2015: xii）。

4.2. 日本語教育の実状

　アニメ・マンガをきっかけに日本や日本語に興味を持ったという日本語学習者は多く（川嶋・熊野 2011），これらに登場する役割語と発話キャラクタへの関心も高い（熊野 2010）。しかしながら，それらのアニメ・マンガが前提としている，日本語母語話者が共通して持っている役割語と発話キャラクタに関する知識を，日本語学習者は（少なくとも十分な形では）持っていない。鄭（2008）で実施されている，日本語役割語と発話キャラクタのマッチング調査では，対象者である韓国人上級日本語学習者の正答率が 46.2% と低く，上級学習者でも役割語と発話キャラクタの知識に関しては母語話者と隔たりがあることが明らかになっている。宮城県に住む中級以上の日本語学習者を対象とした宿利（2012）およびロシア人日本語学習者を対象とした宿利他（2015）でも，役割語

と発話キャラクタのマッチング調査において，上級学習者でも発話キャラクタに対し母語話者とは異なる役割語を組み合わせることがわかっている。

　このことから考えられるのは，役割語と発話キャラクタに関する知識を持たない学習者が，日本語母語話者との間に問題を起こしている可能性があるということである。実際，筆者が日本語教師として3年間教壇に立ったロシアでは，日本語の言葉とキャラクタの結びつきについての知識を持たない日本語学習者の発話が，日本語母語話者に不自然な印象を与えたり，母語話者を不愉快にさせたりすることがあった。例えば，敬語表現「お入りください」の「ください」を取った，「女王様」の命令のような「お入り」という上級学習者の発話が複数回観察された（Shukuri 2015；宿利他 2015）。発話したロシア人学習者は意図的に「女王様」キャラを繰り出したわけではないと話しており，これは日本語学習者が言葉とキャラクタの結びつきに関する知識を十分に持っていなかったために起きた問題であると考えられる。

　言葉とキャラクタのミスマッチは，コミュニケーションの当事者間の人間関係に影響を及ぼす可能性がある。文法や語彙の誤用により命題が受け手に理解されない場合とは異なり，言葉とキャラクタの組み合わせは不自然だが命題自体は受け手に理解されたという場合，このようなミスマッチは受け手である母語話者に誤用と認識されにくい。「お入り」と発話した学習者の場合，筆者が本人に確認したため意図的な発話でないことがわかった。発話したのが上級学習者だったため，「お入り」という発話が「女王様」のように聞こえるという知識を持った上での発話だった可能性もあり，確認しなければ意図的な発話か否か判断できなかった。誤用でないと判断した聞き手が話し手に抱く印象は，日本語母語話者による「お入り」発話を思い浮かべれば容易に想像できる。聞き手はこの発話を意図的なものと捉え，話し手がもともと「冗談好きな人」として知られている場合を除き，話し手を「変な人」や「失礼な人」と認識するのではないだろうか。そして，母語話者に指摘・修正されずに

234 第4章 キャラ論の応用

そのような発話を繰り返せば，話し手である学習者に対する評価に何らかの影響があるだろう。

　以上のような悪影響を防止するための教材はすでに一部は開発されている。アニメやマンガに現れる役割語と発話キャラクタに関する教材の代表的な例としては，国際交流基金関西国際センターが開発した，Eラーニング教材サイト「アニメ・マンガの日本語」【注3】が挙げられる。同サイトでは，アニメ・マンガに現れる典型的な八つのキャラクタ（「男の子」「女の子」「野郎」「侍」「おじいさん」「お嬢様」「執事」「大阪人」）の，あいさつや文法，発音変化といった役割語が，声優の音声付きで学べる（熊野・川嶋 2011: 112-113）。国際交流基金（2013）は，2009年度から2013年度の同サイトへの累計アクセス数が約1,097万件であることを報告しており，同サイトがある程度普及していることが伺える。また，川嶋・熊野（2011）は同サイトを活用した授業実践を行っており，役割語・発話キャラクタの日本語授業への活用や学習者の動機づけ向上の可能性を示している。

　このように，役割語と発話キャラクタは日本語教育でも扱われているが，その扱われ方に問題がないわけではない。それは第4.1節でも述べたように，発話キャラクタが現実の位相ではなく，あくまでイメージに基づくものであることの無理解から生じているようである。以下このことを，主として性に関して述べる。というのは，中級以上の教科書の多くが性差を何らかの形で取り上げているからである。

　日本語教材は「女性言葉」を「女性が話す言葉」として紹介し，多くの教師もそれを踏まえて授業を行っている。だが，現代の女性たちの話す言葉が女性言葉と常に一致するわけでは全くない。水本他（2009）は，自然会話ではほとんど使われない女性文末詞【注4】を，若い女性たちが，冗談や皮肉，「オネエ言葉」のような「特殊表現」として認識しているという意識調査の結果を報告している。このことに端的に現れているように，これらの女性文末詞は，「女性」という社会的グループに属する者に実際に使用されている位相語ではなく，言葉のステレオタイプであ

る役割語である。しかし，それらの女性文末詞は，日本語教材の会話における女性の発話部分には（女性の年齢や国籍を問わず），実社会の自然会話の7倍から15倍の頻度で現れている（水本他 2009）。この状況は，「女性なら誰でもこのように話す」という学習者の誤解を生みかねないと言えるだろう。水本（2015）は水本他（2007）が行った実験の結果を紹介し，日本語教材が実際の言語使用とは異なる女性文末詞を学習者にインプットさせてしまう危険性を指摘している。この実験では，女性文末詞が会話に頻繁に現れる教科書を用いて二か月間授業を行い，学習者がどのような会話を展開するかを調べた。その結果，日本人との接触が少ない学習者は，教師が女性文末詞について若者世代は使用しないという説明を特にしない限り，モデル会話をリピート練習させなくとも，教科書どおりに女性文末詞を使う傾向があることが明らかになった。授業で位相語であるかのように指導すると，学習者は自分の言葉として役割語を使ってしまう可能性があるということである。また宿利他（2016）は，ロシアの日本語教材にはどのような男性・女性がどのような場面で「男性・女性言葉」を発するのかという説明がなく，性差の表現を文法規則のように紹介していることを報告しており，これもやはり同様の結果を生みかねない状況と言える。

　アニメ・マンガから役割語や発話キャラクタに関する情報を入手する学習者は多い（川嶋・熊野 2011）。「アニメ・マンガの日本語」サイトでは，教科書や辞書に載っていない表現を学ぶことができ，学習者自身のコミュニケーションに活かせると，自身の特徴を紹介している【注5】。だが，アニメ・マンガが非現実の人物をしばしば登場させることは別としても，そもそも役割語がイメージであり，現実とは必ずしも対応しないことには注意が必要だろう。宿利（2013）は，ロシア人日本語学習者を対象にインタビュー調査を行い，アニメやマンガの日本語を「自然な日本語」「生の日本語」と認識している学習者がいたことを報告している。このような回答をした学習者には，大学や文化センターで日本語を教えるロシア人教師も含まれており，上級学習者にもこのような認識がある

ということが示されている。

　先に紹介した「お入り」のような問題を避けるには，役割語と発話キャラクタの結びつきについて日本語教育現場で積極的に指導していく必要があるだろう。但し，「このような人物は実際このような言葉遣いで話す」というように，位相語であるかのように指導するのではなく，「「このような人物はこのような言葉遣いで話しそうだ」と考えられがちである」というように，役割語であることを学習者に明示すべきである。また，母語話者の認識と異なる情報をインプットすることがないよう，意識調査などの結果を踏まえた役割語と発話キャラクタの情報を提示していく努力が必要である。

5. まとめ

　本稿では，言葉とキャラクタの関わり方のうち二つの種類，具体的には「キャラクタ動作の表現と表現キャラクタ」「役割語と発話キャラクタ」について，先行研究を紹介しつつ観察をおこない，日本語教育におけるそれらの扱いについて述べた。これら二種類のいずれについても，日本語は（調査された）他言語よりも，言葉とキャラクタの結びつきが強いと先行研究では指摘されている。しかしながら，日本語教育において，この二種類に関する指導は十分に行われておらず，そのため学習者の知識不足が発話や作文に不自然さをもたらしている。日本語教育では，言葉とキャラクタの結びつきについて，積極的に指導していく必要がある。

　キャラクタ動作の表現と表現キャラクタに関しては，まだ研究の数が少なく，日本語教材にもほとんど説明がない現状である。どのようなキャラクタ動作の表現と表現キャラクタの結びつきが母語話者に認識されているか，笑い方の表現以外にも調査を広げ，それらの調査結果を踏まえた指導をしていく必要があるだろう。

　役割語と発話キャラクタに関しては，すでにさまざまな研究がなされているが，日本語教育では両者の結びつきがあくまでイメージに基づく

ということが十分には認識されず，役割語は位相語のように導入されがちであった。今後はこの点を明示・強調していく必要がある。また，母語話者の抱くイメージとずれた発話キャラクタを紹介することのないよう，意識調査などの結果を踏まえた情報を学習者に提供する必要があるだろう。

　もちろん，学習者にとって，目標言語の学習項目は少ないに越したことはない。キャラクタの導入は，「女性言葉」「男性言葉」「子供の言葉」など，覚えなければならない規則性を飛躍的に増やすもので，多くの学習者を脱落させる要因にもなりかねないと，不安を抱く日本語教師も少なくないかもしれない。だが,国際交流基金やカイ日本語スクール【注6】など，独自に教材を開発し，キャラクタを日本語教育に取り込んでいる教育機関はすでに存在している。キャラクタに関する教育が，日本語学習者の学習動機を高める可能性も指摘されている（川嶋・熊野 2011）。キャラクタ導入による学習者の負担増加は，あまり不安視する必要はないのではないか。

【付記】

　本研究は，日本学術振興会の特別研究員奨励費による研究「コミュニケーションにおける丁寧さに関する齟齬について」（課題番号：17J04518）の成果を含んでいる。

【注】

1　キャラクタ動作の表現は，「このような人物はこのような動作をしそうだ」という，母語話者が共通して持つイメージを反映していると言える。したがって「対面場面で発話中の女性は，同じく対面場面で発話中の男性と比べてジェスチャーの頻度が高い」（荒川・鈴木 2006），「発話時に男性は片手を動かしがちだが女性は両手を動かすことが多い」（金田 2016）といった，現実の動作観察に基づく指摘とはズレることもある（この点は第4節で述べる）。この記述は，

本論文集所収のベケシュ論文の記述「片手で手振りする女性は，性の違いを除いて，男性の場合と状況が異ならないのに，「伝統的」な「市場」では，「非女性的，男っぽい，生意気」というマイナスの評価を受ける」と食い違うように見えるかもしれないが，必ずしもそうではないだろう。ベケシュ論文は，「女」キャラらしい身体動作から逸脱した身体動作に「男勝り」キャラという逸脱キャラを見ていると理解することができる。現実ではなくイメージに基づくという点では，後述の3種目も同様である。

2　金水（2003: 205）は，「ある特定の言葉遣い（語彙・語法・言い回し・イントネーション等）を聞くと特定の人物像（年齢，性別，職業，階層，時代，容姿・風貌，性格等）を思い浮かべることができるとき，あるいはある特定の人物像を提示されると，その人物がいかにも使用しそうな言葉遣いを思い浮かべることができるとき，その言葉遣いを「役割語」と呼ぶ。」と定義した。金水（2015）は金水（2003）の定義についていくつかの問題点を指摘し，「（社会・地域）方言のステレオタイプ」すなわち，「（実在と否とを問わず）社会的グループと結びつけられた話し方のパタンを役割語という」との限定を加えている。だが本稿では記述の簡単さを優先して，金水（2003）の定義を用いることとする。

3　「アニメ・マンガの日本語」http://anime-manga.jp，最終確認：2017年10月3日.

4　本稿では，水本他（2009）を参考に，「〜かしら」や上昇調の「〜わ」のような女性特有の文末詞を女性文末詞と呼ぶ。

5　「About アニメ・マンガの日本語」http://anime-manga.jp/about_anime-manga/eng，最終確認：2017年10月3日.

6　カイ日本語スクールは，心理学的分類により設定された複数の発話キャラクタによる会話を盛り込んだ日本語教材『キャラクター会話』を開発し，初級段階から授業で活用している（松尾・山本2008）。

【資料】

大矢根祐子・寺田和子・東郷久子・松井世紀子（2002）『完全マスター語彙　日本語能力試験1・2級レベル』スリーエーネットワーク.

河野桐子・馬原亜矢・野口仁美（2003）『中上級レベル日本語教材　語彙力ぐんぐん1日10分』スリーエーネットワーク.

松浦真理子・鈴木健司（監修）（2010）『日本語能力試験対策日本語パワードリルN1文字・語彙』アスク出版.

松岡龍美（2012）『絶対合格！日本語能力試験徹底トレーニングN1文字語彙』アスク出版.

【参考文献】

荒川歩・鈴木直人（2006）「ジェスチャーは会話スタイルの一部か？：発話の近言語的特徴とジェスチャー頻度との関係およびその性差」『対人社会心理学研究』6，pp.57-64.

小野正弘（2007）『擬音語・擬態語 4500 日本語オノマトペ辞典』東京：小学館.

金田純平（2016）「笑い話における言語・非言語行動の特徴—関西芸人と一般の女性の比較から」，研究集会「プロフィシェンシーと語りの面白さ」2，三宮コンベンションセンター 5 階会議室 503，2016 年 10 月 1 日.

川嶋恵子・熊野七絵（2011）「アニメ・マンガの日本語授業への活用」『WEB版日本語教育実践研究フォーラム報告』http://www.nkg.or.jp/pdf/jissenhokoku/2011_RT3_kawashima.pdf，最終確認：2017 年 9 月 27 日.

金水敏（2003）『ヴァーチャル日本語　役割語の謎』東京：岩波書店.

――――（2015）「パネルセッション 日本語とキャラ：役割語からみた日本語とキャラ」日本語文法学会 第 16 回研究大会.

熊野七絵（2010）「日本語学習者とアニメ・マンガ：聞き取り調査結果から見える現状とニーズ」『広島大学留学生センター紀要』20，pp.89-103.

国際交流基金（2013）「国際交流基金 2013 年度年報資料」https://www.jpf.go.jp/j/about/result/ar/2013/07_02.html，最終確認：2017 年 9 月 27 日.

定延利之（2006）「ことばと発話キャラクタ」『文学』7 (6)，pp.117-129，東京：岩波書店.

――――（2011）『日本語社会 のぞきキャラくり　顔つき・カラダつき・ことばつき』東京：三省堂.

――――（2013）「第 38 回「ニタニタ」「にやり」「にったり」について」『日本語社会 のぞきキャラくり 補遺』http://dictionary.sanseido-publ.co.jp/wp/table_of_contents/ 定延利之さん日本語社会 - のぞきキャラくり - 補遺 /，最終確認：2017 年 10 月 2 日.

――――（2014）「キャラクタから見た翻訳の問題と解決」『電子情報通信学会技術研究報告，TL，思考と言語』113 (440)，pp.1-6.

――――（2016）「内言の役割語—ことばとキャラクタの新たな関わり—」『役割語・キャラクター言語研究国際ワークショップ 2015 報告論集』pp.14-31.

――――（2018）「日本語社会における「キャラ」」定延利之（編）『「キャラ」概念の広がりと深まりに向けて』pp.120-132，東京：三省堂.

宿利由希子（2012）「キャラクタのタイプと役割語に関する意識調査報告—《私たち》タイプに注目して—」『言語科学論集』16，pp.85-96.

――――（2013）「ロシアの現場から：ロシア，ノボシビルスクにおけるキャラクタ教育の現状」『パネルセッション　キャラクタと電子資料を駆使した日本語

240 第4章 キャラ論の応用

教育の新展開』ヨーロッパ日本語教師会マドリッドシンポジウム，コンプルテ
ンセ大学文学部，2013年9月6日.

─────（2017a）「キャラクタの笑いの表現に関する日露対照─ドストエフスキー
『罪と罰』の用例と日本語訳から─」『国際文化学』30，pp.40-64.

─────（2017b）「キャラクタの笑い方の表現に関する日露対照─『罪と罰』の
用例から─」ポスター発表，ヨーロッパ日本語教師会リスボンシンポジウム，
リスボン新大学，2017年9月1日.

Shukuri, Y. Japanese Language and "Characters": From the Perspective of
Teaching Japanese as a Foreign Language, *Acta Linguistica Asiatica*,
Ljubljana University, Vol.5, No.2, pp.61-68, 2015, http://revije.ff.uni-lj.
si/ala/article/view/4705，最終確認：2017年10月3日.

宿利由希子・カリュジノワ，マリーナ・大内将史・プーリク，イリーナ・ミロノワ，
リュドミラ・シモノワ，エレーナ・ノヴィコワ，オリガ（2016）「日本語の性
差に関するロシア人日本語学習者の意識調査報告：翻訳文の自称詞と文末詞に
注目して」『日本語とジェンダー』16，pp.34-41.

宿利由希子・プーリク，イリーナ・ミロノワ，リュドミラ・ノヴィコワ，オリガ・カリュ
ジノワ，マリーナ・シモノワ，エレーナ・大内将史（2015）「ロシア語母語話
者の日本語役割語に関する意識調査：アニメ・マンガの役割語に注目して」『日
本言語文化研究会論集』11，pp.19-37.

宿利由希子・羅希（2017）「キャラクタと笑い方の表現に関する考察─ロシア語小
説の日本語訳と中国語訳から─」日本語学会2017年度春季大会口頭発表，関
西大学，2017年5月13日.

鄭惠先（2005）「日本語と韓国語の役割語の対照─対訳作品から見る翻訳上の問題
を中心に─」『社会言語科学』8（1），pp.82-92.

─────（2008）「日本語役割語に対する韓国人日本語学習者の意識」『長崎外大
論叢』12，pp.49-58.

福嶋教隆（2012）「スペイン語の「役割語」：日本語との対照研究」『CLAVEL』2，
pp.70-86.

松尾恵美・山本弘子（2008）「非言語トレーニングに向けた新たなアプローチ〜『キャ
ラクター会話』の開発を通して〜」平成20年度日本語学校教育研究大会研究
発表，国立オリンピック記念青少年総合センター，2008年8月19日.

水本光美（2015）『ジェンダーから見た日本語教科書─日本女性像の昨日・今日・
明日─』岡山：大学教育出版.

水本光美・福盛寿賀子・高田恭子（2009）「日本語教材に見る女性文末詞─実社会
における使用実態調査との比較分析─」『日本語とジェンダー』9，pp.11-26.

山口治彦（2007）「役割語の個別性と普遍性─日英の対照を通して─」金水敏（編）

『役割語研究の地平』pp.9-25，東京：くろしお出版.

羅米良（2011）「博士論文 現代日本語副詞の記述枠組みに関する研究」神戸大学.

索引

■人名等
東浩紀　85
庵野秀明　80
伊藤剛　5, 13, 14, 124
オースティン　135
カイ日本語スクール　237
国際交流基金　234, 237
ゴッフマン　98, 99, 100, 114, 115, 116
スタジオジブリ　70
斎藤環　40, 165
土井隆義　5, 14, 156, 158, 164, 167
バフチン　100, 108
原田曜平　159, 162
藤原与一　37, 199
ブルデュー　30, 135, 136, 142
ヴォグラー　66
みうらじゅん　11
宮崎駿　70
村上春樹　64, 72, 86

■作品名
『1Q84』　24, 78, 79, 86, 89, 90, 92
『海辺のカフカ』　66, 72, 73, 74, 76, 78, 80, 81
『風の谷のナウシカ』　70, 71
『今日の5の2』　88
『新世紀エヴァンゲリオン』　80
『涼宮ハルヒの憂鬱』　91, 92
『1973年のピンボール』　79
『千と千尋の神隠し』　70, 71
『罪と罰』　228
『魔法先生ネギま!』　86
『りはめより100倍恐ろしい』　163, 165

■事項　a - z
animator（発話体）　100
author（発話の作者）　100
BCCWJ　47
characters　10, 11
JpTenTen　47, 59
natural figure　100
principal（発話の責任者）　100
Sketch Engine　47, 59
SNS　160, 168, 176
Twitter　160

■事項　あ - ん
===あ・ア===
アーキタイプ　69
アーキタイプと言語　70, 71, 72, 80
アーニャ　86, 87
アイデンティティ　37, 147, 169, 198, 199, 221
アイデンティティ（一貫した自己）　157
アイデンティティ（キャラ）　218
アイデンティティ（同一性）　13, 114
アカウント　160
明るさの強制　174
悪玉　227, 229
遊びの場　37
あだ名　163
アニメ　85, 88
アニメーション　98
アニメーション作品　70
《アニメーションの関係性の設定》　99
アニメーター　100
アニメート（animate）　99
「アニメ・マンガの日本語」　234, 235
綾波レイ　80, 95
安定性　141, 144

異化作用　181
異化された言語　106
意識高い系　106, 109
いじめ　175
いじられキャラ　164, 175
いじり　175
いじりキャラ　164
位相　231, 234
位相語　225, 232, 234, 235, 236, 237
位相差　181
一語文　216
一人称　87
一人称代名詞　219
イデオロギー　164
意図　122, 128, 137, 181
意図的　32, 142, 233
意図明示的コミュニケーション　128
意図明示的推論コミュニケーション
　　（ostensive-inferential communication）
　　122
《命》（anima）　99
居場所　156, 167
妹属性　86
陰キャ　161
陰キャラ　161, 174
インタビュー調査　32
引用　107
引用形式（citation form）　103
引用・再文脈化　112
引用者　35
引用と翻訳の実践　98
引用元の話者の人物像　183
韻律　181
受け手の自己同一化　68
ウェブコーパス　47, 59
宇宙人語　232
英語　215

演技　155, 156, 157, 182
演技性　158, 182
演じる　32, 173
演じ分け　181
大阪弁キャラクター　75
大島さん　66
『幼なじみ』　26
幼馴染属性　86
オタク　161, 162
オタク系　91, 92, 93, 94
オチ　184
男ことば　66
「オネエ言葉」　234
オノマトペ　227
「面白い話」　34
お笑い　174
お笑い芸人　154, 166, 170
音声合成　113, 117

＝＝＝か・カ＝＝＝
会話参与者　182
係助詞　200
格　26, 66
学習者の動機づけ　234
学習動機　237
影　67, 69
過去の経験　137
硬い声　184
かぶらない　154
カミングアウト　172, 173
変わらない外見　14
関係性　168, 174
関係性理論　122
韓国語社会　34
神崎蘭子　102
関心　182
間接引用　36

甲高い声　192, 193, 195
間ディスコース性　106
間投助詞　217
感応力　41
聞き手　182, 233
記述言語学　103
記述言語学的／文献学的想像力　102
起承転結　67
擬人化キャラ　117
擬人化キャラクター　113
機能　122
機能主義　135
機能主義的　128
キャラ　4, 10, 12, 13, 58, 106, 115, 124, 126,
　　127, 141, 154, 156, 157, 172, 174, 176,
　　182, 194, 195, 221, 224, 227, 228, 233
キャラ（Kyara）　4, 13, 14, 28, 124
キャラ化　32, 33, 155, 166, 168, 169, 170,
　　171, 172, 173, 175
キャラ化運動　171
キャラ化した人間関係　161
キャラ（クタ）　10, 11, 13, 29, 32, 124, 125,
　　127, 128, 129, 130, 131, 136, 140
キャラクタ　4, 10, 124, 140, 142, 144, 146,
　　147, 148, 149, 227, 237
キャラクタ（登場人物）　14
キャラクター　64, 68, 81, 99, 115, 116
キャラクター化　98, 99, 103, 104, 106, 113,
　　114, 115
キャラクター化された言語　115
キャラクター化の理論的展開　101
キャラクター言語　14, 15, 23, 64, 66, 73,
　　99, 143
「キャラクター」という概念　98
キャラクターの位置づけ　66
キャラクターの作り手　64
キャラクターの分類　64

キャラクターの読み込みのリテラシー
　　171
キャラクターボット　112
キャラクターを属性で把握する　94
キャラクタという概念　40
キャラクタ動作の表現　16, 39, 225, 226,
　　228, 230, 231, 236
キャラクタとことばの結びつき　35
キャラクタのラベル　16, 225
キャラクタ（肘関節）　40
「キャラクタ」論　4
「キャラ（クタ）」論　4
キャラ言語　114, 115
キャラ語尾　36
キャラコピュラ　217
キャラ助詞　36, 198, 199, 200, 201, 202,
　　216, 217, 218, 220
キャラ的な人間関係　169, 171
キャラとしての一貫性　88
キャラの数　159, 160
キャラの鑑賞者　34
キャラの実践者　34
キャラの実態　157
キャラの使い分け　173
キャラの付与　155
「キャラ」の分布　47
キャラの変化　34
キャラへの傾斜　157
キャラリテラシー　34, 170, 175
「キャラ」論　4
キャラを演じる　32, 159, 161, 169, 177
キャラを演じ分ける　160
キャラを自覚　161
キャラを表現するタイプ　189
恐縮した人　188
教条的意義　101
儀礼的仮面　115

「空気を読む」 158
唇のゆがめ 35
経済資本 138
芸人 154, 157, 170, 176, 180
ゲーム 85
下品な善玉 227, 229
権威的起点 110
《言語》 99
言語・記号観 98
言語共同体 65
言語研究 29, 134
言語コミュニケーション 123
言語資本 139
言語社会 20, 94
言語社会における共通理解の成立 94
言語的行為 148
言語的媒介 99, 114, 115, 116
言語哲学 135
言語と話者の結びつき 65
言語の再帰性 114
言語の再帰的行為 98
言語のキャラクター化 27, 113
言語変異 65
言語名（glottonym） 102, 106
言語理論 134
言語レジスター 107
現実社会 65
現実世界 21, 25
現実の世界 88
「現代日本語書き言葉均衡コーパス
　（BCCWJ）」 46
「現代日本語大規模ウェブコーパス
　（JpTenTen）」 46
現代日本語の世界 25
現代若者コミュニケーション 33
「原典」 104, 110
言動 22, 29

権力関係 163, 164
行為者（actor） 135, 137, 138, 144
行為者の合理性 142
構成 23
構造化 137, 138
構造主義 135
行動の理論 136, 146
声の甲高さ 35
コーパス 21, 103
コーパス辞書学・言語学 46
呼称 163
個人 30
「個人」と「社会」 30
個性 155, 156, 162
孤独さ 166, 173
言葉とキャラクタのミスマッチ 233
言葉の遊び 202
ことばの教育 40
子供っぽいキャラ 194
子供っぽさ 35
語尾 164
コピペ 115
コミュニケーション 78, 120, 122, 149,
　154, 156, 157, 160, 164, 168, 169, 170,
　171, 173, 181, 233, 235
コミュニケーション意図 128
コミュニケーション能力 165, 167
コミュニケーション場面 227
コミュニケーション分析 99
コミュニケーション網 155
コミュニケーションや言語の研究 124,
　128
コミュ力 165, 166
誤用 230, 233
語用的条件と帰結 98
語用論 29, 122
語用論研究 98

語録　27, 98, 101, 102, 115, 116
語録的集積　102, 103, 106, 110, 114
コロケーション　46, 48, 59
コロケーションリスト　61
コントロール　120

===さ・サ===
再構築　115
再文脈化　115
再文脈化過程　110
産出フォーマット　99
参与観察　154, 157
自我　147
思考キャラクタ　17, 36, 226
地声　184
市場　139, 148
自 称 詞　38, 200, 201, 202, 203, 204, 215,
　　218, 220, 231
自称詞系文末詞　199, 200, 201, 207, 210,
　　216, 217, 218, 219, 221
自称詞由来　219, 220
システム　166
自然会話　180
時代　65
実践　137, 138, 139, 145, 147
視点人物　92
地の文　181, 187, 192, 193
ジブリアニメ　64
自分探し　176
資本　138, 139, 148
島宇宙　34
島宇宙化　155
社会　30
社会技術的アフォーダンス　110
社会言語学　98
社会現象　11
社会資本　139

社会的位相　231
社会的関係性　78
社会的・文化的グループ　23, 65
社会的文脈　30, 138
社会的要因　135
社会文化圏　98
終 助 詞　37, 186, 198, 199, 200, 201, 210,
　　211, 217, 218, 219
集団語　116
集団主義　171
柔軟性　129, 130
主人公　67, 68
準主人公　68
商業的流通　24
状況に基づく自己　41
状況 に 基づいた自己（a situation based
　　self）　144
冗談の世界　169, 172
象徴資本（symbolic caital）　139, 148, 150
承認　157
上品な善玉　227, 229
使用文脈　98
情 報 意 図（informative intention）　122,
　　128
女王様　233
職業・階層　65
女性キャラクター　74
「女性言葉」　232, 234
女性文末詞　234, 235
人格　10, 29, 32, 46, 125, 126, 127, 146, 147,
　　148
人格（肩関節）　40
人格の意図的偽装　33
人格の分裂（肩関節の脱臼）　40
箴言　101, 102
身体性　135, 144
身体的コミュニケーション　123

身体と社会現象との関わり　135
身体論的　29
人物像　19, 22, 29, 40, 189
人物像（キャラ）　180
人物像とことばづかいの関連性　94
人物像の類型　86
人物のイメージ　40
人物評　121
親密語　182
遂行分析（performative analysis）　38
推論コミュニケーション　128
スクールカースト　162, 163, 164, 165, 166,
　　174
スタイル　29, 32, 46, 120, 125, 126, 127,
　　146, 147, 148, 227
スタイルシフト　41
スタイル（手首の関節）　40
スタイル変換　40
ステイタス　162
ステレオタイプ　75, 155, 156, 183, 188,
　　189, 234
ステレオタイプ化されたキャラ　194
スピーチ・アクタント　113
スマートフォン　168
スマートフォンの普及　160
スラング　105
スラング的表現　102
性　26, 66
性格　10, 161
性格的な属性　95
性格特性　25
生活語　202
性差　65, 231
生産性　231
声質の変化　187
声帯模写　115
静的な人間観　129, 130, 131

静的な人間像　128
声門開放率　184, 186
設定（configurations）　100
先行発話　182
前接母音　209
全体的視点（totalisation）　135
専門語　11
前理論的（pretheoretical）概念　140
相互作用　143, 144
相互的関係　145
創作的　186, 191, 194
創造性　189
ソーシャル・ダイクシス　181, 182
属性項目　26
属性表現　14, 15, 19, 20, 24, 25, 26, 27, 30,
　　33, 84, 87, 89, 94
存在論的・認識論的ステータス　101

===た・タ===
体験談　180
大衆文化　140
対称詞　203, 207, 218, 219, 221
対称詞的用法　204
対称詞由来　221
タイプ　106, 115
タグ　113
他者　69, 156
他称詞　204
他性・異化　101
楽しさ　169, 173
タブー　12, 34, 41, 130
田村カフカ　73
男性キャラクター　74
談話　181
地域　65
知識の共有　86, 89, 93, 94
知識不足　230, 231, 236

中国語　215
中二病（厨二病）　104, 105
中二病キャラ　106
中二病言語　28, 104, 106, 110, 115
中二病全開な口調　102, 104
中年女性　186
中年男性　187, 188
聴覚印象　183
超自然的　79
調節器　127, 131
直接引用　35, 36, 180, 181, 182, 183, 187,
　　189, 191, 193, 194
ツイッター　112
ツール　156
使う　122
使い分ける　122
ツンデレ　26, 84
ツンデレキャラクター　85
ツンデレ属性　86
ツンデレ表現　84
丁寧語　182
敵対者　69
展開　23
典型的な役割語　69, 75
伝達意図（communicative intention）　122
伝統的　148
伝統的な言語哲学　29, 30
伝統的な語用論　127, 128
同一性　13
「等価」形式　103, 109
道具　122
登場人物　14, 23, 28, 64, 65, 67, 124, 180,
　　181
登場人物（dramatis personae）　10, 46,
　　140
倒置　202
倒置文　202, 217

同調圧力　171
同調者　67, 69
同調的態度　182
動的　141
特殊表現　234
特定の人物像　19
年　26, 66
『ドジっ子』　26
ドジっ子属性　86
友だち探し　176
トリックスター　67, 69
吐露　204, 218

＝＝＝な・ナ＝＝＝
内言　17, 226
ナカタさん　66, 76, 77, 78
長門有希　91, 92, 95
なりすまし　100
肉体化した自我　148
日常語「キャラ」　32
日本語オンラインコミュニケーション
　　98, 113
日本語学習者　229, 232, 237
日本語教育　38, 224, 225, 226, 231, 234,
　　236, 237
日本語教育現場　236
日本語教材　228, 229, 234, 235, 236
日本語圏オンライン文化　101
日本語コーパス　46
日本語社会　10, 11, 20, 34, 41, 89, 93
日本語授業　234
日本語諸方言　201
日本語能力試験　230
日本語文脈　98
日本語母語話者　228, 232
日本語翻訳ツール　28
人間以外　65

人間関係　157, 158, 166, 168, 169
人間の柔軟性　128
人間の動的性質　128
人間の不変性　128, 130
人称詞　206
ネアカ　161
ネクラ　161
ネタ　161, 169, 172
ネット空間　161
年齢・世代　65
能　99
ノムリッシュ　28, 110, 113, 115

===は・ハ===
ヴァーチャル　88
ヴァーチャル性　225
はたらき　122
破綻キャラ　88
発話　122, 181
発話観　29
発話キャラクタ　16, 35, 65, 226, 231, 232,
　　233, 234, 235, 236, 237
発話形式　35
発話行為　103, 115, 135
発話行為理論　135
発話体（アニメーター）　103, 115
発話の形式　35
発話の再現　186
発話の内容　35
発話モデル　37
話し方の類型　68
話し言葉　140
話し手　35, 66, 144, 181, 233
話し手中心性（speaker-centricity）　38
話し手の態度　37
ハビトゥス　30, 32, 135, 136, 137, 138, 139,
　　142, 144, 146, 147, 148, 149

バラエティ番組　157
パラ言語　120
ヴァリエーション　71
パリピ　161
非意図的　32
ヒーローの旅（Hero's Journey）　23, 66,
　　67, 68, 73
被引用者のキャラ　35
非現実（irrealis）　114
非現実性　87
非自己（not-self）　100
非自己の設定　104, 105, 106, 109, 113, 114,
　　115
非自然的意味（non-natural meaning）
　　122, 128
ビジネス日本語　28, 107
ビジネッシュ　28, 106, 107, 110, 112, 115
ビジネッシュ翻訳　108
非人間化　113
非標準語的ハイブリッド　109
表現意図　181
表現キャラクタ　16, 226, 228, 230, 231,
　　236
描画パタン　124
描写パターン　46
標準　148
標準語　66, 69, 70
非リア充　161
品　26, 39, 66
ファン　85
フィールド（champ）　138, 139
フィギュア（figure）　27, 100, 116
「フィギュア」概念　98, 99
フィギュア（＝キャラクター）　100
フィクション　64, 65, 81, 227
フィクションの構造　66
フィクションの作り手　64

フィラー　38
ふかえり　79, 80, 89, 90, 92, 95
不可変性　141
複合性　25, 26, 86, 87
複合属性　86
複数アカウント　160
複数の自己　173
複数の自己の使い分け　177
福本語録　116
侮蔑表現　182
フレーム分析　99
文化資本　138
文構造　219
文構造モデル　37
文構造論　201, 202, 218
文の「奥行き」　37
文法パターン　46, 48, 59
文末訴え音　220
文末形式　231
文末詞　37, 199, 200, 201, 218, 221
文末詞以前　220
文末表現　231
文楽　99
《別の誰か／何か》　101
弁証法的関係　138
変貌者　67, 69
便利さ　168
方言　36, 69, 199, 200, 201, 202, 207, 218
方言キャラクター　75
方言研究　219
方言自称詞　216
方言性　70
方言ドラマ　69
ボクっ娘（ボク少女）　85, 87
母語話者　236, 237
ぼっち　161, 167

===ま・マ===
マーケティング　159
マジな世界　172
マンガ　13, 14, 85, 88
マンガ世界　14
見た目　161
無意識的関係　139
無口系　91
無口系の属性　93
村意識　171
村人　176
メタ言説　110
メンター　67, 69
【名詞】＋キャラ　61
メガネ属性　86
萌え要素　85, 94
目的論　123
目的論的　128, 135, 142
目的論的な発話観　29
物語世界　14, 21, 22
物語における機能　68
物語の構造　64
モノマネ　100, 115, 190
模倣対象　157

===や・ヤ===
役　155
役柄　155
役割　155, 156
役割語　14, 15, 16, 17, 18, 19, 20, 30, 64, 65,
　　　73, 94, 140, 143, 182, 189, 195, 201, 224,
　　　225, 226, 231, 232, 233, 234, 235, 236,
　　　237
役割語（狭義）　19, 20, 23, 24, 27
役割語（広義）　20, 26, 39
役割語セオリー　69
役割語度　66, 69, 70

役割語と発話キャラクタの結びつき 231,
　　232, 236
役割分担・分業 155
「優しい関係」 158
揶揄 107, 109, 112, 183, 189, 191, 192, 194
揶揄の現れ 35
ヤンキー 165
ヤンキー性 166
ヤンキー的 175
ヤンキー文化 163, 165
ヤンキー文化圏 166
遊戯性 104, 106
遊戯的展開 107
遊戯的な再文脈化 101
遊戯的文化 98
遊戯的分析 104
遊戯的翻訳 109
遊戯的メタ語用的集積 116
遊戯的類推 103
ユーモア 172, 176
陽キャ 161
陽キャラ 161, 174
呼びかけ 164, 216
呼びかけ性 204, 220

===ら・ラ===
ライトノベル作品 93
落語 180
楽さ 168, 173
ラベルづけられたキャラクタ 16, 225
蘭子語 27, 102, 104, 110, 115
リア充 161
リアルの世界 88
りきみ声 187
流行語 11
臨場感 181
類型化したキャラクター 93

ルー語 115, 116
例文 48
レジスター 109
レッテル 156, 162, 166, 167, 174
レンマ的引用形式 104
老人 184
老人キャラ 186
ロールモデル 166, 170
ロシア語母語話者 228

===わ・ワ===
若者コミュニケーション事情 32
話芸 180
話者の属性 181
「わたしのちょっと面白い話」 34
「わたしのちょっと面白い話コンテスト」
　　180, 182
笑い 154, 156, 169, 172, 174, 176, 177, 226,
　　227
笑い方 228
笑い手 227, 228
笑いを作る 170

編者紹介

◆定延利之（さだのぶ・としゆき）

京都大学大学院文学研究科教授。博士（文学）。専攻は言語学・コミュニケーション論。軽視・無視されがちな「周辺的」な現象の考察を通じて言語研究・コミュニケーション研究の前提に再検討を加えている。

【主な著書・論文】

単著…『認知言語論』（大修館書店，2000），『ささやく恋人，りきむレポーター　口の中の文化』（岩波書店，2005），『日本語不思議図鑑』（大修館書店，2006），『煩悩の文法　体験を語りたがる人びとの欲望が日本語の文法システムをゆさぶる話』（ちくま新書，2008，増補版が 2016 年に凡人社より刊行），『日本語社会 のぞきキャラくり　顔つき・カラダつき・ことばつき』（三省堂，2011），『コミュニケーションへの言語的接近』（ひつじ書房，2016）など。

編著…『日本語学と通言語的研究との対話　テンス・アスペクト・ムード研究を通して』（くろしお出版，2014 年），『限界芸術「面白い話」による音声言語・オラリティの研究』（ひつじ書房，2018）など。

執筆者紹介

◆金田純平（かねだ・じゅんぺい）

国際電気通信基礎技術研究所嘱託職員。専門は日本語学，言語学，音声学，コミュニケーション学，情報学。

【主な著書・論文】

単著…「文末の感動詞・間投詞―感動詞・間投詞対象を視野に入れて―」（『感動詞の言語学』，ひつじ書房，2015），「要素に注目した役割語対照研究「キャラ語尾」は通言語的なりうるか」（『役割語研究の展開』，くろしお出版，2011），「役割語」（『言語』37-5，大修館書店，2008）など。

共著…『私たちの日本語』（朝倉書店，2012），「コミュニケーション・文法とキャラクタの関わり」（『言語』37-1，大修館書店，2008）など。

◆金水敏（きんすい・さとし）

大阪大学大学院文学研究科教授。博士（文学）。専門は日本語文法の歴史および役割語の研究。2018 年 6 月より日本語学会会長。

【主な著書・論文】

単著…『ヴァーチャル日本語 役割語の謎』（岩波書店，2003），『日本語存在表現の歴史』（ひつじ書房，2006），『コレモ日本語アルカ？　異人のことばが生まれるとき』（岩波書店，2014）など。

編著…『役割語研究の地平』（くろしお出版，2007），『役割語研究の展開』（くろしお出版，2011），『ドラマと方言の新

しい関係　『カーネーション』から『八重の桜』,そして『あまちゃん』へ」(田中ゆかり・岡室美奈子と共編,笠間書院, 2014),『〈役割語〉小辞典』(研究社, 2014) など。

◆宿利由希子 (しゅくり・ゆきこ)
群馬大学社会情報学部卒業,東北大学大学院文学研究科 (修士課程) 修了,神戸大学大学院国際文化学研究科 (博士課程) 在学。京都精華大学在職 (非常勤講師)。専門は,日本語教育,コミュニケーション論。
【主な著書・論文】
単著…「キャラクタの笑いの表現に関する日露対照　ドストエフスキー『罪と罰』の用例と日本語訳から」(『国際文化学』30,神戸大学大学院国際文化学研究科, 2017) など。
共著…「日本語の性差に関するロシア人日本語学習者の意識調査報告　翻訳文の自称詞と文末詞に注目して」(『日本語とジェンダー』16,日本語ジェンダー学会, 2016),「ロシア語母語話者の日本語役割語に関する意識調査　アニメ・マンガの役割語に注目して」(『日本言語文化研究会論集』11,日本言語文化研究会, 2015) など。
単著…「キャラクタのタイプと役割語に関する意識調査報告　《私たち》タイプに注目して」(『言語科学論集』16,東北大学大学院文学研究科言語科学専攻, 2012) など。

◆ Irena Srdanović
　(イレーナ・スルダノヴィッチ)
ユライ・ドブリラ大学プーラ　人文学部アジア研究科　研究科長　日本語・日本文化学科　准教授。専門は言語学,コーパス言語学,日本語教育。
【主な著書・論文】
単著 …“Kolokacije in kolokacije na daljavo v japonskem jeziku: korpusni pristop = 日本語におけるコロケーションと遠隔コロケーション—コーパスアプローチ—”(Znanstvena založba Filozofske fakultete, 2015)
共著…「コーパス検索ツール」(『コーパスと日本語教育 (講座 日本語コーパス)』朝倉書店, 2016),「語の共起関係とシラバス」(『日本語学習支援の構築—言語教育・コーパス・システム開発』凡人社, 2012),「コーパスに基づいた語彙シラバス作成に向けて」(『日本語教育』142,公益社団法人日本語教育学会, 2009),「ウェブコーパスと検索システムを利用した推量副詞とモダリティ形式の遠隔共起抽出と日本語教育への応用」(『自然言語処理』16(4),一般社団法人言語処理学会, 2009),“A web corpus and word sketches for Japanese”(『自然言語処理』15(2)・Information and Media Technologies 3(3), 2008) など。
編著 …“Digital Resources for Learning Japanese”(Bononia University Press, 2018),

◆瀬沼文彰（せぬま・ふみあき）

西武文理大学兼任講師，桜美林大学基盤教育院非常勤講師，追手門学院大学 笑学研究所 客員研究員，日本笑い学会理事。大手芸能事務所にて瀬沼・松村というコンビで漫才などのタレント活動ののち引退し，東京経済大学大学院へ進学。同大学院 博士後期課程単位取得退学。専門は，コミュニケーション学，若い世代の笑いやコミュニケーションの研究など。

【主な著書・論文】

単著…『キャラ論』（STUDIO CELLO，2007），『笑いの教科書』（春日出版，2008），『ユーモア力の時代』（日本地域社会研究所，2018）など。

共著…『コミュニケーションスタディーズ』（世界思想社，2010）など。

◆友定賢治（ともさだ・けんじ）

県立広島大学名誉教授。専攻は日本語学，中でも，方言や子どものことばの研究。

【主な著書・論文】

単著…『育児語彙の開く世界』（和泉書院，2005）

編著…『全国幼児語辞典』（東京堂，1997），『感動詞の言語学』（ひつじ書房，2015）など。

共編…『関西弁の広がりとコミュニケーションの行方』（陣内正敬と共編，和泉書院，2006），『県別 罵詈雑言辞典』（真田信治と共編，東京堂出版，2011），『県別 方言感情表現辞典』（真田信治と共編，東京堂出版，2015）など。

◆西田隆政（にしだ・たかまさ）

甲南女子大学教授。専門は，日本語の文法・文体・テクスト・役割語。

【主な著書・論文】

単著…「役割語史の可能性を探る（2）軍記物語における「受身」と「使役」の併用をめぐって」（『甲南国文』63，甲南女子大学日本語日本文学会，2016），「役割語史研究の可能性」（『国語と国文学』93-5，東京大学国語国文学会，2016），「女性キャラクターの言語表現」（『女子学研究』1，甲南女子大学女子学研究会，2011），「「属性表現」をめぐって ツンデレ表現と役割語との相違点を中心に」（『甲南女子大学研究紀要 文学・文化編』46，甲南女子大学，2009）など。

◆野澤俊介（のざわ・しゅんすけ）

東京大学大学院情報学環客員研究員。専門は言語人類学，記号論。

【主な著書・論文】

"Ensoulment and effacement in Japanese voice acting" in *Media Convergence in Japan*, edited by Patrick Galbraith and Jason Karlin (Kinema Club, 2016); "Life encapsulated: addressivity in Japanese life writing," *Language & Communication* 46:95-105 (2016); "Phatic traces: sociality in contemporary Japan," *Anthropological Quarterly* 88(2) (2015); "Characterization," *Semiotic Review*(2013).

◆ Andrej Bekeš

（アンドレイ・ベケシュ）

リュブリャナ大学名誉教授。博士（文学）。リュブリャナ大学を卒業後，日本に留学。筑波大学日本語・日本文化学類外国人教師，リュブリャナ大学文学部アジア・アフリカ学科学科長，筑波大学大学院人文社会科学研究科および留学生センター教授，リュブリャナ大学教授を歴任。専門は日本語研究，日本語教育。2008 年、旭日小綬章受章。

【主な著書・論文】

共著…「コーパスに基づいた語彙シラバス作成に向けて」（『日本語教育』142，公益社団法人日本語教育学会，2009），「ウェブコーパスと検索システムを利用した推量副詞とモダリティ形式の遠隔共起抽出と日本語教育への応用」（『自然言語処理』16(4)，一般社団法人言語処理学会，2009）など。

装　画	安田みつえ
装　丁	三省堂デザイン室
校　正	坂田星子
組　版	デジウェイ株式会社

「キャラ」概念の広がりと深まりに向けて

2018年7月10日　第1刷発行

編　者	定延利之
発行者	株式会社 三省堂　代表者 北口克彦
印刷者	三省堂印刷株式会社
発行所	株式会社 三省堂
	〒101-8371　東京都千代田区神田三崎町二丁目22番14号
	電話　編集　(03) 3230-9411
	営業　(03) 3230-9412
	http://www.sanseido.co.jp/

〈キャラ概念の広がり・256pp.〉

落丁本・乱丁本はお取り替えいたします。

© Toshiyuki Sadanobu　2018　　　　　　　Printed in Japan

ISBN978-4-385-34913-8

本書を無断で複写複製することは、著作権法上の例外を除き、禁じられていま
す。また、本書を請負業者等の第三者に依頼してスキャン等によってデジタル化
することは、たとえ個人や家庭内での利用であっても一切認められておりません。